Changing landscapes in language and language pedagogy: Text, orality and voice

Edited by Marie-Noëlle Guillot and Marie-Madeleine Kenning

C*i*LT
Centre for Information
on Language Teaching and Research

Titles in the series 'Current Issues in University Language Teaching'

Discourse Variety in Contemporary French: Descriptive and Pedagogical Approaches, edited by James A. Coleman & Robert Crawshaw, 1994

*French and the Enterprise Path: Developing Transferable and Professional Skills, edited by James A. Coleman & Gabrielle Parker, 1992

Integrating New Approaches: The Teaching of French in Higher Education, edited by James A. Coleman & Annie Rouxeville, 1993

Languages for the International Scientist, edited by Gabrielle Parker & Catherine Reuben, 1994

Linguistic Identities and Policies in France and the French-speaking World, edited by Dawn Marley, Marie-Anne Hintze & Gabrielle Parker, 1998

*Promoting Learner Autonomy in University Language Teaching, edited by Elspeth Broady & Marie-Madeleine Kenning, 1996

Teaching Grammar: Perspectives in Higher Education, edited by Dulcie Engel & Florence Myles, 1996

*Teaching Translation in Universities: Present and Future Perspectives, edited by Penny Sewell & Ian Higgins, 1996

The 'Year Abroad': Preparation, Monitoring, Evaluation, Current Research and Development, edited by Gabrielle Parker & Annie Rouxeville, 1995

Latest titles:

Changing Landscapes in Language and Language Pedagogy: Text, Orality and Voice, edited by Marie-Noëlle Guillot & Marie-Madeleine Kenning, 2000

Second Language Writing in a Computer Environment, edited by Elspeth Broady, 2000

Target Culture – Target Language?, edited by Nicole McBride & Karen Seago, 2000

Technology and the Advanced Language Learner, edited by Tim Lewis & Annie Rouxeville, 2000

Forthcoming:

French Accents: Phonological, Sociolinguistic and Pedagogic Perspectives, edited by Marie-Anne Hintze, Anne Judge & Tim Pooley, 2001

* no longer available

This book is dedicated to the memory of Roger Fowler.
It marks our gratitude for his inspiring scholarship
and for the encouragement he unstintingly gave
to all of us working with language.

Acknowledgements

The editors would like to thank the AFLS Editorial Board and the referees for their helpful suggestions in the preparation of this volume.

Every effort has been made to trace copyright holders and to obtain their permission to reproduce copyright material. If any proper acknowledgement has not been made, or permission not received, we would invite the copyright holder to inform us.

The editors would like to express their appreciation to Mary Fox for her assistance with the preparation of this volume.

First published in 2000 by the Association of French Language Studies in association with the Centre for Information on Language Teaching and Research, 20 Bedfordbury, London WC2N 4LB

ISBN 1 902031 72 5
2004 2003 2002 2001 2000 / 10 9 8 7 6 5 4 3 2 1

Printed in Great Britain by Copyprint (UK) Ltd.

CILT Publications are available from: **Central Books,** 99 Wallis Rd, London E9 5LN. Tel: 020 8986 4854. Fax: 020 8533 5821. Book trade representation (UK and Ireland): **Broadcast Book Services**, 2nd Floor, 248 Lavender Hill, London, SW11 1JL. Tel: 020 7924 5615. Fax: 020 7924 2165.

Contents

Text, orality, voice: Mapping boundaries and metamorphoses   1
Marie-Noëlle Guillot

Orality and the theory of mode in advertisements   26
Roger Fowler

Oral, écrit et faculté de langage   40
Jacques Durand

The oral in the written: Questions of voice   73
Clive Scott

Les conventions de l'écrit vis-à-vis de l'oral: Le cas du présent
narratif en anglais et en français   96
Anne Judge

Le reportage de presse écrite: Un genre 'audio-visuel'?   123
Bénédicte Facques

'Merdouille, je lagouille': Orality in the electronic text   150
Gordon Inkster

Technology, language and language learning   171
Marie-Madeleine Kenning

Les cédéroms multimédias comme objets médiatiques:
Caractéristiques du support et de son écriture   187
Anthippi Potolia

Le dédoublement discursif dans le discours pédagogique   209
Patrick Royis and Chantal Parpette

What language should we aim to teach, how and why?   227
David Nott

Text, orality, voice: Mapping boundaries and metamorphoses

Marie-Noëlle Guillot
University of East Anglia

'Text' and 'voice' are equivocal terms. Like 'orality', both conjure up associations with language. Unlike orality, however, neither actually makes clear to what form of language or what medium it applies, even though we may well intuitively and perfunctorily tend to favour certain kinds of association (text and writing, for instance, or voice and speech). Both are familiar terms, quite widely used in a range of contexts (linguistic, literary, everyday), but their definitions across these various contexts have, despite overlaps, hardly been consensual. Correspondingly, their status in language studies and language teaching, and their relationship with 'orality' (itself a variably understood term), have hardly been clearcut.

But the confusions are themselves revealing. Perhaps paradoxically, the permeability, contrasts and ambivalences manifest in the variously defined 'meanings' of these terms across perspectives tell us much about past and ongoing developments in language, the study of language and language pedagogy. They are, in this sense, peculiarly relevant to, among others, the perennial issue of the relationship between speech and writing, and are thus, as we shall see, central to the concerns of this volume.

1.1 Orality, oracy, and spoken language

In his review of the psychodynamics of orality, Ong, the cultural linguist, uses the following set of contrasts and features to characterize orally-based thought and expression in primary oral cultures (i.e. the cultures of people totally unfamiliar with writing):

- *additive rather than subordinate*
- *aggregative rather than analytic*
- *redundant or 'copious'*
- *conservative or traditionalist*
- *close to the human lifeworld*
- *agonistically toned (i.e. situating knowledge within a context of struggle)*
- *emphatic and participatory rather than objectively distanced*
- *homeostatic*
- *situational rather than abstract* (Ong, 1982: 33–57).

These characteristics find an echo in the work of linguists who have documented contrasts and relationships between spoken and written forms of language where both coexist (e.g. Blanche-Benveniste or Kerbrat-Orecchioni for French, Halliday for English, amongst others; see also below). And most of us are no doubt familiar with lexical, syntactic, pragmatic or rhetorical properties of the spoken language to which these characteristics correspond in practice (comparatively low lexical density, paratactic, additive syntax, formulaicity, elliptical nature, etc). But their linguistic and paralinguistic correlates are, arguably, still insufficiently taken into account in language teaching: how much room do we really make, in teaching, for the form and modalities of projection of the spoken language – for its grammatical and syntactic specificities, for its prosodies, for its tones or overtones – or for the impact such features may have on reception and exchange? Indeed to what extent, and since when, has the spoken language as a phenomenon with properties quite distinct from its written counterpart commanded attention in linguistics and applied linguistics, and to what didactic effect?

As far as 'primary orality' (i.e. the orality of people who have never been exposed to writing) is concerned, Ong traces the growing consciousness to the contrast between oral and written modes of thought and expression not to linguistics, descriptive or cultural, but to literary studies, starting with Milman Parry's work on Homeric verse in the late 1920's (Ong, 1982: 6). Not surprisingly, the tendency is also to be found in dictionaries of literary terms, whose entries for *orality*, when present, invariably involve reference to the accumulated bulk of works transmitted by word of mouth in 'non-literate' or oral cultures (i.e. cultures in which speaking and listening are the only, or principal, channel of communication by language), and to studies of these from a literary point of view (see for instance the *John Hopkins Guide to Literary Theory and Criticism* (1994), or the *Concise Oxford Dictionary of Literary Terms* (1990) [in which *orality* appears under *oral tradition*]).

Some dictionaries or encyclopedias of language and linguistics also define *orality* along these lines, with explicit or implicit credit to literature. When approached from a linguistic perspective, *orality* is, however, presented as another word for *oracy*[1], a term used to refer to talking and listening by analogy with the term 'literacy', there understood as the ability to read and write. Academic interest in orality in this sense is comparatively recent. Trask traces its study [for English] to the 1980's and cites Halliday as one of its prominent developers (Trask, 1999: 217; see also Fowler in this volume). Bibliographies of works on the differences between written and spoken language, and related studies from different angles, likewise trace their origins to the early 80s (see for instance Luetkemeyer et al's annotated bibliography of spoken and written language in Tannen 1984, in which the works of Brown (1978), Chafe (1982), Cook-Gumperz and Gumperz (1981), Goffman (1981), etc, are among the earliest featured, with only a few exceptions (e.g. De Vito 1966, 1967); see also the bibliographies in Blanche-Benveniste & Jeanjean's *Le Français parlé* (1987), Kerbrat-Orecchioni's *Les Interactions verbales* (1990), or those in recently published textbooks – e.g. McCarthy's *Spoken Language and Applied Linguistics* (1998) – to which similar comments would by and large apply).

The studies listed in these various bibliographies do not concern themselves with perennial and long-debated issues about the primacy of speech over writing, as referred to by Fowler and Durand in this volume, for instance, or as explored in histories of language going back to antiquity (e.g. Kristeva, 1981). Yet there is plenty of evidence to suggest that the questions they, too, have raised about aspects of speech in relation to writing – including 'voice', or indeed the nature of 'text' – go back a long way. These questions may not have been a major focal point in mainstream linguistic study until comparatively recently, but primary texts, not least in literature, have long been littered with observations about the complexities of accounting for speech in writing, or have, at least, been concerned with developing the graphic conventions to communicate speech. Rée (1990) tracks the use of various copying devices, to accommodate features of speech in writing, to medieval writers, and provides a range of examples illustrating aspects of the transposition which span several centuries – from Locke to Dickens, Joyce, and Proust:

> ... quand il [Swann] parlait de choses sérieuses, quand il employait une expression qui semblait impliquer une opinion sur un sujet important, il avait soin de l'isoler dans une intonation spéciale, machinale et ironique, comme s'il l'avait mise entre guillemets, semblant ne pas vouloir le prendre à son compte ... (Proust, Du côté de chez Swann, 1987: 96–7).

But of course some of the characteristics that surface in this excerpt, along with many others that crop up all the time in all types of texts (see examples in Scott, this volume), are in part to do with the verbal *projection* of language, i.e. with the actual utilisation of language as opposed to the linguistic means available to individuals for use; they are to do with *parole*, not with *langue* (as defined by Saussure, 1916), with *performance*, not *competence* (as defined by Chomsky, 1965), and fall without the realm of formal linguistic study which these notions served to describe in their time. We are by now familiar with critiques of these linguistic approaches (see for instance Martinet (1968) on Saussure; also Fowler this volume). And we are familiar, too, with branches of linguistics which have dealt with aspects of the spoken language embodied, for instance, in the quotation from Proust (speech act theory, pragmatics, paralinguistics) – albeit on the basis of (often) fabricated data now commonly shown to bear little relation to authentic speech (as Fowler reminds us in this volume). It is no wonder, then, that language teaching/learning, inasmuch as it has fed off developments in linguistics, should have made so little room for *bona fide* features of speech and verbal exchange which, in any case, appropriate recording equipment and tools for analysis have only fairly recently made it possible to appraise more thoroughly (see Kenning this volume). Even communicative approaches, based as they have been on reassessments of the *functions* of communication and of the competences required to cope with these functions (see Hymes, 1972, Canale & Swain, 1980, etc), have not really paid much attention to the *forms* of spoken messages: those imposed by the temporal and processing constraints under which they are produced and received (see Halliday, 1985, 1987, for instance, or Dechert et al., 1984 [psycholinguistic perspective]); or those shaped by legacies of age-old oral traditions, as discussed in Ong (1982) or exposed in comparative studies of oral and written narrative within more literary perspectives (see for instance Tannen's 1982 edited volume [*Spoken and Written Language – Exploring orality and literacy*] which contrasts, in this respect, with the 1984 volume [*Coherence in Spoken and Written Discourse*]).

1.2 Voice and text

The terms *voice* and *text* tell similarly revealing stories. Like *orality*, they are variable in the meanings assigned to them in different contexts, and likewise enlightening about changes of focus in the study of language.

Voice has a range of meanings. It is first and foremost, in everyday acceptances of the term, the product of phonation, the physical production and projection of sounds, as generated by the vibrations of the vocal cords. Or at least that is the first of the many definitions usually given in standard dictionaries – in the *Collins English Dictionary* (*CED*), for instance (see entry 1 [of 20]), or in the *Petit Robert* (see entry I.A.1 under *voix* – first of eight principal entries).

It is also what others hear when we produce sounds, what they perceive through, and describe by, a range of features (i.e. *caractères généraux de la voix: accent, ampleur, étendue, inflexion, intensité, registre, tessiture, timbre, volume* in the *Petit Robert*) or qualifiers (see for instance [*voix*] *forte, puissante, vibrante, faible, cassée, chevrotante, étouffée, sourde, stridente* etc in the examples given in the *Petit Robert*; *hysterical, lovely* in the *CED*).

The *Petit Robert* does not register this difference in separate entries: its *caractères généraux de la voix* and long list of examples describing the quality of voice are accommodated under entry 1, without explicit reference to the shift from *voice* as something produced to *voice* as something heard and variably perceived. It is as though the two were inextricably linked. The CED does have separate entries to introduce *voice* as *the natural and distinctive tone of the speech sounds of a particular person* (entry 2), and as *the condition, quality, effectiveness, or tone of such sounds* (entry 3); but here, ironically, the separation is nullified by a blurring of categorical boundaries. Voice produced and voice heard, it seems, stand in a kind of natural and unquestioned symbiotic relationship, difficult to disentangle in actual experience[2].

5

VOICE as	Grammatical category (active/passive voice)	Used in phonetics (sound production)	Persona, perspective, point of view, etc
Trask R.L. (1999). *Key Concepts in Language and Linguistics.* London: Routledge.	1	0 (given under voicing)	0
Trask R.L. (1997). *A Student's Dictionary of Language and Linguisitcs.* London: Arnold.	1	2 (cross-reference to voicing) (+ entry for voice quality)	0
Crystal D. (1997). *A Dictionary of Linguistics and Phonetics.* Oxford: Blackwell (1st pub. 1980).	2	1 (+ entry for voice quality)	0
Matthews P.H. (1997). *The Concise Oxford Dictionary of Linguistics.* Oxford: OUP.	2	1 (+ entry for voice quality)	0
Bussmann H. (1996). *Routledge Dictionary of Language and Linguistics.* London: Routledge (German ed. 1990).	1 (also diathesis)	0	0
Aitchison J. (1996). *Dictionary of English Grammar.* London, Cassell.	1 (cross-ref. to active and passive voice)	0	0
Asher R.E. (ed.) (1994). *The Encyclopedia of Language and Linguistics.* Oxford: Pergamon.	1 (also diathesis)	0 (+ entry for voice quality)	0
Trask R.L (1993). *A Dictionary of Grammatical Terms in Linguistics.* London: Routledge.	1	0	0
Bright W. (ed.) (1992). *International Encyclopedia of Linguistics.* Oxford: OUP.	0 (but given under diathesis)	0 (+ entry for voice quality)	0
Crystal D. (1992). *An Encyclopedic Dictionary of Language and Languages.* London: Blackwell.	1	2 (cross-reference to voicing)	0
Greimas A. & Cortés J. (1982). *Semiotics and Language.* Bloomington: Indiana University Press (1st ed. in French: 1979).	0	0	0
Dubois J. et al. (1973). *Dictionnaire de linguistique.* Paris: Larousse.	1	2	0
Hertman R.R.K. & Stork F.C. (1972). Dictionary of *Language and Linguistics.* London: Applied Science Publishers.	2	1 (+ entry for voice quality)	0

Table 1: Voice in language and linguistic reference works (0: no entry; 1: first entry given; 2: second entry given)

(Note: no selection criteria were used to collect the sample; it simply consists of the set of (normal size) works available on the UEA general reference library shelf on a particular day).

There is no such sense of a close relationship in the way *specialist* dictionaries account for *voice*. None of the dictionaries of language and linguistics in the sample I looked at (see Table 1), make any reference, under *voice* itself, to voice as voice heard in the literal sense, or to characteristics of voice heard detailed in standard dictionaries. Between them, they produce two main entries only:

a) *voice* as grammatical category, i.e. as in active and passive voice (also given in standard dictionaries [under 12 in the CED and III in the Robert], and present in all but 2 of the 13 dictionaries in the sample, with, in 3 cases, a cross-reference to the Greek term *diathesis* – a term preferred by some linguists, as is explained in the *Encyclopedia of Language and Linguistics* (Asher, 1994) to avoid 'the possible confusion with the phonetic terms having to do with voicing' (p.4938);

and

b) *voice* as used in phonetics to refer to the production of sound resulting from the vibration of the vocal cords; in most cases, however, this sense of voice is in fact accommodated under *voicing* – thus, fittingly, as a process – and/or under related notions (*voiced, unvoiced/voiceless*), to which *voice* gives a cross reference. In 7 cases there is no mention of this use at all under voice, and only one volume gives a full definition (Matthews, 1997).

In both types of definition, *voice* is thus presented essentially from the point of view of production – oral and written in the first, strictly oral in the second. It is also, in both cases, an objectively observable and generalizable phenomenon.

Both types are also found in dictionaries of literary theory and criticism or stylistics (in [the same] 2 only of the 9 volumes in the sample I looked at; see Table 2), together with a (predictable) third, i.e. *voice* as narrative voice, either given in full under *voice* itself (in 4 instances), or in the form of a cross reference to terms like *perspective, point of view* or *persona* (2 times in all out of 9). Of the 3 types of accounts present in the overall sample of specialised dictionaries, this last, common in literature, is the only one which makes room for an other-person point of view, for voice as perceived or defined by others, albeit in a metaphorical sense, echoing metaphorical

VOICE as	Grammatical category (active/passive voice)	Used in phonetics (sound production)	Persona, perspective, point of view, etc
Hawthorn J. (1998). *A Concise Glossary of Contemporary Literary Theory.* London: Arnold.	0	0	1 (cross ref. to perspective and voice; polyphony)
Groden M. & Kreiswirth M. (1994). *The John Hopkins Guide to Literary Theory and Criticism.* Baltimore: J Hopkins.	0	0	0
Wales K. (1989). *A Dictionary of Stylistics.* London: Longman.	2	1	3
Beckson K. & Ganz A. (1990). *Literary Terms – A Dictionary.* London: Andre Deutsch.	0	0	0
Baldwick C. (1990). *The Concise Oxford Dictionary of Literary Terms.* Oxford: OUP.	0	0	1
Grambs D. (1985). *Literary Companion Dictionary.* London: Routledge & Kegan Paul.	3	1	2
Abrams M.H. (1981) (1st ed: 1957). *A Glossary of Literary Terms.* New York: Holt, Rinehart and Winston.	0	0	0
Cuddon J.A. (1977). *A Dictionary of Literary Terms and Literary Theory.* London: Blackwell Reference.	0	0	1 (cross ref. to narrator, persona, viewpoint)
Fowler R. (ed.) (1973). *A Dictionary of Modern Critical Terms.* London: Routledge & Kegan Paul.	0 cross-reference to	0 dialoguic struc	0 ture, formalism

Table 2: Voice in literary reference works
(0: no entry; 1: first entry given; 2: second entry given)

(Note: no selection criteria were used to collect the sample; it simply consists of the set of (normal size) works available on the UEA general reference library shelf on a particular day).

senses also covered in standard dictionaries (e.g. as in *voix de la conscience, de la nature, du sang, de la raison*; *voix du peuple, de Dieu* [see II.1. and II.2. in the Petit Robert]). But if standard dictionaries are anything to go by, this 'voice-heard' perspective is an integral part of the language-*using* general public's experience of voice (see *caractères généraux de la voix* in the *Robert* and above).

This 'other person' point of view on voice, so pervasive in everyday uses of the term, and the voice characteristics embodied in these everyday uses, are a fairly recent adjunct in language/linguistics reference works; and judging by the dates of bibliographical references cited in relevant entries, it has only fairly recently become a recognised concern. Aspects of *voice* as voice heard in language/linguistic volumes, when present (7 times out of 13 in my sample), in fact come in elsewhere, under *voice quality*, the phonetics notion whose first reference in modern descriptive phonetics theory is credited to Sweet (1890), but which was effectively promoted by the Edinburgh group, notably Abercombie and Laver, chiefly in the late 70's – i.e. roughly at the same time as the landmark point in comparative studies of spoken and written language identified in the discussion of oracy.

Here again, then, more widespread concern for what Laver (a staple reference, with Abercombie, in entries for *voice quality*) views as 'the characteristic auditory colouring of an individual speaker's voice' (1980: 1)[3] is quite modern. Yet, just as features of the spoken language in use long neglected in linguistic study, features of voice quality are, and have long been, recognised as highly relevant in language users' consciousness of, and response to, spoken language; voice quality or 'voice quality setting' – the general phonetic terms said to 'best correspond to what is widely meant by 'voice' in popular usage, or in the context of the 'singing voice'' (Esling in Asher, 1994: 4950) – as a major vehicle of information about physical, psychological and social characteristics of the speaker', has indeed, as Laver reminds us, 'a vital semiotic role to play in spoken interaction' (1980: 2) (see also Scott this volume).

There is a great deal that hinges on perceptual criteria in (responses to) voice quality or 'voice quality setting', just as there is, too, in responses to what voice is a vehicle for, i.e. the spoken language. So that, just as with 'performance' features, there is a great deal in voice quality that is individual, variable, (seemingly) awkward to rationalise by reference to a system (see for instance Laver (1980) for voice quality), and awkward to integrate into language teaching. But what is perceptual, just as what is performative, affects language use, and language change fundamentally. It is in fact central in notions such as fluency, which we use with great frequency and confidence in FL teaching/learning contexts, but seldom stop to inspect. Fluency is a far more complex, yet also far more revealing, notion than we generally acknowledge: as both an interlocutor's response guided to a significant extent by individual, subjective factors, and a temporally constrained phenomenon (orally, aurally and interactionally), it makes it imperative to recast our views about crucial aspects of (NS and FL) speech and exchange – including form, and accuracy in speech and exchange (see Guillot, 1999).

But while there has been a widening of perspectives in our approaches to language and language teaching in the last two or three decades, and a growing concern for speech phenomena hitherto dealt with quite peripherally (e.g. temporal features – including so called 'hesitation' features – or paralinguistic and kinesic features, all key ingredients of speech, in production, reception and interaction; see Durand this volume; also Guillot, 1999), there is some way to go before we acquire a more integrated picture of the modalities of the spoken medium, or can assess them in their relationship with the modalities of the written medium; and there is some way to go, too, before these findings and insights filter down to FL teaching in applicable form (see for instance all those discussed in Blanche-Benveniste, 1997). This process is further complicated in that the relationship between media is, now perhaps more than ever with the intense diversification and globalisation of means of communication, subject to continual transmutations and an interplay of reciprocal influences which constantly blur boundaries, make objects of study ever more difficult to pin down, and invite constant reassessments of the language data available – as examples in Judge, Facques or Inkster in this volume make clear.

This diversification of means of communication has been reflected in corresponding variations in, and questions about, the interpretation of the term *text*, albeit from a more theoretical point of view. Variously understood as referring to writing (see a) in Table 3), or to writing *and* speaking (see b) in Table 3) in its wider acceptances, *text*, too, has become an increasingly contentious concept to define and deal with conceptually; and it, too, has been a locus of controversy in the (70s onwards) debates about mediating the opposition between language and its uses, and about transcending sentence-based issues (see Van Peer's entry for *text* and de Beaugrande's entry for *text linguistics* in Asher, 1994, for instance). There is perhaps no call here to dwell on ongoing tugs-of-war about defining *text* or what its study entails, except to note three things. The first and most significant is a widening of perspective in approaches to 'text', from more strictly focused linguistic approaches (see review of desiderata for circumscribed linguistic study in van Peer 1994: 4568, for instance; see also comments in Durand this volume), to approaches calling for additional theoretical and methodological frameworks alongside linguistics (e.g. rhetoric, stylistic, literary studies), or for alternatives to linguistic frameworks (e.g. semiotics) – i.e. interdisciplinary approaches advocating that text be dealt with not merely as a linguistic unit, but as a unit of human action, interaction, communication, and cognition (de Beaugrande, 1994: 4574–5). The second is simply the resulting need to specify and justify definitions in most studies dealing with 'text' (see for instance in Potolia, this volume, with reference to the multimedia dissemination of information). The third is the demarcating shift, also evidenced in the shift from *voice* to *voice quality*, away from terms shared with the vernacular to concepts more firmly located within specialist domains in linguistics reference works (e.g. text linguistics, text pragmatics).

---

a) *Text* as referring to writing, e.g. as in

1. a continuous piece of writing, such as the entirety of a letter, poem or novel

2. the main written or printed part of a letter, manuscript, typescript, newspaper' (*Oxford Companion to the English Language*);

b) *Text* as referring to writing *and* speaking, e.g. as in

'a continuous stretch of spoken or written language, but particularly one which forms a discrete unit by itself and has a recognisable internal structure' (Trask, 1997),

or when *text* is defined as

'a pre-theoretical term used in LINGUISTICS and PHONETICS to refer to a stretch of language recorded for the purpose of analysis and description. What is important to note is that texts may refer to collections of written *or* spoken material ... (Crystal, 1997).

Table 3: Definitions of text in its wider acceptations

Judging by the variations in the definitions of *text* and *voice* in specialist volumes, and the frequent instances of cross-referencing or shifts to other notions, there is some hesitancy about what these definitions should include, or even about the appropriateness of what they still do include. Entries for *voice* thus owe much, it seems, to the perpetuation of age-old precepts, perhaps because they are still willy-nilly quite commonplace, even though *voice* may, in some cases, have become misleading or too equivocal: the sense of *voice* as grammatical category, which can be traced back at least to the middle ages (see for instance Kristeva, 1981), is still widespread, despite the faults linguists may now find with it (see earlier); voice as representing 'the one who speaks', or persona, point of view or perspective are, in literature, quite different from each other (see for instance Genette, 1972). There is probably, then, a sense in which *voice*, and *text*, have become too polyvalent, or dated, to fulfil any useful critical terminological function in specialist fields. But it is precisely their cross-disciplinary nature and the overlaps in what they stand for in everyday use which, together with their historical development, should make them useful notions to keep active in our thinking. Like other terms commonly used in the vernacular (e.g. fluency), and like them so dependably inhabited mentally yet so elusive to pin down, they are a reminder of the richness and multifaceted character of the data with which we routinely contend in practice, with great multidisciplinary skill. By the same token, they are a reminder that the tensions between theory and the (constantly evolving) empirical base which theory has been striving to account for leave us plenty of scope to keep on our toes in the study of language, and in its applications to language teaching.

2 Language and language pedagogy revisited: Changing landscapes

One of the things the foregoing discussion suggests is that our dealing with 'oracy' in language teaching goes hand in hand with tackling questions about the contrasts and relationship between speech and writing, and between spoken and written language, which we have tended to integrate into our practices all too peripherally: contrasts in lexis, form/syntax, cohesion/ coherence, referential modes, modality, for instance, as shaped by temporal and other varying conditions of production and exchange (see Blanche-Benveniste, 1997, for instance; also Royis & Parpette this volume), and attendant issues about quality and accuracy. But it also suggests that our dealing with text should equally be guided by a range of factors which do justice to the diversity and increasing interrelatedness of media and modes of communication. Whatever the justifications for keeping to the straight-and-narrow of tightly circumscribed enquiries within theoretical research (see van Peer, 1994; also Durand's 'Qui trop embrasse mal étreint' precept in this volume), we need also, within the user perspective of language study and language learning, to transcend narrow interpretations of what the speech/writing relationship is about: there is cause to do more justice not just to 'speech' itself, and all its constitutive elements (including temporal and sequential features, voice quality settings, non-verbal features for example), but to 'text' in the manifold guises its etymological meanings make room for (see Latin textere, to weave), and to all that 'voice' is a vehicle for, in production and reception, literally and metaphorically (see Scott this volume). Some reasons have already been intimated:

- the polyphony and multicanality of 'voice', and 'text' (key features in Scott's and Potolia's discussions in this volume), the permeability and cross-overs between spoken and written modes (see Fowler's discussion of multimodality and intertextuality in this volume, and examples of corollaries in Judge), and of course also, by contrast, the specificities of these modes (see Royis & Parpette this volume);

- the ever-increasing permeability between media and its impact on language in use, as illustrated, for instance, in the reciprocal influences manifest in the cross-over between newspaper, radiophonic and televisual reporting (see for instance Facques in this volume), and in the new paradigms emerging from the multimedia dissemination of information (see Potolia in this volume);

- sociological influences, which foster the cross-fertilisation of modes, codes and registers, and the emergence of new ones, popularised for instance in Seguin & Teillard's (1996) account of the language of their ethnically and socio-culturally diverse 'cités' pupils in *Les Céfrans parlent aux Français;*

- the advent of new forms of technologically-mediated communication (e.g. synchronous and asynchronous e-mail exchanges), which are likewise fast reshaping language in uniquely challenging ways (see Inkster and Kenning this volume, for instance) and committing us further to a widening of analytical perspectives: how else could we make sense of the hybrid language/communication of the 'written conversation' currently evolving through Internet exchanges which, to square off the pressures under which it is negotiated, not only borrows and adapts happily from speech *and* writing, but also draws on complementary semiotic systems (with, for instance, the use of emoticons)? (see Werry (1996), Yates (1996) etc; Inkster and Kenning this volume).

But there is more to ongoing changes and overlaps in the contexts, modes and 'mises en scène' of actually occurring communicative events than the resulting mutations in their 'scripts' (in a very broad sense), as this last example has already began to suggest.

Just as, to quote Ong, 'contrasts between electronic media [by which Ong means the electronic processing of the word and of thought, as on radio and television and via satellite] and print have sensitized us to the earlier contrast between writing and orality' (1982: 3), equally contrasts between electronic media (in Ong's sense), multimedia and electronic communication (e.g. e-mail communication) and speech and writing have the potential of magnifying, corroborating and expanding what we know, but also what we teach, about language under different conditions of use.

With the emergence of various modes of electronically mediated communication, there has been a new focus of attention on the convergence of features between the forms of writing these new modes promote and those characteristically associated with spoken discourse (see Davies & Brewer, 1997, Herring, 1996, Inkster and Kenning this volume). Comparable constraints, such as temporal and cognitive constraints, thus breed comparable properties: expression in short paratactic, additive bursts, relative lexical simplicity, for instance. But what is equally significant, in particular from a didactic point of view, are those features and strategies evolved to compensate for the distinctive spatial, social and physical constraints of computer mediated communication, on several counts: for what they reveal about properties of computer-mediated communication itself; for the influence they are already observed to have on non-electronic written forms (see Inkster, this volume); but also for what they tell us, by contrast, about features of spoken discourse whose transience, variability and relative intangibility have made tricky to handle in teaching. The compensatory tactics used to make up for the absence of oral/aural contact – absence of syntactic, pragmatic and interactional clues conveyed by intonation, changes of pitch and rhythm, pausing and stress patterns, absence of kinesic cues, for example – or for the absence of shared contextual frames, cannot but draw attention to the crucial function such features play in speech and face-to-face interpersonal exchange. The pedagogic function of e-'text' and interactional e-'writing' in this sense extends beyond practice, still the most usual justification for their use in teaching (see other rationales in Kenning, however). As a counterpoint for speech and face-to-face interpersonal exchange, or indeed conventional writing, they also create unique opportunities for giving a metalinguistic and metacognitive edge to language teaching/learning activities (see examples of features of IRC in Inkster and Kenning, e.g. addressivity, reliance on *didascalies*-like emoticons, manipulation of orthography, typography and punctuation, all of which are potentially valuable tools for drawing attention to less tangible ingredients of speech and exchange, and to their functions (e.g. prosody, paralinguistic features)).

Currently emerging forms of hybrid communication are not alone in thus giving us methodological tools for analysis, and methodological tools for teaching and learning. Scott's tracking of 'voice' in punctuation (a kind of interface between spoken and written), or in various features of cartoon strips and popular fiction, for instance, as well as earlier references to literary texts or to televisual reporting, similarly remind us of the rich potential of older-established or other forms of 'text' in fulfilling comparable functions (see also Fowler's suggestions for the use of microanalyses of clearly discrete genres in this volume). There are, however, a number of factors which are likely to make electronic communication different in this respect: the pervasiveness of its uses in all spheres of everyday life and experience; its breaking down of traditional barriers (geographical, cultural, social); and, perhaps even more significantly, the options it creates to fill in both the methodological gap between practice and reflective activities, *and* the motivational gap between practice and use – by promoting practice through natural use. Electronically-mediated communication and forms of language are, in this sense, a well-suited pedagogic medium for putting metalinguistic activity back on the language teaching/learning agenda, and by the same token, for helping to restore the pedagogic status of analysis in language/ teaching, the dwindling of which has been highlighted by the gathering of pace of the critical onslaught against the laxity of communicative approaches.

Technological progress has given us new forms of communication, and methodological means of reappraising older-established ones. It has also, over the years, technically equipped us to deal with naturally occurring (spoken and written) language more systematically, more integratively and on a far wider scale, and has, in this sense, been a catalyst in the widening out of research since the 70s. The sophistication of recording, data storage and data processing tools, in making it possible, for instance, both to overcome the transience of speech and responses to speech, and better to capture the complexities of its verbal and non-verbal aspects, has paved the way for a better informed understanding of speech, and of language generally; witness the wealth of corpus-based studies, and of their applications to teaching (see Wichman et al., 1997 for instance). New technologies have not made old methodological problems go away (of transcription, for one; see Blanche-Benveniste & Jeanjean (1987), or McCarthy (1998)), however, and they are producing new ones: the tagging of corpora (i.e. the electronic annotation of parts and features of speech for electronic processing), for instance, which peculiarly magnifies the tensions between quantitative and qualitative concerns. But most of all, perhaps, they should not deflect us from safeguarding and nurturing the range of outlooks we have had on language, and from capitalizing on their multidisciplinarity, all the more so when language is increasingly but one of the semiotic systems involved in communication. This applies to theory, but it applies, too, to practice, and pedagogy: the diversity and interrelatedness of modes and media of communication, and the confrontation of points of view about them and language, have to be a key to making language learning not just the mechanical and selective assimilation of facts, but an ongoing critical process likely to accommodate and orchestrate the multiplicity of the voices of language in a rapidly changing world.

In revisiting familiar concepts, the intention of this chapter has been to capture or recapture this multiplicity, and project it forward. That is what the overall collection of papers, through the range of topics and points of view it brings together, is also set to do, to map out, at a turning point in our history, changing landscapes in language and language pedagogy.

3 Changing landscapes in language and language pedagogy

The idea for the volume grew in part out of the almost ubiquitous urge to use the turn of the millennium as an opportunity to pause and reflect on key issues. As far as developments in language and language pedagogy are concerned, the nature and quick-paced magnitude of ongoing changes prompt topical questions:

- what impact have the societal and technological changes of the end of the 20th century had on language, its study and its teaching?

- what does the age of mass media, multimedia and fast-thought communication herald for the future of languages and language pedagogy at the dawn of a new century, and a new millennium?

These general lines of enquiry were otherwise inspired by the diversity of topics and questions addressed at the 1998 AFLS Conference at the University of East Anglia, from which the collection of contributions has borrowed to define its threefold preoccupation:

- to revisit the perennial issue of the relationship between speech and writing;

- to document and assess evolutionary tendencies in the French language;

- to consider the repercussions on language pedagogy of concurrent changes in language and in its modes of delivery.

The theoretical bedrock of the volume is established in the first part by the three plenary speakers at the conference, Fowler, Durand and Scott, whose distinctive handling of the relationship between the oral and the written in keeping with their respective specialism (critical linguistics, phonology, literature) provided what proved then, and what proves in these pages, an inspiring multidisciplinary perspective.

Fowler begins with a brief theoretical overview of the distinction between speech and writing, and of the ways the relationship between the two modes has been treated in traditional linguistics. He shows that while these two modes, which have now begun to be studied as different forms of structural organisation, are discrete, there are in-between forms which readers/hearers approach with schematic 'models' of speech/writing, perceiving cues of orality in the written text, for instance. The idea is developped with a discussion of heteroglossia and multimodality in contemporary texts, which Fowler then asks us to apply to the example of magazine advertisements.

Durand's stance is similarly recapitulative, but within a phonological perspective. After an initial review of the position of traditional linguists (Saussure, Bloomfield and their followers) on the relationship between speech and writing, Durand moves on to question the objections of contemporary critics (e.g. Derrida, Calvet) to what their predecessors saw as the primacy of speech, and to demonstrate what he feels are misapprehensions in these recent debates (evidenced, for instance, in the confusion between the sociological and the linguistic). The last part of his article is devoted to an exploration of the relationship between writing and phonology in languages, such as French and English, which have long been rooted in an alphabetical tradition, and reappraises the connections between the various standpoints.

Scott's paper, more literary in outlook, explores the significance of the voice as an embodiment of a text's orality and investigates the ways in which voice (both 'inner' and 'outer') can be located in text. The main part of the article is a sequence of three short studies, investigating the ways in which the borders between the linguistic and the paralinguistic, between the written and the spoken, between the pheno-textual and the geno-textual are negotiated (see Scott's text for definitions). The first deals with punctuation in two turn-of-the century literary texts (Dujardin, Colette), the second with acousticity in the *bande dessinée* (*Tintin* and others), and the third compares speech indicators in two branches of popular fiction (*roman rose*, *roman noir*). Scott's conclusion then briefly assesses what scholarly apparatus we lack in dealing with questions of 'voice' and how the voice might be better served in the language classroom.

In the next, more applied, section, Judge, Facques and Inkster each illustrate different facets of evolutionary tendencies in the French language.

Judge explores reciprocal influences between speech and writing manifest in evolutions of the tense system, specifically in uses of the narrative present, which she documents with a four-way comparison spanning spoken and written French and spoken and written English. She shows that the uses of this tense, well-established in French, are relatively new and experimental in English, and also quite different, in particular as far as its relationship with uses of the narrative present in speech is concerned. In both languages, however, she notes a similar tendency to evolve tense strategies for expressing not just the chronology of events, but also different points of view on these events, in a multifocal way reminiscent of processes observed in other media (e.g. filming processes in the cinema).

This observation finds an echo in Facques' discussion, also about evolving uses of tenses, which focuses specifically on influences of other media (radio, television) on news reporting in the press. The central question Facques addresses is this: how does the written medium of news reporting manage to overcome its own situational constraints, and emulate the forms of the *mise-en-scène* of events manifest in television and radio reporting, so as to capture and convey the visual or oral immediacy typical of these media? The use of the *présent de reportage* and *discours direct*, which she identifies in her corpus of French newspaper articles, along with other strategies, as key linguistic means to achieve this immediacy, prompts other significant questions about changes in the nature and priorities of news reporting which, she concludes, has clearly become a hybrid genre.

The idea of a hybrid genre is a central feature in Inkster's contribution about orality in the electronic text. His study of a corpus of Internet Relay Chats exchanges shows how the nature of real-time multi-user chat results in forms of 'written conversation' which embody numerous features of spoken language while retaining characteristics of the written mode. The communicative function of this new form of communication is significant, in that it is creating a new community of electronic initiates whose influence on their peers is unusually powerful, with the equally significant consequence that features of IRC communication can already be observed in non-electronic written forms (for instance in the essentially 'oral' register of some adolescent magazines).

The last four chapters relate more closely to pedagogy. Kenning opens this final section of the volume with a historical review of technology in its impacts on language and language pedagogy, pointing out that, contrary to what happens in many other disciplines, technological innovations do not simply raise methodological issues, but also affect content through their influence on language and communication. This is illustrated with a discussion of the contribution of print to linguistic standardisation and an examination of the effects of pragmatic constraints on answerphone talk and Computer Mediated Communication. Attention then turns to the implications for language study and the reasons commonly given in support of the exploitation of technology are reviewed.

The influence on communication and language of new means of disseminating information is also central in Potolia's discussion of other recently evolved didactic commodities: multimedia products. Her review of the characteristics of CD-ROMs intended for use by the general public demonstrates that the 'textual' or semiotic crossbreeding which is a key feature of their design supposes a fundamental reassessment of the relationship between authors and product, and between product and users. The forms of non-linear 'reading' fostered by the multidimensional and multicanal organisation of information thus completely change the status of 'readers'; no longer mere recipients of information but active agents in its construction, they must create patterns, for example of coherence and cohesion, according to novel criteria. It is clear from Potolia's observations that the individualised and diversified approaches to data that multimedia tools promote make them very useful material for FL learning and teaching. They also highlight the growing need to equip FL students with quite new types of interdisciplinary competence.

Developing new types of competences should not, however, make us lose sight of longer-standing but still equally topical pedagogic issues. In the next paper, Royis and Parpette take us back to the question of the relationship between oral and written, with reference to a distinctive form of pedagogic discourse: the discourse of science teaching. Because the teaching of science has to rely to a significant extent on writing to impart information, and because its oral communication is intricately linked with the written support, it combines characteristics of both speech and writing. But the pressure to keep in phase forms of expression which proceed at different speeds reinforces the functions of paradigmatic speech phenomena, and shapes messages in ways which have significant implications for comprehension. It is to these phenomena, notably various forms of *dédoublement discursif*, and to the attendant functions they are observed to fulfil in a corpus of science lectures in French, that Royis and Parpette principally draw our attention in their paper. Their discussion is then harnessed to the concerns of foreign students studying science abroad, and stresses the importance of appropriate linguistic briefing.

Nott concludes the series with an overview, spanning thirty years or so, of French teaching and learning. His mosaic of observations about contexts of learning, changing attitudes to knowledge acquisition and aspects of French as a second language (from curricula, vocabulary or morphosyntax to collocations and interculture) is a fitting synthesis, which helps us measure the *chemin parcouru* against what lies ahead: what language should we now aim to teach, and how, and why?

It is not the ambition of this collection of papers to paint a comprehensive, state-of-the-art picture of the French language and language teaching. But we hope that the cross-section of topics and points of view presented here will contribute, in its own modest way, to a fruitful re-assessment of the complex interaction of the oral and the written in today's changing media.

References

Abercombie, D. (1967). *Elements of General Phonetics*, Edinburgh: Edinburgh University Press.

Abrams, M.H. (1981). *A Glossary of Literary Terms*, New York: Holt, Rinehart and Winston.

Aitchinson, J. (1996). *Dictionary of English Grammar*, London: Cassell.

Asher, R.E. (ed.) (1994). *The Encyclopedia of Language and Linguistics*, Oxford: Pergamon Press.

Baldwick, C. (1990). *The Concise Oxford Dictionary of Literary Terms*, Oxford: Oxford University Press.

Beaugrande (de), R. (1994). Entry for *Text Linguistics*, in Asher (ed.), 4573–78.

Beckson, K., and Ganz, A. (1990). *Literary Terms – A Dictionary*, London: Deutsch.

Blanche-Benveniste, C., and Jeanjean, C. (1987). *Le français parlé, transcription et édition,* Paris: Didier Erudition.

Blanche-Benveniste, C. (1997). *Approches de la langue parlée en français,* Gap/Paris: Ophrys.

Bright, W. (ed.) (1992). *International Encyclopedia of Linguistics*, Oxford: Oxford University Press.

Brown, G. (1978). 'Understanding spoken language', *TESOL Quarterly*, 22: 307–21.

Bussmann, H. (1996). *Routledge Dictionary of Language and Linguistics*, London: Routledge. (German edition 1990).

Canale, M., and Swain, M. (1980). 'Theoretical bases of communicative approaches to second language teaching and testing', *Applied Linguistics* 1(1): 1–39.

Chafe, W.L. (1982). 'Integration and involvement in speaking, writing, and oral literature', in Tannen, D., 35–53.

Chomsky, N. (1965). *Aspects of the Theory of Syntax*, Cambridge, Mass.: MIT Press.

Crystal, D. (1992). *An Encyclopaedic Dictionary of Language and Languages*, Oxford: Blackwell.

Crystal, D. (1997). *A Dictionary of Linguistics and Phonetics*, Oxford: Blackwell.

Cook-Gumperz, J., and Gumperz, J.J. (1981). 'From oral to written: The transition to literacy', in Farr Whiteman, M. (ed.) *Variation in Writing*, Hillsdale, N.J.: Erlbaum, 89–109.

Cuddon, J.A. (1977). *A Dictionary of Literary Terms and Literary Theory*, London: Blackwell.

Davies, H.B., and Brewer, J.P. (1997). *Electronic Discourse*, Albany, N.Y.: State University of New York Press.

Dechert, H.W., Möhle, D., and Raupach, M. (eds.) (1984). *Second Language Productions*, Tübingen: Gunter Narr.

De Vito, J.A. (1966). 'Psychogrammatical factors in oral and written discourse by skilled communicators', *Speech Monographs*, 33: 73–6.

De Vito, J.A. (1967). 'Levels of abstraction in spoken and written language', *Journal of Communication*, 17: 354–61.

Dubois, J., Giacomo, M., Guespin, L., Marcellesi, C., Marcellesi, J.-B. and Mével, J.-P. (1973). *Dictionnaire de Linguistique*, Paris: Larousse.

Esling, J.H. (1994). Entry for *Voice Quality* in Asher, R.E., (ed.), 4950–53.

Fowler, R. (ed.) (1973). *A Dictionary of Modern Critical Terms*, London: Routledge & Kegan Paul.

Genette, G. (1972). *Figures III*, Paris: Seuil.

Goffman, E. (1981). 'The lecture', in Goffman, E., *Forms of Talk*, Philadelphia, PA: University of Pennsylvania Press, 160–97.

Grambs, D. (1985). *Literary Companion Dictionary*, London: Routledge & Kegan Paul.

Greimas, A., and Cortès, J. (1982). *Semiotics and Language*. Bloomington, In.: Indiana University Press (First edition in French 1979).

Groden, M., and Kreiswirth, M. (1994). *The John Hopkins Guide to Literary Theory and Criticism*, Baltimore: John Hopkins.

Guillot, M.-N. (1999). *Fluency and its Teaching*, Clevedon: Multilingual Matters Ltd.

Halliday, M.A.K. (1985). *Spoken and Written Language*, Oxford: Oxford University Press.

Halliday, M.A.K. (1987). 'Spoken and written modes of meaning'. In Horrowitz, R., Samuels, S.J. (eds.) (1987). *Comprehending Oral and Written Language*, London: Academic Press, 55–82.

Hanks, P. (1979). *Collins Dictionary of the English Language*, London: Collins.

Hawthorn, J. (1998). *A Concise Dictionary Glossary of Contemporary Literary Theory*, London: Arnold.

Herring, S.C. (ed.) (1996). *Computer-Mediated Communication*, Amsterdam/Philadelphia: John Benjamins Publishing Company

Hertman, R.R.K., and Stork, F.C. (1972). *Dictionary of Language and Linguistics*, London: Applied Science Publishers.

Hymes, D. (1972). 'On communicative competence'. In Pride, J.B. and Holmes, J. (eds.) *Sociolinguistics*, Harmondsworth: Penguin Books, 269–93.

Kerbrat-Orecchioni, C. (1990). *Les interactions verbales (Tome 1)*, Paris: Armand Colin.

Kristeva, J. (1981). *Le langage, cet inconnu*, Paris: Seuil.

Laver, J. (1980). *The Phonetic Description of Voice Quality*, Cambridge: Cambridge University Press.

Luetkemeyer J., Van Anterp, C., and Kindell, G. (1984). 'An annotated bibliography of spoken and written language', in Tannen, D., (ed.), 265–81.

Martinet, A. (ed.) (1968). *Le langage*, Paris: Gallimard.

Matthews, P.H. (1997). *The Concise Oxford Dictionary of Linguistics*, Oxford: Oxford University Press.

McCarthy, M. (1998). *Spoken Language & Applied Linguistics*, Cambridge: Cambridge University Press.

Ong, W.J. (1982). *Orality & Literacy*, London: Methuen & Co.

Proust, M. (1987). *A la recherche du temps perdu*, Paris: Gallimard.

Rée, J. (1990). 'Funny voices: stories, punctuation, and personal identity', *New Literary History*, 21: 1039–58.

Rey-Debove, J., and Rey, A. (1993). *Le Nouveau Petit Robert*, Paris: Dictionnaires Le Robert. (First edition 1967).

Saussure, F. (1916). *Cours de linguistique générale*, Paris: Payot.

Séguin, B., and Teillard, F. (1994). *Les Céfrans parlent aux Français*, Paris: Calmann-Lévy.

Sinclair, J. (1987). *Collins Cobuild English Language Dictionary*, London: Collins.

Tannen, D. (ed.) (1982). *Spoken and Written Language: Exploring Orality and Literacy*, Norwood (N.J.): Ablex Publishing Corporation.

Tannen, D. (ed.) (1984). *Coherence in Spoken and Written Discourse*, Norwood (N.J.): Ablex Publishing Corporation.

Trask, R.L. (1993). *A Dictionary of Grammatical Terms in Linguistics*, London: Routledge.

Trask, R.L. (1997). *A Student's Dictionary of Language and Linguistics*, London: Arnold.

Trask, R.L. (1999). *Key Concepts in Language and Linguistics*, London: Routledge.

Van Peer (1994). Entry for *Text*, in Asher, R.E., (ed.), 4564–8.

Wales, K. (1989). *A Dictionary of Stylistics*, New York: Longman.

Wichmann, A., Fligelstone, S., McEnery, T., and Knowles, G. (1997). *Teaching and Language Corpora*, London: Longman.

Wilkinson, A. M. (1965). *Spoken English*. Educational Review, Birmingham University, Birmingham.

Werry, C.C. (1996). 'Linguistic and interactional features of Internet Relay Chat', in Herring, S., (ed.), 47–63.

Yates, S.J. (1996). 'Oral and written linguistic aspects of computer conferencing', in Herring, S., (ed.), 29–46.

Notes

1   The term oracy was coined by Wilkinson (1965) in an English and Welsh Schools Council Project at Birmingham University

2   Indeed when ordinary people are asked to account for *voice* on the spur of the moment, they tend to define it first by reference to auditory experience, i.e. as what we hear when others speak, and only then, if at all, by reference to the physical production of sound. This presumably explains why the *Collins Cobuild English Language Dictionary* [CCLED] – in which the presentation of words and of their patterns of use is based on attested frequency of use – should give this hearer-related definition first in its set of [9 main] entries for *voice* (see under 1); voice as the *physical ability to produce speech sounds* (my emphasis) comes second, under 2.1, but in a way which, here again, maintains the close relationship between voice produced and voice heard – both in the way it is introduced under 2 (i.e. *2 Someone's voice* [i.e. what we hear] *is 2.1 their physical ability to produce speech sounds*) and in the way it shifts to voice quality in 2.2 *the particular musical quality of a singer's voice* (entry 4. in the CED, given under IA1. in Robert).

3   Laver, following Abercrombie, takes the term 'voice quality' to refer to 'those characteristics which are present more or less all the time that a person is talking: it is a quasi-permanent quality running through all the sound that issues from his mouth' (Abercrombie, 1967: 91), and describes it, perceptually, as 'a cumulative abstration over a period of time of a speaker-characterizing quality, which is gathered from the momentary and spasmodic fluctuations of short term articulations used by the speaker for linguistic and paralinguistic communication' (Laver, 1980: 1).

Orality and the theory of mode in advertisements

Roger Fowler
University of East Anglia

What follows is the text of a plenary lecture given by Roger Fowler at the September 1998 AFLS Conference at the University of East Anglia. Roger was about to revise it for inclusion in this volume. His untimely death in June 1999 prevented his doing so. The paper was, in his own words, conceived as an informal descriptive study of the signs of speech in a particular printed genre of discourse – advertisements in magazines – and was based on the observation that the illusion of orality is a distinctive feature of some types of printed advertisement. Roger wanted to analyse some of the linguistic features which create this illusion in English, and to ask both whether the same situation obtains in French, and whether the linguistic cues are the same. His intention was also to provide a general framework for discussion, by exploring some of the theoretical issues which cluster around the distinction between speech and writing. The second part of the lecture consisted of an analysis of a range of advertisements in French and English and was given ad-lib. A list of the points Roger invited us to consider, and of the illustrations he used, is appended at the end of the first, more formal part of the paper.

It is only relatively recently that linguists have given any serious consideration to the distinction between speech and writing, and the tendency nowadays is to describe them as two distinct modes. Traditionally, writing was regarded as merely a derived medium based on speech, and little attention was paid to it.

In the formative years of structural linguistics in the USA, the period when Boas, Sapir and Bloomfield were laying down the principles and procedures for linguistic description, two beliefs seem to have been dominant. The first may be called the doctrine of *the primacy of speech*. The basis for saying that speech is primary mode is that it is historically prior to writing. We do not know how long human beings have been articulate mammals, as Jean Aitchison puts it (Aitchison, 1976), but in any culture of which we have long historical knowledge, writing is a relatively late development. Even in literate societies, some individuals do not write or read, so for them speech is not just the primary, but the only mode. Besides, there are many societies which to this day lack a writing system, and this was certainly the case with the Indigenous cultures of North America which were the primary scientific object of the pioneer anthropological linguists of the early years of this century. The native American languages had no written forms, and one of the aims of the linguists was to make good this 'deficiency'. However, the first task of the American linguists was to understand and to describe these unfamiliar tongues. Because native American languages are unrelated to the Indo-European languages on which linguists such as Bloomfield had been trained, and moreover are extremely diverse in their structures, each linguistic description was a voyage of discovery carried out in a doggedly empiricist spirit. The linguists of North America followed, or claimed to follow, a bottom-up procedure of analysis, starting with the observable data of speech sounds and gradually synthesising larger and more abstract linguistic entities. Thus speech acquired a second primacy in that the sounds of speech were regarded as basic linguistic data, the observables on which all more abstract analysis depended.

Writing then acquired a secondary or subsidiary status, something which was not simply added later but had a necessarily dependent or reflective status, more of a transcription system based on speech than an independent mode with its own characteristics. But there was no curiosity on this issue. In fact it was not even an issue. In the 1950s, heyday of American structuralism, linguistic argumentation was supported by single sentence, fabricated, examples about which it makes no sense to ask whether they are writing or transcribed speech.

When we come to Chomsky, there is, as far as I know, no discussion of the relationship between speech and writing. Because of his interest in structures of a high degree of syntactic complexity, his own examples look more and more refined and bookish. Whoever would *say* 'What disturbed John was being ignored by everyone'? For Chomsky, the object of linguistic theory is not real language anyway but linguistic competence or I-language. Possibly the distinction between speech and writing falls within the theoretical domain of linguistic performance, and is therefore of no interest to generative linguistics. But I suspect that Chomsky's position on the status of speech is far worse, as suggested by this extraordinary statement at the beginning of *Aspects of the Theory of Syntax*:

> *Linguistic theory is concerned primarily with an ideal-listener, in a homogeneous speech-community, who knows its language perfectly, and is unaffected by such grammatically irrelevant conditions as memory limitations, distractions, shifts of attention and interest and errors (random or characteristic) in applying his knowledge of the language in actual performance* (Chomsky, 1965: 3).

What does this flawed, unguent heterogeny sound like? Well, to me it sounds like a description of speech, and I recall those transcriptions of conversational texts which European linguists like Quirk and Halliday tend to print in their books just to remind us how different speech is from the printed text. But American linguistics, which began by asserting the primacy of speech, has ended by throwing speech into the waste bin as an incompetent realisation of linguistic competence.

The distinction between speech and writing might be trivial if your linguistic model is primarily interested in universals of language and their cognitive implications, but it is of fundamental importance if you are interested in real language and its texts. I will take what I believe is now the commonly accepted position that speech and writing are distinct modes in which are produced texts with different structural characteristics. If writing starts as a transcription of speech, it develops as a quasi-autonomous system.

There are four reasons why this is inevitably the case. First, the two channels have fundamentally different physical properties, and so there are differences in what it is possible to do, in what aspects of substance can be used to express differences of meaning. A well known case is stress in English, the ability to place extra amplitude and pitch contrast on certain syllables for reasons of emphasis, contrast and textual cohesion. You cannot do this in the written medium.

Second, the processing parameters are different for speech and writing. Because writing persists on the page, it can be re-read. Sentences of great length can be processed because readers can re-visit the beginning. For the same reason, syntactically complex sentences involving self-embedding and suspension are much more readily tolerated in the written mode.

Speech, on the other hand, fades instantly, so listening places a strain on short-term or working memory. According to George Miller (1956), working memory can accommodate only seven or so units of information: so seven words are taken in and, because of the rapidity of speech, a parse and a hypothetical interpretation are carried out before working memory is evacuated to take in the next section of the speech signal. The linear structure of speech has adjusted to this processing constraint, not only by an avoidance of hypotaxis and suspension, but also by segmentation into relatively short *information units,* as Halliday calls them (see 1985 for instance): short phrases demarcated by – in English – prominent intonation patterns. There are other differential characteristics of speech and writing which are determined by processing constraints, for example the higher proportion of verbs in speech, but it is beyond the scope of this paper to give a full description.

The third reason for which speech and writing have developed different structural characteristics is that they are associated with different ranges of registers. Although some registers across the speech/writing divide are similar, such as the style of a lecture and the style of an academic article, some are widely discrepant, for example the register of a live TV football commentary and that of a printed legal contract. Speech registers are associated with informal situations, written with formal. There are broad differences of syntax: written registers favour hypotactic structures, spoken paratactic. Vocabulary choices are characteristically different in speech and writing, speech tolerating colloquial, demotic or vulgar lexical choices which look well out of place in print. Writing accommodates a higher lexical register, formal and learned words which make speakers sound as if they are 'speaking like a book'. The novelist writing dialogue must confront these obstacles to the *vraisemblance* of speech in a book, and special fictional conventions have developed by which the novelist, with the active partnership of the reader, creates the illusion of conversation in print.

There is a fourth reason why speech and writing have developed different structural characteristics, and I will mention it only very briefly. The deictic situations of the two modes are quite different, speech being anchored in the here-and-now, while writing is displaced from the spatio-temporal point of utterance. Thus we may expect different configurations of personal pronouns, demonstratives, tenses, and temporal and spatial adverbs in speech and writing.

There are thus powerful reasons for distinguishing speech and writing as distinct linguistic modes, and for welcoming any descriptive analysis around this distinction, on the lines perhaps of the work begun by Michael Halliday. I would recommend one way of proceeding, that is by what I call *microanalyses* of clearly discrete genres such as different types of advertisements, newspaper editorials, notices, rules, and on the spoken side greetings, shopping transactions, jokes, oral anecdotes, *allocutions d'accueil,* and so on. Such microanalyses can be done within clear parameters, and are very suitable for advanced language work for students, for example descriptive projects at MA level.

Now, having drawn the fundamental distinction between speech and writing, it is immediately necessary to qualify it. The distinction is not all-or-nothing, not one of those watertight binarisms of which linguists are so enamoured. There are in-between or mixed modes, various kinds of writing which feel speech-like, and types of speech which are variously bookish or formal. One well-known example is *script*, text which is written down for later oral delivery, or, to look at it the other way round, speech which has its basis in writing. If we think about script, there are obviously many varieties within this mixed mode. What you often hear in lectures is someone reading a script more or less word for word, but the script does not emulate ordinary speech; rather it enacts a particular academic register. On the other hand, a script for performance as a radio soap opera will be structured to give an illusion of real dialogue, though again this will be highly conventionalised in terms of the genre, just as printed 'speech' in the novel is conventionalised.

How can a theory which starts by dichotomising the two modes, the oral and the written, humble this apparently paradoxical shading of the distinction? Some propose the idea of a *continuum* of styles including speech and writing and presumably varieties in between. The extremes of speech and writing would perhaps be spontaneous casual conversation at one end and some register like legal contract or 'small print' at the other. I prefer not to use the concept of continuum, for it seems to me that somewhere there has got to be a defining break, because the oral and visual channels are physically, phenomenally, so discrete.

My theory has two further stages. First, I advocate handling the mixed modes through the related concepts of *multimodality* and *intertextuality* (Bakhtin's *heteroglossia* is also related, and relevant (Bakhtin, 1973, 1981)). Second, I want to add a *cognitive* dimension to the theory, so that we are not just taking about objective characteristics of texts, but the interaction between those objective characteristics and what readers and hearers constructively perceive in the activities of reading and listening.

First, multimodality. I am trying not to use the term merely fashionably. Everyone knows about multimedia today. The most familiar example is the personal computer, which is getting more multimodal by the minute. A screen may display text, images and film simultaneously, and play sounds, voices or music at the same time. My *Word for Windows* screen frames the text I am working on with buttons and icons; when my printer runs out of paper a message is superimposed in the centre of the screen advising me of this, and one of my two computers reinforces this message by adding a synthesised American sounding voice which tells me to add paper. This is what is vulgarly meant by 'multimodality': the simultaneous display of messages in several channels. But 'multimodality' ought to mean something more interesting than this. I would suggest that (a) we should regard multimodality not in terms of channels but in terms of codes; and (b) that we should expect the multiple codes in a text to be related in structured and functional ways, performing a complex but integrated (not merely multiple) act of communication. To take another example, TV commercials are generally complexly multimodal, simultaneously articulating codes in images, moving film, colours, voices, and print. Such texts are, we know, designed and produced by highly proficient and intelligent people, and presumably the multiple codes in multiple physical channels add up to an overall integrated message.

Contemporary texts are increasingly multimodal in the sense of multi-channel. Barthes would have loved the richness of the contemporary media text. Forget about the multiple channels for the moment, the flashiness of the modern computer, and Barthes in fact supplies the key to what is going on in multimodality. I find his article *From Work to Text* (1977 (first published in French in 1971)), and his analysis of Balzac in the book *S/Z* (Barthes, 1970), very helpful in thinking about this part of the theory. Logically prior to the multi-channel text is Barthes's *plural* text, or simply his notion of the text – all texts – as a tissue woven from strands in many codes. Now Barthes is talking about plurality within texts which are *just language:* not illustrated books or films or whatever, but plain texts, what used to be called literary texts. Plurality can be extrapolated to multi-channel texts very easily, but the central point is that they are not the defining case for multimodality, which as I have said, is a matter of code, not channel.

Returning to oral and written, what I am proposing is that language texts may be multimodal in the sense that the oral can exist within the written, and there may be traces of written in the oral. I do not mean that the two modes may occupy the same two-channel space, like subtitles to film dialogue, or a voice reading aloud a printed text which is displayed on screen, as sometimes happens in TV newscasts. I mean multimodality within the same plain-language text.

Literally speaking, this is impossible, since the two modes use different channels. Yet people can reliably recognise written-in-spoken and spoken-in-written. The solution to the problem is to theorize oral and written not only as kinds of text or kinds of structure, but also as categories of experience. I propose that language-users possess, as part of their communicative competence (in Hymes's sense (1972)) in a language, knowledge of the modes and registers employed in real communication. For the most part, this is passive knowledge, in the sense that speakers can recognise without being able to produce registers of their language.

Knowledge of the two modes, and the registers within them, is activated by *cues* or *triggers*, which are individual linguistic features of texts – words, expressions, syntactic or morphological details. Encountering sufficient cues, a reader or hearer will access a mental *model* of an appropriate mode or register. So a printed text can contain a few cues typical of the oral and the reader will experience the oral model – it is as if the oral mode is present in the written text. Orality is experienced in the mind, though the text remains written: it can still look like a grey, monologic piece of prose, but be experienced with the imaginary dynamics of a speaker. Conversely, a spoken text like a lecture can be experienced as speech shadowed by the dull sonorities of academic prose.

In previous research, I have focussed on one genre of printed discourse which seeks to promote an oral model of communication: the language of newspapers (Fowler, 1991). I suggested that newspapers have a particular motive for creating the illusion of orality, not only to temper the impersonality of institutional prose, but also to simulate conversational bonding with the reader in the interests of promoting consensus. I studied how the oral model was triggered by the inclusion of selected cues of speech. The cues can be predicted from the defining characteristics and tendencies of speech, as discussed above, and confirmed, and studied for frequency, in textual analysis. It seems to me that roughly the same cues will be foregrounded in other genres which promote an oral model, in this case magazine advertisements. Advertisers have quite understandable motives for seeking orality: solidarity with the reader and potential purchaser while offering an identity, an ideological space, for the purchaser to occupy.

(From this point on, the lecture proceeded ad-lib. It was based on the materials reproduced below [suggested cues for oral style in printed discourse; samples of advertisements], with which Roger invited his audience to trace orality in the particular printed genre he had been talking about, first in English, then in French texts. This is what we are, in his name, inviting readers to do here.)

Some textual cues for orality in English

Syntax parataxis; additive phrasal structure; short clauses; short information units with punctuation suggesting marking out by intonation contours; verb frequent, *or* verbless sentences which are usually short;

Vocabulary demotic, casual, emotive, judgmental, hyperbolic; clichés, dead metaphors;

Speech acts prominent – questions and commands suggesting a direct relationship with the reader (dialogic structure);

Modality marked modals prominent, particularly in the areas of necessity, obligation and evaluation;

Deixis first and second person pronouns prominent; proximals and distals prominent;

Tenses present and future;

Typography diverse typefaces; avoidance of blocks of justified prose; bold and italics; colour; auxiliary contraction.

Note that analysis of language in this sort of text should be integrated with analysis of visual layout, colour, etc.

---

1. Rael Brook Shirts

Hurry and order now while stocks last! We guarantee this is the one and only time you will see this sensational sale offer this year!

All over the world Rael Brook are famous for the fine quality of their superbly tailored shirts. BUT ONLY NOW ARE THEY AVAILABLE AT HALF THE PRICE YOU WOULD NORMALLY PAY! So in effect, you can buy two shirts for the price of one. Only possible thanks to our urgent clearance purchase – these outstanding shirts are absolutely perfect in every detail. For they are luxuriously designed in a Cotton rich 55% Cotton/45% Polyester, which means they will retain their crisp, wrinkle-free appearance all day long – even after repeated washes. Other features to note are the smart rear box pleat, generous traditional cut and front chest pocket.

So choose from Cream, Green or Beige in all collar sizes 14½in to 18in (34–46cm). And don't forget, the more you buy, the more you save – especially as there is no postage charge when you order any two or more!

34

2. Kodak Advantix

Ever missed a shot of your favourite footballer because your camera took too long to load?

With the Kodak Advantix easy-to-load film you'll get along famously.

The Kodak Advantix system isn't just a new sort of film and a better kind of camera, it actually helps you take better pictures. The film is specially designed to make loading simple. You just flip open the camera, pop the film in, close it and you're ready to go. When you want to take a picture, you can choose one of three picture formats. The Kodak Advantix system is ideal for taking panoramic shots, group shots, or just simple pictures in classic format.

3. Before we fix the car, we fix the price

So when you collect your car from a Halfords garage, you'll get no nasty surprises.

From a set of brake discs to a full service, what we tell you it's going to cost, it does.

It's just another example of our philosophy. To do things better than they're being done. To try things differently. To go the extra mile.

Which is why we have 119 garages open every Sunday.

And why you'll only find fully qualified mechanics working on your car. To the same standards as any main dealer.

Phone 0800 282 671 for an appointment. We've even fixed the price of the call. Nothing.

4. Incredible California Waxed Dusters

From only £8.95 plus p&p.

There's no need for spray polishes or waxes when you use these amazing, time saving California dusters. Ingeniously designed they'll literally 'lift up' dirt, dust and grime, leaving a wonderful shining finish whatever the surface.

The secret to these dusters lies in their cotton mop heads which feature hundreds of strands, each treated with special paraffin wax. All you need to do is polish over the surface with the duster – all the hard work is done for you. The wax will last for years and the dusters do not need retreating.

The Original California Hand Duster only £8.95.

The perfect choice for cleaning furniture, the car, blinds or electrical equipment, the Original California Duster is designed especially to get into hard to reach places.

It's ideal for the television, stereo or computer because it removes static and can clean where spray polishes present a problem.

An unbeatable choice for a gleaming finish on endless surfaces, and when you buy two for just £15.90 you'll save £2.

5. Soap advertisements (Marie Claire)

a) Monsavon c'est simple. Monsavon c'est moi.

J'aime le matin, tout est simple. Je bois du lait et j'utilise Monsavon.

Monsavon est au lait.

Il est doux pour ma peau, et sent bon la lavande.

Monsavon, un savon tout simple, un savon tout moi.

b) Je suis Palmolive

Ça se lit sur mon visage.

J'adore prendre soin de moi. Pour moi, être belle c'est d'abord être bien, en confiance avec des produits essentiels, sans artifice et qui respectent ma peau.

Avec Palmolive Visage ma peau se sent bien. Sa mousse douce et onctueuse prend soin de ma peau et lui donne tout son éclat.

Je suis Palmolive. Ça se lit sur mon Visage.

6. Croissance de Candia (Biba)

Entre 1 et 3 ans, votre enfant se construit, il change et grandit à vue d'oeil.

Pendant ces années, qui sont déterminantes pour son développement physique et intellectuel, le lait est encore à la base de son alimentation et doit répondre à ses besoins nutritionnels très spécifiques.

C'est pourquoi le lait Croissance de Candia contient 20 fois plus de fer qu'un lait ordinaire, car le fer, il en faut beaucoup à votre enfant pour devenir fort. Et dans Croissance, il trouvera aussi des vitamines, du calcium et des lipides essentiels, tout ce qu'il faut pour bien grandir.

7. Les conseils Revlon

- **Adoptez une alimentation saine et variée, riche en sels minéraux et en calcium.**
- **Les pires ennemis de l'ongle sont l'eau et les produits détergents. Pensez à protéger vos mains avec des gants, lors des travaux ménagers ou de jardinage.**
- **Prenez conscience, à l'exemple des Américaines, que vos ongles ont avant tout besoin d'un soin régulier, simple et efficace, plutôt que d'une attention intensive mais hélas trop rare. Un soin approprié est un investissement à long terme.**

Les formules REVLON ont été spécialement étudiées pour convenir à tous les types d'ongles et de peaux.

Pour les Américains, le soin des ongles est, depuis longtemps, aussi essentiel que celui du visage. Charles **Revlon,** le fondateur de **Revlon,** l'avait bien compris en proposant, dès 1932, le premier vernis à ongles coloré.

Depuis, les soins des ongles **Revlon,** issus des dernières technologies et toujours novateurs, ont conquis les femmes du monde entier.

Dans chaque point de vente **Revlon,** découvrez aujourd'hui la nouvelle ligne professionnelle. Votre conseillère vous aidera à déterminer, parmi les onze soins spécifiques qui la composent, ceux qui correspondent exactement à vos besoins.

Ultime touche de raffinement pour vos mains: la couleur. Naturelle, classique ou 'tendance' **Revlon.**

ETAPE PAR ETAPE, SUIVEZ LE DEROULEMENT DE LA MANUCURIE REVLON:

1. Démaquiller soigneusement à l'aide du **DISSOLVANT REVLON** adapté à votre type d'ongle; limer chaque ongle dans le même sens, de l'extérieur vers le centre.
2. Tremper l'extrémité de chaque main dans l'eau chaude pendant quelques minutes. Sécher méticuleusement.
3. Appliquer au pinceau l'**EMOLLIENT CUTICULE AUX AHA** sur l'ongle et son contour.
4. Repousser doucement les cuticules avec un bâtonnet et rincer après 10 minutes.
5. Si les ongles présentent des problèmes spécifiques, utiliser un soin renforcé **REVLON: GROW 10, EPOXY 1000, 4% 1000 CALCIUM, INTENSE THERAPY.**

6. Pour lisser la surface de l'ongle, prévenir la formation des taches et prolonger la tenue du vernis, poser le **TOP SPEED BASE COAT.** LAISSER SÉCHER 60 SECONDES.
7. Appliquer deux couches de votre vernis à ongles préféré en trois mouvements: le premier au centre, partant de la racine vers le bord et les deux autres de chaque côté.
8. Accélérer le séchage (3 à 5 minutes), fixer et protéger le vernis en lui donnant un fini ultra brillant avec une seule couche de **TOP SPEED TOP COAT.**

Chaque jour, utiliser la **CRÈME POUR LES MAINS REVLON.** Elle protège, hydrate* et assouplit la peau et les cuticules en pénétrant instantanément.

Tous les jours, masser délicatement l'ongle et son pourtour avec la **CRÈME CUTICULE AUX AHA REVLON.**

Elle nourrit assouplit et évite la formation de cuticules.

*couches supérieures de l'épiderme.

REVLON
REVOLUTIONARY

---

8. *L'Art de la pêche au diamant (Marie Claire)*

L'ART de la PÊCHE au DIAMANT
Comment réussir une belle prise en quatre leçons.

1. Vous

Il ne s'agit pas d'être forte, mais fine mouche. Pratiquez l'autoconviction et répétez mentalement plusieurs fois, en articulant lentement: 'Je vaux un diamant. Je vaux un diamant.'

2. Le choix des appâts

Gagnez du temps et repérez à l'avance modèles et vitrines. Puis présentez votre section à l'homme de votre vie. Soyez plus que charmante. Délicieuse. En un mot, irrésistible. Sachez aussi respecter certains silences. Ainsi surgissent les preuves d'amour, comme les pêches les plus miraculeuses.

3. La technique en elle-même

Lancez le bouchon assez loin. Ne le quittez plus des yeux (votre mari, pas le bouchon). Un éclat, un reflet attire son regard? Il mord à l'hameçon? Ferrez sans tarder, la prise est maintenant assurée.

4. Les joies de la prise

La sensation du diamant sur sa peau est un plaisir dont, très vite, on ne peut plus se passer. Un plaisir qui n'échappera pas à votre mari. D'ailleurs, pourquoi le faire attendre plus longtemps?

Un diamant est éternel.
Raison de plus pour ne pas attendre éternellement.

References

Aitchison, J. (1976). *The Articulate Mammal: an Introduction to Psycholinguistics,* London: Hutchinson.

Bakhtin, M, (1973). *Problems of Dostoevsky's Poetics,* Ann Arbour: Ardis. (First published in Russian in 1929).

Bakhtin, M. (1981). *The Dialogic Imagination: Four Essays,* Austin: University of Texas Press.

Barthes, R. (1970). *S/Z,* Paris: Seuil.

Barthes, R. (1971). 'De l'oeuvre au texte', *Revue d'esthéthique 3.*

Barthes, R. (1977). 'From Work to Text'. In Barthes, R., *Image, Music, Text,* London: Fontana Press, 155–64.

Chomsky, N. (1965). *Aspects of the Theory of Syntax,* Cambridge, Mass: The MIT Press.

Fowler, R. (1991). *Language in the News: Discourse and Ideology in the Press,* London: Routledge.

Halliday, M.A.K. (1985). *An Introduction to Functional Grammar,* London: Edward Arnold.

Hymes, D. (1972). 'On Communicative Competence'. In Pride, J. and Holmes, J. (eds.) *Sociolinguistics,* Harmondsworth: Penguin Books, 269–93.

Miller, G.A. (1956). 'The Magical Number Seven, Plus or Minus Two', *Psychological Review 63,* 81–97.

Oral, écrit et faculté de langage

Jacques Durand
Equipe de Recherche en Syntaxe et Sémantique,
Université de Toulouse II

Introduction[1]

Ces deux systèmes de réalisation des langues humaines que sont l'oral et l'écrit entretiennent (à travers leurs utilisateurs, il s'entend) des rapports complexes pour ne pas dire tumultueux. Pour de nombreux Français, le souvenir des débats qui ont entouré les projets de réforme de l'orthographe de 1990–91 sont encore vivaces. Ils ont divisé les habitants de la communauté française, à première vue sans mesure avec l'étendue des réformes proposées, et engendré une abondante littérature sur la question.[2] Mais ces débats ne sont ni nouveaux ni totalement exceptionnels. Toutes les langues où l'écrit a été introduit font périodiquement face à des choix quant à la nature du système choisi. Comment ne pas citer ici le cas de la Turquie qui, par diktat de Kemal Atatürk, a abandonné en 1926 l'écriture arabe en faveur de l'alphabet latin ou le roumain qui est passé d'un alphabet cyrillique à l'alphabet latin? La Chine communiste n'a-t-elle pas sérieusement envisagé de remplacer les caractères par un système alphabétique? Ce type de débat, récurrent dans l'histoire des langues écrites, se retrouve à d'autres niveaux. L'enseignement des langues étrangères fournit un exemple notoire avec des positions contradictoires et souvent crispées sur la place respective que doivent y jouer l'oral et l'écrit.

La position des linguistes (au sens de spécialistes des sciences du langage) est souvent invoquée mais rarement explicitée. Les linguistes eux-mêmes sont loin d'adopter un point de vue uniforme selon qu'ils se positionnent, au niveau théorique, en descripteur de systèmes existants ou comme partie-

40

prenante de ce qu'on appelle parfois la planification linguistique. Dans ce chapitre, mon but sera essentiellement de clarifier les places respectives de l'oral et de l'écrit dans une théorie du langage. Nous partirons de la position de grands classiques comme Ferdinand de Saussure et Leonard Bloomfield et nous essayerons d'expliciter leur défense d'une linguistique privilégiant l'oral par rapport à l'écrit. Nous constaterons que la position érigeant l'usage du canal audio-vocal en trait définitoire du langage est sans aucun doute à réviser au regard de la connaissance que l'on a aujourd'hui d'autres systèmes de signes. Nous convierons alors au débat divers courants qui combattent depuis les années soixante les présupposés 'oralistes' de la linguistique moderne, proposant même dans certains cas (comme celui bien connu du philosophe Derrida) un renversement majeur de perspective en affirmant que, si quelque chose est premier, c'est l'écrit. Bien que ces critiques nous forcent à préciser et à amender la présentation classique du problème, nous essaierons de démontrer qu'elles reposent souvent sur des affirmations discutables ou impossibles à vérifier sur le statut des systèmes sémiotiques et de la faculté de langage.

1 Saussure, Bloomfield et leurs héritiers

Les réflexions sur la nature du langage en tant que système de communication et sur la substance dans laquelle les messages peuvent ou doivent être encodés ne démarrent évidemment pas au vingtième siècle. Il reste néanmoins vrai qu'une bonne partie de la linguistique moderne trouve ses racines dans le *Cours de linguistique générale* de Ferdinand de Saussure (1916) et dans *Language* de Leonard Bloomfield (1933). En ce qui concerne le statut de la parole et de l'écriture au regard de la faculté de langage, ces deux linguistes adoptent des positions similaires. La pensée saussurienne[3] est clairement résumée dans cette citation connue:

> *Langue et écriture sont deux systèmes de signes distincts: l'unique raison d'être du second est de représenter le premier; l'objet linguistique n'est pas défini par la combinaison du mot écrit et du mot parlé; ce dernier constitue à lui seul son objet. Mais le mot écrit se mêle si intimement au mot parlé dont il est l'image, qu'il finit par usurper son rôle principal; on en vient à donner autant et plus d'importance à la représentation du signe vocal qu'à ce signe lui-même. C'est comme si l'on croyait que pour connaître quelqu'un, il vaut mieux regarder sa photographie que son visage (1972: 45).*

Quant à Bloomfield, la formule est encore plus saisissante:

> *Writing is not language but merely a way of recording language by*
> *means of visible marks* (1976: 21).

Cette position est fort ancienne puisqu'elle est déjà présente chez Aristote[4]
et qu'elle est clairement articulée dans des travaux marquants comme la
Grammaire générale et raisonnée d'Arnauld et Lancelot (1660) qui affirme:

> *La grammaire est l'art de parler.*
> *Parler, est expliquer ses pensées par des signes que les hommes ont*
> *inventés à ce dessein.*
> *On a trouvé que les plus commodes de ces signes étaient les sons et les*
> *voix.*
> *Mais parce que ces sons passent, on a inventé d'autres signes pour les*
> *rendre durables et visibles, qui sont les caractères de l'écriture, que les*
> *Grecs appellent* γραμματα, *d'où est venu le mot de Grammaire* (1969: 7).

Telle qu'elle est exprimée plus haut, la position de Saussure et Bloomfield
peut paraître dogmatique et on l'a souvent accusée dans des travaux récents
de refléter la 'doxa' occidentale dans une de ses multiples réactualisations. Il
est néanmoins important de rappeler le contexte dans lequel s'inséraient de
telles affirmations et de passer en revue quelques-uns des arguments avancés
par ces auteurs et leurs successeurs pour défendre une telle position.

La linguistique dans la première partie du vingtième siècle a, au moins en
partie, dû se constituer en réaction à une tradition normative et esthétisante
selon laquelle le seul objet digne d'étude est le texte littéraire inscrit dans le
'canon' (les écrits des bons auteurs). Les développements scientifiques,
technologiques et technocratiques favorisés par l'invention de l'imprimerie
ont créé chez de nombreux locuteurs une identification entre la langue et sa
matérialisation dans l'écriture. En même temps, de nombreux
anthropologues et linguistes se sont lancés dans la description rigoureuse de
langues non écrites souvent en voie de disparition. Malgré le mythe tenace
selon lequel il existerait des langues primitives, chaque découverte d'une
nouvelle communauté linguistique a démontré que les langues humaines,
malgré leur diversité, opéraient à un tel niveau de complexité qu'une
hiérarchisation générale des langues s'avérait impossible et reflétait nos
préjugés quant à la nature de cultures autres que la nôtre.

Un exemple instructif dans ce contexte est celui de la découverte en 1930, entre les chaînes de montagnes qui divisent la Nouvelle Guinée en deux, d'une population importante à un niveau technologique proche de l'âge de pierre. Tout le monde était convaincu que ces montagnes étaient si hautes, si dangereuses, si peu hospitalières que personne ne pouvait y vivre. Ce que l'on ne savait pas c'est qu'il y avait en fait deux chaînes de montagnes séparées par un vaste plateau entrelacé de plaines fertiles où vivait environ un million de personnes isolées du reste du monde depuis probablement plus de quarante mille ans. Un prospecteur d'or blanc, Michael Leahy, attiré par la découverte de ce métal précieux dans des rivières en aval de ces chaînes de montagnes, décida de les explorer avec l'aide d'un autre prospecteur également blanc et d'un groupe de porteurs indigènes venant des basses terres. Au terme d'une ascension pénible, ils découvrirent d'abord avec stupéfaction que, derrière les montagnes, se trouvaient de fertiles plateaux. Puis, au cours de leur première nuit, ils comprirent, aux nombreuses lumières qui scintillaient dans l'obscurité, que ces plateaux étaient habités. La rencontre entre les explorateurs et les indigènes fut paisible même si les deux groupes n'étaient guère rassurés. Lorsque les indigènes eurent le courage de s'approcher des explorateurs blancs, ils le firent précautionneusement, les touchant légèrement pour s'assurer qu'ils étaient bien réels, mais en échangeant de nombreux messages verbaux entre eux. Mais la bouillie de sons (aux oreilles des explorateurs) qui passait entre eux n'était pas un ensemble de borborygmes, c'était un langage pleinement articulé qui permit rapidement à ces indigènes d'évaluer la nature de ces êtres bizarres, affublés de parures étranges et à la peau blanchâtre. Deux hypothèses divisaient le groupe. Soit, comme le pensait la majorité, on avait affaire à des esprits à forme humaine, sans doute une réincarnation des ancêtres; soit les explorateurs blancs, malgré leur couleur de peau, leurs vêtements et leurs chapeaux étaient fondamentalement des hommes comme eux. Après de nombreuses discussions, ils se mirent d'accord sur une épreuve infaillible pour résoudre ce dilemme. On observerait les blancs sans les quitter d'une semelle, et, s'ils faisaient leurs besoins comme les indigènes, on pourrait en conclure qu'ils n'étaient pas de purs esprits. Il s'avéra, on n'en sera pas surpris, qu'ils soulageaient leurs besoins comme les indigènes et, lorsque les restes en furent examinés, l'un des premiers observateurs s'exclama: 'Leur peau est peut-être différente de la nôtre mais leur merde, elle, pue autant que la nôtre'.[5]

Cette histoire, on le devine, a dû se répéter des centaines, voire des milliers, de fois dans l'histoire de l'humanité. Et chaque fois le langage des groupes en présence, s'il semble faire initialement obstacle à la communication, leur permet rapidement d'évaluer la situation et de transcender les expériences passées pour jeter un pont linguistique (ou refuser d'en jeter un) entre les deux cultures en présence. Le plus souvent, dans un monde qui oppose colonisateurs et colonisés, ce sont d'ailleurs les indigènes colonisés (réputés parler des jargons barbares) qui ont appris la langue de leurs nouveaux maîtres.

Mais laissons cette anecdote pour revenir aux arguments avancés par la linguistique post-saussurienne pour accorder la priorité à la description de l'oral.[6]

Le premier argument est que l'oral précède l'écrit dans l'histoire de l'humanité. Sans doute est-il vrai que, sans voyager dans le temps à rebours, on ne peut être absolument certain du mode de communication des premiers humains. Néanmoins, en conclure qu'on ne peut rien dire du passé serait réduire la démarche scientifique au *hic et nunc* de la vie subjective quotidienne. Les physiciens font, avec raison, des conjectures dans le temps et dans l'espace beaucoup plus osées que les remarques qui suivent. Constatons, en effet, qu'on n'a découvert aucune culture où la communication s'effectuait uniquement au moyen de signes écrits. En revanche, on a découvert de nombreuses cultures où le seul moyen de communication était la langue parlée. D'autre part, les travaux archéologiques s'accordent pour dire que l'apparition de l'écriture est relativement récente dans l'histoire de l'humanité (entre 4000 ans et 6000 ans selon les spécialistes). Le système d'écriture le plus ancien semble être celui des Sumériens, un vieux peuple d'origine inconnue dont la civilisation fleurit en basse Mésopotamie il y a plus de cinq mille ans. C'est en étudiant leurs tablettes d'argile que l'on a découvert une masse impressionnante de documents: des transactions commerciales, des épopées, des prières, des poèmes, des proverbes, etc. Or, on situe souvent l'apparition d'*homo sapiens sapiens* vers 100.000 ans avant notre ère avec une organisation neuro-physiologique qu'on n'a aucune raison de différencier de la nôtre si on en croit des généticiens comme Cavalli-Sforza (1997).[7]

Si ce premier argument pour la priorité de l'oral sur l'écrit portait sur le développement de l'espèce humaine (ou phylogenèse), le deuxième argument s'appuie sur le développement typique des individus (ou ontogenèse). En règle normale, l'enfant parle puis apprend à lire et à écrire au moment de sa scolarisation. Il faut souligner ici que l'acquisition de la langue parlée se fait sans instruction explicite. Ce ne sont pas les quelques corrections ponctuelles et peu systématiques auxquelles s'adonnent les parents qui expliquent le fait qu'au moment de la scolarisation tous les enfants parlent, en négligeant évidemment tous les cas dus à des accidents physiologiques ou neurologiques. En revanche, la lecture, et encore plus l'écriture, exigent un véritable apprentissage. On a affaire à un processus long et laborieux qui ne réussit pas toujours puisqu'on déplore souvent le grand nombre d'analphabètes dans nos sociétés modernes et un nombre encore plus grand d'individus qui n'ont qu'une maîtrise chancelante du système écrit. C'est pour ces raisons que beaucoup de linguistes s'attaquent en priorité à la langue parlée – non pas parce qu'elle est supérieure à l'écrit – mais parce qu'elle est 'naturelle'.

Le troisième type d'argument avancé par la linguistique classique en faveur de l'oral s'appuie sur la nature des systèmes d'écriture. Si on laisse de côté les approches iconiques ou pictographiques qui nous préoccuperont plus loin, il y a comme le dit le *Cours* de Saussure deux grandes méthodes de représentation graphique du langage: la première est souvent décrite comme 'idéographique' (par exemple, le chinois), la seconde comme 'phonétique'. Dans les systèmes dits phonétiques, la correspondance à la langue parlée est évidente puisqu'on utilise essentiellement des unités graphiques correspondant soit à la syllabe (systèmes syllabiques comme le 'kana' pour le japonais), soit au phonème (systèmes alphabétiques comme l'écriture du français). Les systèmes dits idéographiques comme le chinois présentent apparemment un contre-exemple à la thèse selon laquelle les systèmes d'écriture reflètent leur enracinement dans les langues parlées. On prétend, en effet, qu'ils s'appuieraient directement sur des 'concepts' ou 'idées', ce qui expliquerait qu'ils puissent être partagés en Chine par des locuteurs de langues différentes. Ne dit-on pas qu'il existe en Chine des provinces où des gens 'séparés par une touffe d'herbe' n'arrivent même pas à se comprendre sauf à travers le système d'écriture qui leur est commun? Ces observations ne prouvent cependant pas que l'écriture chinoise soit 'idéographique'. Elle est plus correctement décrite comme 'logo-phono-graphique'. Autrement dit, les symboles y représentent des mots (ou des morphèmes) et non des concepts qui flotteraient dans un monde idéel sans enracinement linguistique. Les symboles du chinois, dans le cas idéal, s'apparentent aux chiffres arabes 0, 1, 2, ... 9 que partagent de nombreuses langues modernes typologiquement fort différentes les unes des autres. Sans doute, ces chiffres représentent-ils des concepts mathématiques mais, à travers des mots de la langue (*un, uno, one, ein, yi*, etc). Mais ce cas est vraiment idéal en ce sens que de nombreux mots de la langue sont exprimés par des caractères composés dont un élément est, pour ainsi dire, un pointeur vers le sens du mot, et l'autre élément un pointeur vers la prononciation du mot. Ce qui permet à des Chinois parlant des langues véritablement différentes d'utiliser un même système graphique est, en partie, l'existence d'un vocabulaire commun suffisamment grand permettant une bonne compréhension interlinguistique. Mais l'intercompréhension écrite entre Chinois ne doit pas être surestimée et trouve d'autres explications, comme le souligne Coulmas (1989: 106–107), qui consacre un excellent chapitre au système d'écriture chinois et montre que plusieurs logiques complémentaires sont à l'oeuvre dans ce dernier.

Les arguments avancés ci-dessus ont été soumis à de sévères critiques depuis un bon quart de siècle à la fois de l'intérieur de la linguistique et du dehors. Nous considérerons ces critiques sous plusieurs chefs. Nous constaterons que les thèses exprimées plus haut de manière radicale demandent à être amendées et pondérées. Nous verrons néanmoins que les contre-propositions radicales de certains critiques tiennent plus de l'approximation métaphorique que d'une argumentation rigoureuse.

2   L'oralité au miroir du langage des signes

Il ne fait aucun doute que la linguistique générale jusque dans les années soixante fait sienne sans réserve l'idée que l'utilisation du canal audio-vocal est définitoire du langage humain. Nous nous contenterons ici de deux exemples pour ne pas multiplier les citations *ad nauseam*. Dans la linguistique fonctionnelle de Martinet (1962: 20), le langage est défini comme 'un instrument de communication selon lequel l'expérience humaine s'analyse, différemment selon chaque communauté, en unités douées d'un contenu sémantique et d'une expression phonique, les monèmes'. De même, la linguistique générative et transformationnelle (Chomsky, 1965, Chomsky et Halle, 1968) définit-elle une théorie du langage en termes de trois composantes: la composante syntaxique, la composante sémantique et la composante phonologique.

Dans tous ces travaux, le langage de signes des mal-entendants n'est pas mentionné. Lorsqu'il l'est, il est ramené à un système greffé sur les systèmes parlés et dépendant totalement de ces derniers. Là encore Bloomfield semblait avoir dit le dernier mot en déclarant dans *Language*:

Some communities have a gesture language *which upon occasion they use instead of speech. Such gesture languages have been observed among the lower class Neapolitans, among Trappist monks (who have made a vow of silence), among the Indians of our western plains (where tribes of different language met in commerce and war), and among groups of deaf-mutes. [...] It seems certain that these gesture languages are merely developments of ordinary language and that any and all complicated or not immediately intelligible gestures are based on the conventions of ordinary speech ... Whatever may be the origin of the two, gesture has so long played a secondary role under the dominance of language that it has lost all trace of independent character. Tales about peoples whose language is so defective that it has to be eked out by gesture, are pure myths* (1933: 39–40).

Or, si Bloomfield avait raison de dénoncer le mythe selon lequel il existerait des 'primitifs' ne communiquant qu'au moyen de gestes, aucun linguiste informé ne pourrait actuellement nier que les langages de signes (Langage de signes français ou LSF, American Sign Language ou ASL, etc) utilisés par les mal-entendants dans leurs communautés ont les mêmes capacités sémiotiques que les langues parlées. Comme ces dernières, ils supportent la communication quotidienne allant de l'expression de concepts scientifiques à la poésie. Du point de vue linguistique, on s'aperçoit en étudiant ces systèmes de signes qu'on a besoin de concepts et de niveaux de représentation analogues à ceux que l'on trouve dans les langues parlées. Certains spécialistes ont d'ailleurs soutenu que le système d'expression des langues signées a une structure fondamentalement identique à celles des langues parlées (cf. van der Hulst, 1993). Signalons d'ailleurs que le terme de phonologie est préféré, dans le sens élargi de sign-ologie, par de nombreux spécialistes du langage signé pour souligner l'unicité fondamentale du composant qui sous-tend l'expression des messages linguistiques dans diverses substances (cf. les articles de Brentari, Corina et Sandler dans *Phonology* 10–2, 1993).

Il est fort probable que, si les linguistes ont longtemps adhéré à une thèse 'oraliste', c'est qu'ils partageaient en partie les préjugés qui existent depuis longtemps à l'égard des communautés de sourds. Depuis des millénaires, la croyance générale est que tout système utilisable par des sourds est une sorte de mimique élaborée. On trouve déjà ce thème évoqué dans le *Cratyle* de Platon:

Socrate: *Réponds à ma question: si nous n'avions point de voix ni de langue et que nous voulussions nous montrer les choses les uns aux autres, n'essaierions-nous pas, comme le font en effet les muets, de les indiquer avec les mains, la tête et le reste du corps?*
Hermogène: *Comment faire autrement, Socrate?*
Socrate: *Si nous voulions, je suppose, exprimer une chose élevée et une chose légère, nous lèverions la main vers le ciel pour mimer la nature même de la chose; pour une chose basse ou pesante, nous abaisserions la main vers le sol. Et si nous voulions représenter un cheval en train de courir ou quelque autre animal, tu sais bien que nous en rendrions nos corps et nos attitudes aussi semblables aux leurs que nous pourrions le faire (1967: 447).*

Une autre raison expliquant le préjugé oraliste de la linguistique tient au fait que les premiers spécialistes du langage signé dans leur désir d'éducation et d'intégration des sourds ont en général essayé d'inventer des systèmes de signes s'appuyant sur la langue du pays où les écoles spécialisées étaient créées (cf. Lane, 1979: ch. 8). Une telle approche, par définition, fait d'une langue signée un système secondaire greffé sur la langue orale (ou écrite). Or, depuis quelques décennies, on s'est aperçu que des langues signées apparaissaient spontanément dans des groupes de sourds et que, dès que ces derniers les utilisaient dans leur communication quotidienne, ces langues se séparaient des langues parlées sur de nombreux points. Par des processus semblables à la transition entre pidgin et créole, on s'est rendu compte que des systèmes de communication signés pouvaient se mettre en place qui n'avaient rien à envier aux langues parlées.

Il faut donc reconnaître que l'actualisation du langage dans le canal vocal et auditif n'est pas un trait définitoire de la faculté de langage. Diverses introductions récentes à la linguistique (Jackendoff, 1993, Fromkin et Rodman, 1998) ont intégré les systèmes de signes à leur présentation générale du langage. Chomsky lui-même a adopté une position sans équivoque à ce sujet:

Though highly specialised, the language faculty is not tied to specific sensory modalities, contrary to what was assumed long ago. Thus, the sign language of the deaf is structurally much like spoken language, and the course of acquisition is very similar. Large-scale sensory deficit seems to have limited effect on language acquisition. Blind children acquire language as the sighted do, even colour terms and words for visual experience like 'see' and 'look'. There are people who have achieved close to normal linguistic competence with no sensory input beyond what can be gained by placing one's hands on another person's face and throat. The analytic mechanisms of the language faculty seem to be triggered in much the same ways whether the input is auditory, visual, even tactual, and seem to be localized in the same brain areas (1995a: 16).

On remarque cependant l'absence de l'écriture dans la liste des systèmes sensoriels naturels que cite brièvement Chomsky. Ce dernier demeure-t-il encore prisonnier, à son insu, de la métaphysique occidentale privilégiant la voix aux dépens de l'écriture, pour paraphraser Derrida? A lire un ensemble de critiques radicales de la tradition saussurienne que nous passerons en revue, c'est la conclusion qu'il faudrait tirer. Nous constaterons néanmoins que ces critiques radicales ne sont pas aussi convaincantes qu'on pourrait le croire à première vue.

3   Derrida, Kristeva et la critique de la linguistique phonétique

Dans le contexte des débats évoqués ici, deux figures emblématiques seront examinées ici: nous parlerons brièvement de Derrida avant de nous pencher plus en détail sur divers travaux de Kristeva.

Derrida (1967 a,b), d'un point de vue philosophique, voit la position de Saussure comme la réactualisation d'une position profondément ancrée dans la métaphysique occidentale qui place la voix au centre des choses. Ecoutons Jean-Jacques Rousseau dans son *Essai sur l'origine des langues* (1781, orthographe non modernisée):

> *Un autre moyen de comparer les langues et de juger de leur ancienneté se tire de l'écriture, et cela en raison de la perfection de cet art. Plus l'écriture est grossière plus la langue est antique. La première manière d'écrire n'est pas de peindre les sons mais les objets mêmes, soit directement comme faisoient les Mexicains, soit par des figures allégoriques, comme firent autrefois les Egiptiens. [...]*
> *La seconde manière est de représenter les mots et les propositions par des caractères conventionnels [...] Telle est l'écriture des Chinois; c'est*

> *là véritablement peindre les sons et parler aux yeux.*
>
> *La troisième est de décomposer la voix parlante en un certain nombre de parties élémentaires soit vocales, soit articulées avec lesquelles on puisse former tous les mots et toutes les syllabes imaginables. Cette manière d'écrire, qui est la nôtre, a du être imaginée par des peuples commerçants qui voyageant en plusieurs pays et ayant à parler plusieurs langues, furent forcés d'inventer des caractères qui puissent être communs à toutes. Ce n'est pas précisément peindre la parole, c'est l'analyser.*

Selon Derrida, le privilège accordé à la voix dans cette tradition devient une métaphore de la vérité et de l'authenticité. La parole donne l'illusion d'une présence vivante et transparente du moi et du sens dans son discours ce qui n'est pas le cas de l'écrit de par son inscription dans une matière visiblement extérieure au corps. Contre cette tradition, Derrida défend une thèse radicalement opposée: à savoir que l'écriture est une *précondition* du langage et doit être conçue comme ayant priorité sur la parole. Dans la manière dont Derrida déploie ce terme, il est étroitement lié à cet élément de *différence* signifiante que Saussure jugeait central au fonctionnement du langage. L'écriture, pour Derrida, est le 'jeu libre' ou l'élément d'indécidabilité au coeur de tout système de communication.[8]

Il est difficile de porter un jugement équilibré sur la position de Derrida, dans la mesure où les concepts qu'il utilise ne correspondent que très indirectement aux notions correspondantes utilisées en linguistique ou dans d'autres sciences humaines. Tout d'abord, il faut abandonner l'interprétation usuelle du concept d'écriture (c'est-à-dire graphique ou inscriptionnelle) pour une interprétation métaphorique. Au demeurant, si l'idée est que la parole n'émerge que dans un contexte signifiant plus large qu'elle-même, il est difficile de s'y opposer. Mais il faut bien voir que tous les éléments du contexte de communication n'ont pas la même valeur sémiotique. Nous rappelerons donc quelques faits importants pour une théorie du langage.

L'enfant qui apprend à parler le fait dans une culture donnée avec tout le système de signes qu'elle inclut. Dans les cas les plus typiques, l'apprentissage de la parole s'effectue dans la conversation face-à-face entre plusieurs locuteurs. Comprendre un énoncé-signal exige une intégration de données de type vocal et non-vocal avec un déploiement variable de ces diverses ressources selon les cultures. L'étranger qui ne sait pas qu'en français un geste de gauche à droite de la main peut signifier 'non' et, s'il est produit en même temps qu'un énoncé, peut annuler ou renverser le contenu propositionnel de cet énoncé, ne maîtrise pas le code de cette langue dans son intégralité. Ce même étranger doit aussi savoir qu'on peut appeler quelqu'un de la main en remuant les doigts d'avant en arrière la paume tournée vers le ciel, alors que dans d'autres pays voisins comme l'Italie ce même geste se fait normalement la paume de la main tournée vers le bas. Cette inversion du geste n'est pas sans conséquences puisqu'un Français a de fortes chances d'interpréter le geste fait avec la paume de la main tournée vers le bas comme un ordre de s'éloigner (cf. Crystal, 1987: 402). De même, est-il nécessaire de savoir qu'un haussement de sourcils peut modifier le sens global du message verbal qu'il accompagne. Ces données visuelles sont le sujet d'une discipline bien établie – la kinésique – mais elles ne sont pas les seules à s'ajouter à la parole. Il suffit de penser au conventions (étudiées par la proxémique) qui pèsent sur la distance variable qui va séparer les locuteurs selon les cultures et les contextes, et qui leur permettent (ou pas) de rentrer physiquement en contact par le biais de poignées de mains, d'accolades, etc.

Le décodage d'un énoncé-signal exige donc en pratique la prise en compte d'éléments d'origines multiples le plus souvent négligés dans les traités de linguistique. Diverses méthodes d'approche telles que l'ethnologie, la sociologie ou la psychologie sociale, et certaines écoles de phonétique (cf. par exemple Abercrombie, 1967, 1968, Laver et Hutcheson, 1972, Laver, 1994), ont raison de rappeler au phonologue, et plus généralement au spécialiste de linguistique théorique, que nous parlons avec tout notre corps et que la posture galiléenne qu'il adopte dans ses jeux de réécriture appauvrit la réalité langagière. Comme le dit Abercrombie (1968: 55):

> *We speak with our vocal organs but we converse with our entire bodies; conversation consists of much more than a single interchange of spoken words.*

Il nous semble néanmoins qu'en tirer, comme le font certains, une critique radicale de la linguistique sous sa forme classique (parfois dénigrée sous le terme de 'linguistique phonétique') n'en est pas pour autant justifié, pour diverses raisons que nous explorerons ici.

Il y a tout d'abord dans l'approche phonologique – disons de Saussure aux développements récents dans le cadre de la Théorie de l'Optimalité et des approches connexionnistes (cf. Durand et Laks, 1996) – une idéalisation des données inévitables dans toute démarche scientifique. A tout vouloir inclure dans notre description, nous courons le risque de transformer celle-ci en un ensemble d'observations sans grande valeur explicative. 'Qui trop embrasse mal étreint', comme le rappelle le proverbe. Nous nous contenterons ici d'un seul exemple. Le décodage complet d'un énoncé-signal implique un vaste ensemble de composants le plus souvent négligés, même par ceux qui défendent une approche holistique. Ainsi Poyatos (1983), dans un ouvrage visant à un traitement intégral de la communication humaine *New Perspectives in Nonverbal Communication*, intègre-t-il un composant 'chimico-glandulaire', un composant 'thermal' et un composant 'dermal' à sa description. Il ne fait aucun doute que l'interprétation des énoncés-signaux repose souvent sur des facteurs comme ceux décrits ici par Poyatos. La mère qui pose sa main sur le front brûlant de son enfant qui vient de lui dire qu'il se sentait mal et qui ajoute *Maman, j'ai froid* va bien évidemment utiliser ces informations dermales/thermales pour interpréter cet énoncé en contexte. Mais toutes ces informations sont immédiatement intégrées à un calcul sur les signes. Elle sait, par exemple, que dans le monde ordinaire, la température du corps n'est pas quelque chose qui est sous contrôle volontaire. Le front brûlant de son enfant est donc un indice ou symptôme d'un état physiologique de ce dernier qu'elle va accepter comme tel. Le regard implorateur qu'il lui adresse en produisant l'énoncé risque de lui poser plus de difficultés. A-t-elle affaire à une tentative de l'enfant pour éviter d'aller en classe ou simplement à une expression de douleur, ou à un mélange des deux? Le scénario, on le devine, peut se compliquer à volonté et on pourrait le reprendre en multipliant les facteurs qui pèsent sur l'interprétation de ces données physiques. Mais, à vouloir tout traiter, on risque de se contenter de listes de facteurs qui semblent faire appel à notre connaissance totale du monde. Entre autres, on va inclure des facteurs *extralinguistiques* qui, même s'ils contraignent notre interprétation des signaux en contexte, ne ressortent pas d'une théorie du langage (par exemple, la température du corps du co-locuteur).

Cependant, le problème ne tient pas fondamentalement à la nécessité d'opérer une certaine idéalisation des données. On aura déjà remarqué que le décodage d'un énoncé-signal implique des décisions sur le statut sémiotique des percepts. Le mouvement de gauche à droite de la main relevée de mon interlocuteur (la paume tournée vers moi) désigne-t-il un état physiologique permanent de ce dernier? Si ce mouvement est continu et peu intégré au reste de l'acte de communication, je serai tenté de l'attribuer à une cause médicale ou de le traiter comme un tic. En revanche, ce mouvement peut être sous contrôle volontaire et moduler ce qui est dit. On sait qu'en français ce geste peut avoir un sens négatif qu'il me faudra relier au composant verbal s'il est produit en même temps qu'un énoncé. Dans tous les cas, le percept va peser sur mes interprétations de ce qui est dit, mais, on le voit bien, de façon bien différente selon les contextes et les intentions communicatives prêtées au locuteur. Penchons-nous sur le cas d'une situation où trois personnes (A, B, C) dialoguent. A dit à B: *Marie est partie*, et ce en faisant simultanément un geste de la main négatif à l'insu de C. Dans une interprétation usuelle, B doit en tirer la conclusion que le contenu propositionnel de l'énoncé est par là même annulé. Cette annulation n'est pas sans importance. John Lyons (1977: 63–67, 1978: 52–60), qui a clairement dégagé les implications sémiotiques de ces exemples, a pu même suggérer que la priorité qu'assume le geste sur le verbe dans de tels cas apporte de l'eau au moulin à l'hypothèse d'une origine gestuelle du langage (1991: 94). Néanmoins, il n'en résulte pas, comme le souligne Lyons, que l'acte sémiotique de nier de la main a le même statut structural et fonctionnel que le message sonore qu'il accompagne. On constate d'ailleurs que, pour décoder ce message, l'auditeur doit en premier calculer le sens usuel de *Marie est partie* puis y appliquer le sens conventionnel de la négation gestuelle pour renverser la polarité positive de la proposition 'Marie est partie'. Le geste constitue une couche supplémentaire qui vient se greffer sur le message verbal. En ce sens, le terme 'paralinguistique' nous semble adéquat pour désigner un ensemble de stratégies qui opèrent à un autre niveau que le système verbal et viennent habituellement *moduler* et *ponctuer* ce dernier. Ces deux termes sont empruntés à Lyons (1977, 1980, 1995) pour qui la 'ponctuation' désigne

les frontières qu'on marque au début des énoncés, à la fin, et en différents points de l'énoncé pour souligner telle ou telle expression, segmenter l'énoncé en unités d'information pertinentes, solliciter de l'auditeur la permission de poursuivre et ainsi de suite (Lyons, 1980: 58).

Ainsi, a-t-on pu montrer que, dans diverses cultures éloignées les unes des autres, un appel des sourcils marque le début d'une interaction verbale (cf. Crystal, 1987: 402, Eibl-Eibesfeldt, 1972).

Cette séparation entre le linguistique, le paralinguistique et l'extralinguistique, n'est pas toujours acceptée. Kristeva a abordé cette question dans divers travaux (cf. Kristeva, 1969: 112, mais aussi Kristeva 1981, 1993). Dans

Kristeva (1969), elle remet en cause la 'linguistique phonétique' pour son attachement à la voix et défend une théorie de la gestualité comme production et non comme représentation. Elle présente aussi d'une façon critique la kinésique anglo-saxonne et conclut de la façon suivante:

> *Relevant de la société de l'échange et de sa structure 'communicative',*
> *une telle idéologie [celle de la kinésique] impose* une *interprétation*
> *possible des pratiques sémiotiques ('les pratiques sémiotiques sont des*
> *communications'), et occulte le processus même de l'élaboration de ces*
> *pratiques. Saisir cette élaboration équivaut à sortir de l'idéologie de*
> l'échange, *donc de la philosophie de la communication, pour chercher*
> *à axiomatiser la gestualité en tant que texte sémiotique en cours de*
> *production, donc non bloqué par les structures closes du langage. Cette*
> *trans-linguistique à la formation de laquelle la kinésique pourrait*
> *contribuer, exige, avant de construire son appareil, une révision des*
> *modèles de base de la linguistique phonétique. Sans un tel travail – et*
> *la kinésique américaine, malgré son effort pour se libérer de la*
> *linguistique, prouve que ce travail n'a pas même commencé – il est*
> *impossible de rompre 'l'assujettissement intellectuel au langage, en*
> *donnant le sens d'une intellectualité nouvelle et plus profonde qui se*
> *cache sous les gestes' (Artaud) et sous toute pratique sémiotique.*

La critique que fait Kristeva de la 'linguistique phonétique' ne s'appuie malheureusement pas sur les langages de signes tels qu'ils fonctionnent naturellement dans des communautés de mal-entendants mais sur la gestuelle liée aux langages dans la plupart des communautés humaines. Kristeva affirme d'ailleurs que

> *Réduite à une pauvreté extrême dans le champ de notre civilisation*
> *verbale, la gestualité s'épanouit dans des cultures extérieures à la*
> *clôture gréco-judéo-chrétienne* (1969: 93)

et offre les références suivantes en note:

> *Cf. M. Granet,* La Pensée chinoise, *ch.II et III, 1934, 'La droite et la*
> *gauche en Chine' in* Etudes sociologiques sur la Chine, *P.U.F., 1953, les*
> *textes d'Artaud sur les Tarahumaras (*la Danse du peyotl*) ou ses*
> *commentaires du théâtre balinais; Zéami,* La Tradition secrète du Nô,
> *trad. et commentaires de René Sieffert, Gall., 1967; la tradition indienne*

*du théâtre Kathakali (*Cahiers Renaud-Barrault, *mai–juin 1967), etc.*

Mais cette affirmation à travers les références fournies mélange divers plans d'analyse: les danses rituelles ne fonctionnent pas au même niveau symbolique et social que la gestuelle apprise sans instruction explicite dans l'interaction langagière et elles ne prouvent pas que les cultures où elles occupent une place importante offrent une liberté gestuelle plus grande. Au contraire, elles constituent peut-être un exutoire dans des cultures où le contact verbal et non-verbal entre membres d'une même société obéit à beaucoup plus de contraintes que dans le monde occidental moderne. On sait, par exemple, que dans les systèmes de castes hindous traditionnels, chaque membre d'une caste doit respecter une distance précise à l'égard des membres d'une autre caste: soit, Brahmins-Nayars: 2m, Nayar-Iravans: 8m, Iravan-Cherumans: 10m, et Cherumans-Nayadis: 20m. Ces distances opèrent d'ailleurs de façon additive puisqu'un Nayadi ne doit pas approcher un Brahmin de plus de vingt mètres (cf. Argyle, 1975). On ne s'étonnera donc pas que la structure verbale des variétés linguistiques correspondant à ces diverses castes présentent elles aussi des différences importantes de la phonétique au lexique.

Notons aussi que des affirmations comme les suivantes par Kristeva semblent difficiles à vérifier, pour autant qu'elles soient clairement formulées: 'La gestualité, plus que le discours (phonétique) ou l'image (visuelle) est susceptible d'être étudiée comme une activité dans le sens d'une *dépense*, d'une productivité antérieure au produit, donc antérieure à la représentation comme phénomène de signification dans le circuit communicatif; il est donc possible de ne pas étudier la gestualité comme une représentation qui est 'un motif d'action mais ne touche en rien la nature de l'action' (Nietzsche), mais comme une activité antérieure au message représenté et représentable.' (ibid. p. 32). Si ce que veut dire Kristeva est que le message verbal se construit sur une base d'une gestualité déictique préalable sans rapport avec son contenu propositionnel, c'est possible. Encore faudrait-il suggérer quels observables nous permettent de valider une telle assertion. La cure psychanalytique qui fournit de nombreuses données à Kristeva n'offre malheureusement pas le terrain d'enquête le plus accessible pour les chercheurs en sciences humaines. Nous noterons aussi que, si Kristeva a raison d'insister sur le fait que la gestualité n'est pas à étudier en termes de significations linguistiques classiques, c'est justement ce que les psychologues, ethnologues et linguistes qui se sont penchés sur la kinésique (fortement critiquée par elle) ont souligné. Un des présupposés de bon nombre de travaux dans ces cadres est que l'étude des phénomènes kinésiques/proxémiques appartient en grande partie à une théorie de l'interaction sociale, de même que l'étude de divers éléments des messages verbaux. Demander à une théorie du langage qu'elle rende compte de *tous* les éléments de l'interaction verbale dans *tous* les contextes culturels possibles n'est guère raisonnable. Ce qu'on peut en revanche demander à une théorie linguistique, c'est qu'elle puisse permettre l'inclusion de la structuration sociale du langage dans une théorie plus large du comportement social dont elle n'est qu'une composante (cf. Durand, 1993, Durand et Laks, 1996 sur certains aspects de cette question).

Le problème de la relation précise entre le paralinguistique et le linguistique nous semble mieux posé par Abercrombie (1968). Citons la conclusion de cet important article qu'est *Paralanguage*:

> *At this point it is appropriate to ask, what sort of thing are all these paralinguistic elements communicating in a conversation exchange? The answer sometimes given is that they are communicating attitudes and emotions, the linguistic side of the interchange being more 'referential'. But this is not really satisfactory. Paralinguistic elements are often clearly referential – many independent gestures, for example, which can even be translated directly into words such as 'tomorrow', or 'money'. And on the other hand linguistic elements in a conversation may often communicate attitudes or emotions.*
>
> *It seems to me a possible hypothesis, in the present state of our knowledge, that in all cultures conversation communicates more or less the same total of 'meaning' of all kinds – sense, feeling, tone, intention; or however one wants to divide up referential and emotive components. Where cultural groups differ, however, is in the way the total information is distributed over the linguistic and the paralinguistic components. For instance, Jules Henry (1936) reports that among the Kaingang of Brazil concepts of degree and intensity are communicated by such things as changes in pitch, facial expression and bodily gesture. On the other hand in Dakota, an American Indian language, an emotional state such as annoyance, which with us would be communicated in conversation by facial expression or tone of voice, has formal linguistic expression by means of a particle added at the end of the sentence (of normal phonological structure, and therefore not an interjection).*

> *Almost anything can be communicated linguistically, and almost anything paralinguistically. What is to be regarded as linguistic and what as paralinguistic depends not on the nature of what is communicated, but on how it is communicated – whether by formal systems and structures, in which case it is linguistic, or not, in which case it is paralinguistic.*

Abercrombie a entièrement raison d'affirmer que la distinction entre le paralinguistique et le linguistique n'est pas à traiter comme une opposition dichotomique et simpliste entre une fonction émotive (ou expressive) et une fonction référentielle (ou représentative). Bien que nous ayons souligné le rôle de modulation et de ponctuation que joue normalement ce composant, on ne peut nier qu'il permette aussi l'expression d'éléments dits référentiels. Si Annie désire que Sylvie vienne vers elle, Annie peut très bien crier *Sylvie!* et lui faire signe de la main de s'approcher. Annie peut même exprimer tout ce contenu propositionnel sans parler: elle peut frapper des mains pour attirer l'attention de Sylvie, puis, de sa main tendue, désigner Sylvie du doigt, et ensuite détendre sa main en retournant la paume vers le ciel et remuer ses doigts d'avant en arrière. Si les conditions de pertinence (au sens de Sperber et Wilson, 1995) sont remplies, un sens propositionnel du type 'toi venir vers moi maintenant' peut émerger du signal avec la valeur illocutoire d'ordre. Annie peut même faire signe à Sylvie de s'approcher d'une main et lui en signifier l'interdiction de l'autre main et par une mimique faciale négative offrant ainsi une combinatoire plus complexe (encore qu'il ne soit pas sûr que ce message soit clair sans accord explicite préalable sur la combinaison de tels signes!).

Mais il faut bien constater que, même si divers messages propositionnels peuvent être exprimés par une mimique gestuelle, la capacité communicative des signaux paralinguistique reste limitée. A preuve du contraire, ces signes ne se combinent pas vraiment en syntagmes hiérarchisés où des éléments-têtes régissent les autres constituants qui sont susceptibles d'être coordonnés et subordonnés *ad infinitum*. Ils ne permettent donc pas la récursion qui opère à tous les niveaux dans les langues naturelles. C'est une chose que de répéter un geste de manière intensive; c'est autre chose que d'autoriser les unités lexicales à être récursives dans leur structure morphologique interne: cf. *arrière-arrière-arrière-arrière grand-mère, anti-anti-anti relativiste*). D'un point de vue sémantique, on est bien loin du langage parlé sur le plan de la quantification/qualification, de la modalité, du temps, de l'aspect, ou de la négation. Même la combinaison d'un signe négatif avec des gestes donnée en exemple au paragraphe précédent est loin d'atteindre la complexité de la négation dans les langues naturelles: on songera à des exemples du type 'Annie ne peut pas ne pas avoir rien dit' en français, ou encore au cas du capanuha où la négation peut apparemment se combiner récursivement avec une valeur intensive croissante: lui, pas-lui, pas-pas-lui ('vraiment lui'), pas-pas-pas-lui ('quelqu'un d'autre') (cf. Bach, 1968: 98). Les traités de sémantique modernes abondent en exemples d'interaction subtile entre divers opérateurs sémantiques. Les problèmes de portée sont d'ailleurs connus depuis longtemps par les logiciens (cf. Blanché, 1970: 67–77 et passim). Pour saisir la richesse des langues naturelles parlées, il suffit de songer à la relation entre la quantification et la négation dans des exemples ambigus tels que *Tous les enfants de cette école ne sont pas vaccinés* ('aucun n'est vacciné' vs. 'il n'est pas vrai qu'ils sont tous vaccinés') – soit en représentation logique du calcul des prédicats du premier ordre: ~(∀x)(enfant(x) → être-vacciné (x)) vs. (∀x)(enfant(x) →~ être-vacciné(x)). Notons enfin que les signes paralinguistiques, tels qu'ils fonctionnent dans la communication ordinaire, ne permettent pas un usage autonyme ou métalinguistique. On peut commenter la valeur de divers signes en français non-technique; le contraire n'est pas vrai. Que les signaux non-vocaux puissent en principe supporter toutes ces fonctions ne fait aucun doute mais il est avéré que, dans les langages de signes des mal-entendants, un profond remaniement de la gestuelle devient nécessaire. L'aspect mimique doit se placer au deuxième plan pour permettre l'apparition de niveaux linguistiques correspondant aux composants des langues parlées (en bref, phonologie, syntaxe et sémantique).

Nous constatons donc en fin de ce parcours que la présentation des signaux non-vocaux dans de nombreuses études mélange de nombreux plans d'analyse. On trouve souvent confondus la potentialité sémiotique des systèmes non-vocaux (par exemple, gestuels) et leur utilisation effective dans la parole quotidienne. La fonction sémiotique des signes est aussi souvent mal dégagée en dépit de l'existence d'une longue tradition – bien connue de la médecine – remontant aux Grecs et passant par le travail de Peirce et d'autres sémanticiens modernes (cf. Lyons, 1977, 1995). Les facteurs olfactifs et gustatifs, par exemple, méritent d'être inclus dans une sémiotique qui se veut globalisante et totalisante. Qui peut nier le rôle des parfums et de la nourriture dans les communautés humaines? En dépit des travaux séduisants d'anthropologues comme Lévi-Strauss, il n'en découle pas qu'ils jouent un rôle structural et fonctionnel parallèle à celui des facteurs visuels et tactiles dans la communication parlée. Leur exclusion de la discussion dans des traités de linguistique (dite phonétique par Kristeva) paraît raisonnable. C'est pour ces raisons que nous continuons à penser qu'il faut clairement distinguer le *linguistique*, du *paralinguistique* et de l'*extralinguistique*. Lorsqu'on examine les langages signés, les mêmes distinction s'imposent: un haussement de sourcil peut y jouer le même rôle que la modulation intonative dans les langues parlées. Les adultes qui apprennent un langage de signes ont beaucoup de difficultés au départ à démêler les divers signaux qu'ils reçoivent: la personne qui se touche le nez me fait-elle parvenir un signal intégré au système, un signal paralinguistique conventionnel ou se gratte-t-elle tout simplement le nez pour soulager une démangeaison?

4   Origine et nature des systèmes d'écriture

La brève présentation des systèmes d'écriture faite en 1 reflétait une vision répandue dans les ouvrages de linguistique. Ces idées s'inscrivent dans un canevas historique qui envisageait souvent l'évolution des systèmes d'écriture vers les graphies alphabétiques comme une marche du progrès. Nous avons déjà cité Jean-Jacques Rousseau plus haut et la distinction qu'il établissait entre trois types d'écriture. Louis-Jean Calvet dans son *Histoire de l'écriture* (1996: 10–11) note à juste titre le parti-pris idéologique d'un tel point de vue, parti-pris qui ressort encore plus dans la suite du texte de Rousseau (orthographe non modernisée):

> *Ces trois manières d'écrire répondent assés éxactement aux trois divers états sous lesquels on peut considerer les hommes rassemblés en nations. La peinture des objets convient aux peuples sauvages; les signes des mots et des propositions aux peuples barbares, et l'alphabet aux peuples policés.*

Calvet voit dans la position de Rousseau un exemple emblématique du bêtisier des idées toutes faites de la pensée occidentale sur l'écriture et le langage. Le primitif serait voué à une imitation de la nature (par exemple, les hiéroglyphes). Les peuples plus avancés comme les Chinois avec leurs caractères se limitent à la peinture directe des mots et de la pensée. Seuls les systèmes syllabiques ou alphabétiques en fournissant des signes de signes seraient dignes des peuples véritablement civilisés. Il souligne avec raison que ces idées 'puisent le plus souvent à la source du racisme pour conforter la supériorité de l'Occident' (Calvet, 1996: 10) mais va plus loin en affirmant que, par un effet pervers, certains linguistes comme Saussure ont renforcé ce point de vue en donnant la priorité à l'étude de la langue parlée sous le prétexte que l'écriture est un système second visant simplement à représenter cette dernière. Selon Calvet, la raison de cette erreur est simple: les linguistes portent sur l'écriture un point de vue né de la phonologie: la meilleure écriture est celle qui reflète le mieux les primitives phonologiques. Dans cette optique discutable, les systèmes syllabiques et alphabétiques marqueraient donc un progrès évident.

Calvet ne conteste pas la nécessité de décrire des langues dites sans écriture à partir de leur système oral. Il comprend fort bien que les linguistes aient tenu à souligner que ces langues n'ont rien à envier du point de vue structural aux langues écrites. Ce qu'il conteste c'est la subordination de l'écrit à l'oral. L'idée même que l'écriture soit née pour noter la langue est erronée à ses yeux car l'origine de l'écriture est autre. Les moyens d'expression utilisés par les êtres humains sont fort divers: à côté de la parole, il y a, entre autres, des gestes, des danses, des signaux de fumée, des langages tambourinés, des peintures (sur le corps et sur les objets du monde), des parures. Toutes ces pratiques signifiantes peuvent pour Calvet se ramener à deux grands groupes: la gestualité, comme la parole, qui est par définition fugace, et la picturalité, comme la peinture pariétale préhistorique, qui permet la perennité du message. La thèse que défend cet auteur est la suivante: 'Langue et écriture procèdent de deux ensembles signifiants tout à fait différents à l'origine, la gestualité et la picturalité. Leurs rapports relèvent de la rencontre de ces deux ensembles qui continuent par ailleurs leurs vies autonomes: l'écriture est de la picturalité asservie à la gestualité' (1996: 23).

Pour défendre sa thèse, Calvet insiste sur le fait que le pictural n'est pas lié à une langue particulière. Ainsi, trouve-t-on dans le Codex Mendoza (d'après le nom du vice-roi de la Nouvelle Espagne de 1530 à 1550) de nombreuses scènes de la vie quotidienne des Aztèques qu'on peut commenter dans n'importe quelle langue. Ces histoires picturales se lisent, souligne Calvet

> ... *comme une bande dessinée muette, au prix bien sûr d'une initiation sémiologique: il faut savoir ce que signifie le dessin d'un pied, le signe de la parole, etc* (1996: 20).

Dans le même codex, il y a en revanche des exemples comme les noms de lieu qui ne peuvent être compris que par référence à la langue des Aztèques, le nahuatl. Ainsi, un village appelé *Cuauhnahuac* ('dans la forêt') est représenté, selon la technique bien connue du rébus, par un arbre (*cuauh* en nahuatl) et le signe de la parole (*nahuatl*), ce dernier étant suffisamment proche de *nahuac* du point de vue phonique pour permettre l'identification du village en question. Ces deux techniques de représentation existaient côte à côte dans le même document démontrant la rencontre entre un système pictural (les *glyphes* aztèques) et un système gestuel (la langue aztèque, le nahuatl). On n'a pas, souligne Calvet, à interpréter ces glyphes comme le balbutiement d'une écriture. Ils constituent un système autonome qui a, en grande partie, été asservi à la gestuelle qui est la langue dans de nombreux systèmes d'écriture sans pourtant toujours disparaître.

L'approche de Calvet est typique d'un ensemble de travaux qui ont dénoncé les simplifications abusives opérées par les linguistes à la fois sur le plan synchronique et diachronique (cf. Sampson, 1985, Harris, 1994). Il est tout à fait clair que les systèmes d'écriture existants sont habituellement mixtes. Notre système alphabétique, nous l'avons vu, contient des éléments quasi idéographiques comme les chiffres (0, 1, ...9). D'autre part, la division des séquences en mots séparés par des blancs, les signes de ponctuation, le codage des marques morphologiques, la représentation uniforme de morphèmes, pour ne citer que ces caractéristiques, font de l'orthographe française un système hétérogène où divers types d'information linguistique sont simultanément présents dans les transcriptions. Le système hiéroglyphique lui-même, sous sa forme classique, comporte selon Davies

> ... *trois types fondamentaux de signes, qui remplissent chacun une fonction différente: le premier est le logogramme qui sert à écrire un mot; le second, le phonogramme qui représente un son (un phonème du langage); le troisième, le déterminatif qui aide à préciser le sens d'un mot* (1994: 135).

Lorsque les linguistes décrivent des systèmes comme logographiques, syllabiques, ou alphabétiques, ils décrivent donc des sous-parties de systèmes qui dans leur réalité culturelle sont mixtes.

Il est donc faux de voir les systèmes d'écriture comme de simples tentatives de codage de la langue orale au sens strict du terme. En même temps, Calvet ne souligne pas assez qu'on ne peut décrire les sous-parties non picturales sans invoquer la structure de la langue qu'ils traduisent. On sait d'ailleurs qu'on a pu déchiffrer les hiéroglyphes égyptiens uniquement lorsqu'on a renversé le grand mythe selon lequel ce système serait uniquement pictural. Le *Précis du système hiéroglyphique* (1824) de Champollion démontre selon Davies (1994: 171) que le principe phonétique, loin d'être d'une application limitée, était 'l'âme' du système tout entier. En tout état de cause, l'histoire des systèmes d'écriture n'apporte pas une réponse simple quant à la relation entre langues parlées et langues écrites. Que la genèse et l'évolution des systèmes d'écriture ne soient pas linéaires ne prouve pas que certaines innovations ne sont pas le produit d'intuitions fortes sur une représentation possible des langues qui se donnaient principalement aux utilisateurs dans leur instanciation orale.

On sera aussi d'accord avec les critiques de Saussure pour reconnaître que dès que l'usage d'un système d'écriture se répand dans une société et constitue l'armature du système politique, juridique et social, comme c'est désormais le cas dans la plupart des états-nations du monde moderne, l'écriture s'autonomise en grande partie à l'égard de la langue parlée. Elle n'est plus un système greffé en permanence sur l'oral mais un système parallèle avec ses règles propres de fonctionnement. Tout utilisateur d'un système graphique aussi ancien que celui du français sait qu'il y a un lexique et un phrasé qui sont typiques de l'écrit et qui, loin de refléter passivement l'usage oral, mettent très souvent ce dernier à distance. Par un effet de retour, on sait aussi que dans des langues comme le français l'écriture a une influence (dont le poids est cependant difficile à déterminer) sur les usages oraux.[9]

Ces observations ne prouvent cependant pas que l'écriture a le même statut 'naturel' que l'oral. On rappellera que le système phonologique d'une langue ne peut s'établir qu'à partir des productions effectives des locuteurs; en revanche, la norme orthographique n'est jamais une émanation des usages des scripteurs mais au contraire une décision quasi-juridique. Quand on constate la résistance des Français aux propositions de 1991–92 visant à quelques changements mineurs dans les conventions orthographiques de leur langue, on peut s'imaginer leur réaction à la proposition que désormais la norme orthographique devrait s'appuyer sur l'usage effectif des scripteurs dans leur diversité socio-géographique! Cette différence entre écrit et oral est facile à expliquer. Nous l'avons signalé en 1, l'écriture émerge dans un contexte où le langage parlé (ou signé) est déjà en place. Le niveau atteint par les individus est variable comme c'est le cas de nombreuses capacités qui ne sont pas inscrites dans le patrimoine génétique des êtres humains (jouer du piano ou jouer aux échecs). Le déséquilibre entre production et perception est aussi très répandu. Telle personne qui lit bien, n'écrit pas forcément de façon régulière ou aisée. Ce type de déséquilibre dans l'usage du canal audio-vocal ne caractérise pas que des cas rarissimes relevant malheureusement de la médecine.

On prend souvent comme contre-exemple le cas de Helen Keller qui, sourde et aveugle, a découvert le langage à travers des signes écrits dans sa main.[10] Mais le fait que la faculté de langage et le besoin de communication d'Helen Keller[11] aient pu se manifester dans cette reconversion du graphique en tactile ne prouve nullement la 'naturalité' ultime de ce dernier. Il est clair que si l'inscription de signaux de la main de la source du message dans la main du destinataire devenait le moyen de communication normal des êtres humains, ce système se détacherait très rapidement de l'écriture qui demande des moyens externes aux sujets pour se manifester (crayons, stylos, claviers d'ordinateurs, papier, papyrus, écran d'ordinateur, etc). L'expérience montre que dès qu'un système de communication devient 'naturel', certaines propriétés émergent qui le rendent très différents du système de départ et qui permettent à tous les sujets d'une communauté d'atteindre rapidement et sans instruction spécifique un niveau de compétence relativement uniforme. L'apparition spontanée de langues de signes et créoles constitue des exemples avérés de cette affirmation.

Conclusion: langage-I et langage-E

Nous avons essayé de démontrer dans les paragraphes qui précèdent que, bien que la faculté de langage ne soit pas en droit lié à une modalité particulière, il fallait distinguer son inscription naturelle dans la substance orale ou signée de son inscription dans l'écriture au sens ordinaire du terme. En France, une forte opposition à cette idée continue à se manifester dans le rang des professionnels des sciences du langage. Cette opposition est particulièrement marquée chez les spécialistes qui nient l'utilité d'une distinction semblable à celle que fait Chomsky entre langage-I (au sens de individuel, intériorisé et intensionnel) et langage-E (au sens de langage externe, extériorisé, et extensionnel). Un exemple récent est celui de l'historien des sciences du langage, Sylvain Auroux (1999, 2000) qui adopte, en opposition claire à la démarche chomskyenne, un point de vue empiriste et externaliste. Auroux part de l'observation, qui nous semble incontestable, que nos connaissances ne peuvent pas s'expliquer par la seule structure de cerveau. Il fait remarquer que ce n'est pas parce qu'un bébé peut observer des différences entre deux, trois et quatre ou cinq objets qu'il faut en conclure que tout le calcul et toutes les mathématiques proviennent de cette capacité élémentaire. Il ajoute:

> *Le point de départ est sans doute inscrit dans les capacités innées de notre cerveau, mais les technologies cognitives – comme les mathématiques, les langages – naissent de l'invention, de la culture, de l'histoire. L'arithmétique dépend de la manipulation des cailloux. Il fallait pour exister que l'humain soit sensible à la numérosité, mais l'arithmétique n'est pas une discipline innée.*

En transposant les remarques sur les mathématiques au langage, il présente ce dernier comme

> *... un appareillage technologique, apparu dans l'instrumentalisation du corps humain, qui s'est par la suite considérablement développé avec l'écriture, la conception de listes de mots, et ensuite avec la constitution de grammaires et de dictionnaires, que l'on doit concevoir comme des outils technologiques capables de concevoir et de réguler notre communication* (Auroux, 2000: 21–22).

Arrivés à ce point, il m'est impossible de ne pas me séparer d'un tel point de vue. Le langage n'est pas un appareillage technologique dans le même sens que le sont les outils inventés par les êtres humains (comme les marteaux, les métiers à tisser, les avions, les ordinateurs). D'ailleurs, que veut dire l'affirmation que le langage s'est considérablement développé avec l'écriture, les dictionnaires et les grammaires? L'emploi métalinguistique ou autonyme du langage est un trait universel des langues humaines et n'a pas besoin d'instruction explicite ou d'aide technologique pour se manifester. Ce trait linguistique est ce qui a permis à divers systèmes seconds, comme l'écriture, d'émerger. Si la grammaticalisation des langues a sans doute favorisé un développement technocratique et scientifique sans précédent dans l'histoire de l'humanité, il ne s'ensuit pas qu'on puisse hiérarchiser les langues comme semble le faire Auroux. Les grands dictionnaires de langues à forte tradition écrite réunissent en leur sein un savoir linguistique démultiplié. Les données y reflètent une longueur historique bien plus longue que la vie d'un individu, fût-il le plus cultivé au monde. A divers égards, ils constituent donc la réunion ensembliste d'une multitude de systèmes individuels et ne reflètent la compétence linguistique de personne. Ce qui reste à démontrer est que les systèmes linguistiques individuels qui se mettent en place dans les communautés sans écriture sont fondamentalement différents de ceux qui existent dans les communautés à écriture. Pour chaque caractéristique paraissant démontrer la supériorité de l'utilisateur d'une langue écrite il semble bien qu'on puisse opposer un argument contraire. Par exemple, si les dictionnaires permettent d'accéder à de nombreuses connaissances de façon rapide, on peut objecter que la mémoire individuelle a été considérablement affaiblie dans les communautés à écriture. Dans les situations où l'occidental moyen doit faire ses listes, consulter son agenda, mémoriser ses discours écrits, le 'primitif' s'appuie sur sa mémoire (d'où la remarque que la mort d'un vieillard est l'équivalent d'une bibliothèque qui brûle dans de telles communautés). Elsa Gomez-Imbert nous faisait d'ailleurs remarquer que, dans les communautés tukanos où elle a travaillé en Amérique du Sud, les indigènes sont frappés par le manque de mémoire des occidentaux scolarisés qui leur rendent visite. Comment, dans ce contexte, comparer les connaissances lexicales d'un locuteur moyen de chacune de ces civilisations? Il suffit de relire tous les travaux des grands linguistes comme Boas, Sapir, Bloomfield et de leurs héritiers pour comprendre que l'écrit n'est pas à la source des éléments primitifs et des opérations qu'on trouve dans toutes les langues naturelles et qui résultent tous d'une faculté de langage universelle. Mais, nous objectera-t-on, faut-il encore préciser ce qu'il faut entendre par faculté de langage. A diverses reprises dans cet exposé, nous avons séparé ce qui ressortait du linguistique, du paralinguistique et de l'extra-linguistique. Donner une spécification détaillées de ce qui est inclus dans la faculté de langage exigerait de nombreux développements dépassant les limites de cet article (cf. Durand, 1990a; Durand, 1990b). Nous nous contenterons donc d'un bref résumé qui fera office de conclusion.

La faculté de langage est constituée par un ensemble de principes organisationnels, inscrit dans le cerveau humain, qui permet la construction (non consciente) par un sujet linguistique de systèmes de compétence afférant aux langues particulières auquel le sujet linguistique est exposé dans la phase critique d'appropriation du langage. Le terme de 'sujet linguistique' sera préféré ici à celui de 'sujet parlant', 'locuteur' ou même 'énonciateur'. En effet, le sujet linguistique est toujours double (il produit et il perçoit) et la réalisation du langage dans une forme phonique (le canal audio-vocal), même s'il est historiquement inscrit dans l'évolution humaine, n'est ni un trait nécessaire, ni un trait suffisant permettant de définir une langue humaine. En effet, on sait d'une part que les systèmes de signes utilisés par les mal-entendants ont les mêmes virtualités sémiotiques que les langues orales; et, on constate de l'autre que certains animaux peuvent émettre des sons identiques ou semblables à ceux que produisent des êtres humains sans posséder pour autant de faculté de langage.

La faculté de langage permet la construction de systèmes linguistiques particuliers qui sous-tendent en partie la communication entre êtres humains dans des contextes sociaux donnés. La communication entre êtres humains met néanmoins en jeu des facteurs qui ne sont pas linguistiques au sens strict puisque il y a de nombreux aspects du comportement humain qui sont pris en compte dans un échange verbal sans qu'ils soient sous le contrôle au moins potentiel des sujets. Ainsi le fait qu'une personne rougisse de honte au cours d'un échange linguistique nous fournit des informations importantes mais ne saurait être considéré comme linguistique. De même, le calcul pragmatique qu'effectuent les partenaires à un échange linguistique (par exemple, principe de pertinence) ne fait pas non plus partie du système linguistique au sens strict. Inversement, un système linguistique ne se limite pas à la communication dans son sens ordinaire (production et réception de signaux codant une information) dans la mesure où le langage a d'autres fonctions que cette dernière (par exemple, clarification de la pensée, activités ludiques, etc).

L'ensemble des principes organisationnels qui déterminent la forme des langues humaines permet l'émergence de systèmes représentationnels et computationnels qui partagent tous un ensemble de propriétés invariantes sur les plans sémantique et morpho-syntaxique. Ainsi, du point de vue sémantique, toute langue humaine organise les contenus propositionnels à partir d'un sujet énonciateur inévitablement lié à un partenaire énonciatif (l'allocutaire) qui peut éventuellement être lui-même. Le point idéel ou abstrait de l'énonciation (qu'elle produise des signaux vocaux ou gestuels, des inscriptions graphiques ou autres) et la localisation idéelle ou abstraite de l'énonciateur fournissent les autres paramètres fondamentaux du plan sémantique. A partir de ces paramètres, toute langue permet la référence et la prédication, autrement dit, la possibilité de cibler des entités et de leur attribuer des propriétés diverses. La mise en relation d'éléments référentiels et prédicatifs permet la construction de contenus propositionnels qui peuvent récursivement s'enchâsser les uns dans les autres. Les contenus propositionnels peuvent universellement faire l'objet d'assertions, de questions, d'ordre et d'exclamation. Dans toutes les langues, on trouve des opérations portant sur la quantification/qualification, la modalité, le temps, l'aspect ou la négation. La structure de toutes ces opérations n'est pas liée à une réalité externe que le langage désignerait de façon directe mais permet d'inventer des mondes possibles, de mentir, de se référer au langage lui-même. En ce sens, la description sémantique du langage n'est pas extensionnelle mais intensionnelle.

Sur le plan morpho-syntaxique, toutes les langues humaines obéissent à des principes généraux parmi lesquels on peut citer: organisation hiérarchique en syntagmes potentiellement récursifs, structuration des syntagmes en termes d'éléments-têtes permettant des modificateurs et régissant des compléments, phénomènes de contrôle et catégories vides. Ces mécanismes permettent de construire un ensemble potentiellement infini à partir de catégories finies qui dans toutes les langues semble divisible en catégories fonctionnelles et non-fonctionnelles (du type nom ou verbe). Les plans morpho-syntaxiques et sémantiques sont différenciés ici car la bonne formation syntaxique ne garantit pas la bonne formation sémantique. Il y a des structures sémantiquement bien formées qui ne correspondent pas à des structures syntaxiques licites et vice versa.[12]

Enfin sur le plan de la forme, nous l'avons dit, la faculté de langage n'est pas *en droit* liée à une réalisation dans une substance particulière. Néanmoins, génétiquement les êtres humains sont précâblés pour l'emploi du canal audio-vocal et, hors accident neuro-physiologique (surdité ou autre), la parole émerge chez l'enfant sans besoin d'instructions particulières dans la simple interaction verbale avec ses partenaires linguistiques. Si la faculté de langage n'est pas en droit liée à une modalité particulière, il faut noter qu'il ne s'ensuit pas que le codage mental de la phonologie soit fondamentalement différent du codage morphosyntaxique en ce qui concerne un ensemble de propriétés organisationnelles générales. Dans de nombreux travaux phonologiques[13], on a pu montrer que les principes organisationnels du point de vue phonologique (par exemple, la nécessité de poser des syntagmes phonologiques organisés autour d'éléments têtes, la récursivité qui permet de générer des séquences de syllabes indéfiniment longues) sont semblables à ceux qui régissent les autres niveaux linguistiques mais certaines propriétés phonologiques (par exemple, l'organisation abstraite des représentations phonologiques autour d'un squelette d'unités chronématiques) sont manifestement liées au canal de réalisation. C'est donc une question empirique que de savoir si les principes organisationnels de la phonologie font partie de la faculté de langage ou non. On notera, en particulier, que le fait indiscutable que d'autres modalités que le canal audio-vocal puissent prendre la relève de la phonologie ne constitue pas une preuve que les êtres humains sont capables d'actualiser le langage dans n'importe quelle substance mais peut être le résultat d'un recodage de principes et de paramètres abstraits qui caractérisent la phonologie des langues naturelles.

Références

Abercrombie, D. (1967). *Elements of Phonetics*, Edinburgh: Edinburgh University Press.

Abercrombie, D. (1968). 'Paralanguage', *British Journal of Disorders of Communication*, 3: 55–59.

Argyle, M. (1975). *Bodily Communication*, Londres: Methuen.

Arnauld, A. et Lancelot, C. (1969). *Grammaire générale et raisonnée*, Paris: Republications Paulet.

Arrivé, M. (1993). *Réformer l'orthographe?* Paris: PUF.

Auroux, S. (1996). *La philosophie du langage*, Paris: Presses Universitaires de France.

Auroux, S. (1999). *La raison, le langage et les normes*, Paris: PUF.

Auroux, S. (2000). Le langage n'est pas dans le cerveau. Entretien avec Sylvain Auroux recueilli par Dortier, J.-F. et Fagot, M. In *Le langage: origine, nature et diversité. Sciences Humaines*, Hors-Série, 27: 20–22.

Bach, E. (1968). 'Nouns and noun phrases'. In Bach, E. et Harms, Robert T. (eds.) *Universals in Linguistic Theory*, New York: Holt, Rinehart et Winston, 90–122.

Blanché, R. (1970). *La logique et son histoire, d'Aristote à Russell*, Paris: Armand Colin.

Bloomfield, L. (1976). *Language*. Treizième impression, 1976, Londres: George Allen et Unwin.

Bonfante, L. et alii (1994). *La naissance des écritures: du cunéiforme à l'alphabet*, Paris: Seuil.

Brentari, D. (1993). 'Establishing a Sonority Hierarchy in American Sign Language: the Use of Simultaneous Structure in Phonology', *Phonology*, 10–2: 165–207.

Calvet, L.–J. (1996). *Histoire de l'écriture,* Paris: Hachette.

Catach, N. (1991). *L'orthographe en débat. Dossier pour un changement,* Paris: Nathan.

Cavalli-Sforza, L. et F. (1997). *Qui sommes-nous?,* Paris: Flammarion.

Chevrot, J.-P. (ed.) (1999), 'L'orthographe et ses scripteurs'. *Langue Française* 124.

Chevrot, J.-P. et Malderez, I. (1999) 'L'effet Buben: de la linguistique diachronique à l'approche cognitive'. *Langue Française* 124: 104–125.

Chomsky, N. (1965). *Aspects of the Theory of Syntax,* Cambridge, Mass: MIT Press.

Chomsky, N. (1995a). 'Language and Nature', *Mind,* 104: 413–461.

Chomsky, N. (1995b). *The Minimalist Program,* Cambridge: MIT Press.

Chomsky, N. et Halle, M. (1968). *The Sound Pattern of English,* Cambridge, Mass.: MIT Press.

Coulmas, F. (1989). *The Writing Systems of the World,* Oxford: Basil Blackwell.

Corina, D. et Sandler, W. (1993).'On the nature of phonological structure and sign language', *Phonology,* 10:2, 165–207.

Crystal, D. (1987). *The Cambridge Encyclopedia of Language,* Cambridge: Cambridge University Press.

Derrida, J. (1967a). *De la grammatologie,* Paris: Minuit.

Derrida, J. (1967b). *L'écriture et la différence,* Paris: Minuit.

Durand, J. (1990a). *Language: Is it All in the Mind?,* Professorial Inaugural lecture, Department of Modern Languages, University of Salford.

Durand, J. (1990b). *Generative and Non-Linear Phonology,* Londres: Longman.

Durand, J. (1993). 'Sociolinguistic Variation and the Linguist'. In Sanders, C. (ed.) (1993) *French Today: Language in its Social Context,* Cambridge: Cambridge University Press, 257–281.

Durand, J. (1995). 'Universalism in Phonology: Atoms, Structures and Derivations'. In Durand, J. et Katamba, F. (eds.) *Frontiers of Phonology,* London: Longman.

Durand, J. et Laks, B. (1996). 'Why Phonology is One.' In Durand, J. et Laks, B. (eds.) *Current Trends in Phonology,* CNRS and ESRI, University of Salford.

Eibl-Eibesfeldt, I. (1972). 'Similarities and Differences between Cultures in Expressive Movements'. In Hinde, R.A. (ed.) *Non-Verbal Communication,* Cambridge: Cambridge University Press, 297–312.

69

Fromkin, V. et Rodman, R. (1998). *An Introduction to Language.* Sixième édition, New York: Harcourt, Brace Publishers.

Gelb, I. J. (1963). *A Study of Writing,* Chicago: The University of Chicago Press.

Harris, R. (1994). *Sémiologie de l'écriture,* Paris: CNRS Editions.

Hulst, H. van der (1993). 'Units in the Analysis of Signs', *Phonology* 10–2: 209–241.

Jackendoff, R. (1993). *Patterns in the Mind,* New York: Basic Books.

Jackendoff, R. (1997). *The Architecture of the Language Faculty,* Cambridge, Mass.: MIT Press.

Keller, H. (1903). *The Story of my Life,* New York: Doubleday, Page et Co.

Komatsu, E. et Harris, R. (eds.) (1993) F. de Saussure, *Troisième cours de linguistique générale* (1910–1911), *d'après les cahiers d'Emile Constantin. Saussure's Third Course of General Lectures on General Linguistics* (1910–1911). *From the notebooks of Emile Constantin,* Oxford, Pergamon Press.

Kristeva, J. (1969). Σημειωτκη. *Recherches pour une sémanalyse,* Paris: Seuil.

Kristeva, J. (1981). *Le langage: cet inconnu,* Paris: Collection Points, Seuil.

Kristeva, J. (1993). *Les nouvelles maladies de l'âme,* Paris: Arthème Fayard.

Lane, H. (1979). *The Wild Boy of Aveyron,* Londres: Paladin.

Laver, J. (1994). *Principles of Phonetics,* Cambridge: Cambridge University Press.

Laver, J. et Hutcheson, S. (eds.) (1972). *Communication in Face-to-Face Interaction: Selected Readings,* Harmondsworth: Penguin Books.

Lyons, J. (1968). *Introduction to Theoretical Linguistics,* Edinburgh: Edinburgh University Press. Traduction française F. Dubois-Charlier et David Robinson (1970) *Linguistique générale. Introduction à la linguistique théorique,* Paris: Larousse.

Lyons, J. (1970). *Linguistique générale. Introduction à la linguistique théorique,* Paris: Larousse. Traduction française de Lyons (1968) par F. Dubois-Charlier et David Robinson.

Lyons, J. (1977). *Semantics,* 2 volumes, Cambridge: Cambridge University Press.

Lyons, J. (1978). *Eléments de sémantique.* Traduction de Lyons (1977) *Semantics I* par Jacques Durand, Paris: Larousse.

Lyons, J. (1980). *La sémantique linguistique.* Traduction de Lyons (1977) *Semantics II,* par Jacques Durand et Dominique Boulonnais, Paris: Larousse.

Lyons, J. (1991). *Natural Language and Universal Grammar. Essays in Linguistic Theory*, volume 1, Cambridge: Cambridge University Press.

Lyons, J. (1995). *Linguistic Semantics. An Introduction,* Cambridge: Cambridge University Press.

Martinet, A. (1962). *A Functional View of Language.* Oxford: Clarendon.

Norris, C. (1991). *Deconstruction. Theory and Practice,* New York: Routledge.

Olson, D.R. (1994). *The World on Paper. The Conceptual and Cognitive Implications of Writing and Reading,* Cambridge: Cambridge University Press.

Pinker, S. (1994). *The Language Instinct,* Harmondsworth: Penguin Books.

Poyatos, F. (1983). *New Perspectives in Nonverbal Communication. Studies in Cultural Anthropology, Social Psychology, Linguistics, Literature and Semiotics,* Oxford: Pergamon Press.

Sampson, G. (1985). *Writing Systems,* London: Hutchinson.

Sanders, C. (ed.) (1993). *French Today: Language in its Social Context*, Cambridge: Cambridge University Press.

Sandler, W. (1993). 'A Sonority Cycle in American Sign Language', *Phonology* 10:2, 243–279.

Saussure, F. de. (1972). *Cours de linguistique générale,* Paris: Payot.

Sperber, D. et Wilson, D. (1995). *Relevance: Communication and Cognition,* Oxford: Blackwell.

Stubbs, M. (1980). *Language and Literacy. The Sociolinguistics of Reading and Writing,* London: Routledge & Kegan Paul.

Notes

1   Les idées présentées ici sont en gestation depuis plusieurs années, ce qui ne garantit malheureusement pas leur valeur. J'ai eu le privilège de pouvoir présenter quelques-unes des thèses défendues ici dans divers contextes : Aix-en-Provence (séminaire 1995 de C. Blanche-Benveniste), Toulouse (séminaire ERSS 1996 de M. Plénat), Tromsø, Norvège (Séminaires 2000 du Département de linguistique) et Colloque AFLS 1998 à l'Université d'East Anglia, en Angleterre. J'ai bénéficié des remarques et critiques de nombreux participants que je remercie de leur aide, et en particulier Andrée Borillo, Turcsan Gabor, Chantal Lyche.

2   Cf., en particulier, Catach (1991), Arrivé (1993) et les références de ces ouvrages.

3   On sait bien que l'édition posthume du *Cours* de 1916 ne représente qu'un versant de la pensée de Saussure mais, en dehors d'une exégèse nécessaire dans d'autres contextes, c'est cette pensée réifiée par Bally et Séchehaye qui nous intéresse ici. En tout état de cause, ces affirmations ne sont pas contredites par d'autres sources comme le *Troisième cours de linguistique générale* (1910–1911) établi d'après les Cahiers d'Emile Constantin (cf. Komatsu et Harris, eds, 1993 : 40–41).

4   Cf. 'Les sons émis par la voix sont les symboles de l'état de l'âme et les mots écrits sont les symboles des mots émis par la voix.', Aristote, *De l'Interprétation* (I, 16 à 3), cité par Olson (1994: 65–66) et Auroux (1996: 50).

5   Cf. S. Pinker (1994 : 194), à qui nous empruntons cette anecdote.

6   Cf. Lyons (1968, 1970: 32–35) pour un résumé clair et équilibré des arguments en faveur de la 'primauté de la langue parlée'.

7   Pour des discussions de l'écriture et de son histoire, cf. Gelb (1963), Coulmas (1989), Bonfante et al*ii* (1994). Pour un résumé, voir Auroux, 1996: 47–51 et *passim*.

8   Le lecteur trouvera une bonne présentation de la position de Derrida dans Norris (1991). Pour une critique détaillée de Derrida d'un point de vue linguistique, voir Auroux (1996).

9   Cf. par exemple le numéro 124 de *Langue Française* sous la direction de Jean-Pierre Chevrot (1999) et en particulier Chevrot et Malderez (1999).

10 Par exemple, Stubbs (1980). Même si je suis en désaccord avec les conclusions générales de Stubbs, qui me semblent plus sociolinguistiques que psycholinguistiques, cet ouvrage me semble fournir un contrepoids utile à une position saussurienne ou bloomfieldienne simplifiée. Le lecteur est donc renvoyé à ce travail pour un point de vue opposé à celui qui est défendu ici.

11 Cf. Keller (1903).

12 Sur le plan de la structure générale d'une théorie du langage et la place à assigner à la syntaxe, ma position personnelle est plus proche de celle de Jackendoff (1997) que de celle de Chomsky (1995b). Pour les besoins de cet exposé, ces différences ne sont pas cruciales et ne sont pas abordées dans cette conclusion.

13 Cf. Durand (1995) et les références que fournit cet article.

The oral in the written: Questions of voice

Clive Scott
University of East Anglia

Introduction

This paper on questions of voice, and of voice in the text, is not designed to provide a self-contained study or a rounded argument; it is designed instead to measure, in a limited way, the breadth of a field of enquiry. More literary critic than linguist, or applied linguist, I want to pursue the relationship between the oral and the written across several academic fields, from the philosophy of language, through literary theory, phonology and graphology, to language-learning. These elements I treat serially, so that, for example, my reflections on language-learning are confined to the Conclusion. But my hope is that the implicit continuities and connections will emerge unaided. The opportunities for interdisciplinary dialogue still occur with insufficient frequency; but the voice, whether oral or scriptural, calls out for an attention as culturally inclusive as we can manage. My exploration begins with questions of voice quality (1.1, 1.2), and then moves on to describe the different voices we each live with, and the different ways we have of realising written texts with the voice (2). There follow three studies which relate to the categories formulated under 2, and which explore the uncertain territory between the linguistic and the paralinguistic: studies of punctuation in interior monologue; of onomatopoeia and voice in the *bande dessinée*; and of speech indicators in popular fiction (3, 3.1, 3.2, 3.3). The Conclusion concerns itself with implications for research and pedagogy.

1.1 Considerations of voice quality

It seems logically impossible, with a language communally shared, for each of us to affirm his/her own unique perception of reality. Ironically, communication and self-expression seem often to be at loggerheads. As Paul Valéry puts it: 'Le langage constitue un autre en toi' (quoted by Stimpson, 1995: 23). This sense of language-use as a process of dispossession – language dispossesses us of our world, we are dispossessed of language – is a founding conviction of post-Cratylic, and especially Saussurean, thinking. I find it curious, in these circumstances, that more has not been made of the singularities, and inimitabilities, of the human voice. No doubt part of the reason for this absence of attention to individual vocal characteristics is a corresponding emphasis upon the shared systems of voice-use which are subsumed within paralinguistics. In *some* senses the voice is overlooked by that very area of linguistics which seems most to affirm its presence.

When linguistics *has* turned to voice quality, as most comprehensively perhaps in John Laver's *The Phonetic Description of Voice Quality* (1980), it has had to acknowledge the limits of its knowledge:

> *In his* Institutes of Oratory, *Quintilian wrote that 'The voice of a person is as easily distinguished by the ear as the face by the eye' (c. III, Book XI). The importance of an individual speaker's voice in everyday social interaction, as an audible index of his identity, personality and mood, could hardly be overstated. Yet we know now only a little more about the factors that give rise to different qualities of the voice than Quintilian did* (1980: 1).

Laver chooses, for his investigation, a broad view of what constitutes voice quality ('a cumulative abstraction over a period of time of a speaker-characterizing quality, which is gathered from the momentary and spasmodic fluctuations of short-term articulation used by the speaker for linguistic and paralinguistic communication', 1980: 1) and looks to do justice to this broader view by concentrating his attention on 'settings' (the 'background, auditory 'colouring' running through sequences of shorter-term segmental articulations', 1980: 2), rather than segments (single sounds). Clearly, particular voice qualities can have functions across a wide range of linguistic and paralinguistic categories, and it is worth quoting one of Laver's examples – nasality – *in extenso*, simply because it admirably illustrates the manifold kinds of cultural pressure which are exerted on the voice, and which pose the question of whether the voice is any more possessable than language itself:

Nasality can be exploited phonologically both as a segment and as a setting. As a segmental quality in vowels, for example, it is used for contrastive lexical identification in many languages, including French, Portuguese and Yoruba. As a setting, nasality is used phonologically in Sundanese, a language of Java, as a marker of verb forms. [...] Nasality as a setting is also manipulated for paralinguistic purposes. Crystal cites Key (1967) as reporting that in Cayuvava, a language of Bolivia, nasality is used stylistically with an honorific function: 'an individual of lower social and economic status addresses one of higher rank with a prominence of nasalization for all vowels of the utterance; and similarly with a woman being polite to her husband, or a man asking a favour' (Crystal, 1970: 191). Finally, nasality is a very common setting of voice quality, either idiosyncratically or as an indicator of membership of particular sociolinguistic groups. It characterizes most speakers of Received Pronunciation in England, and many accents of the United States and Australia (1980: 3–4).

But, ultimately, Laver admits that he must largely leave aside the 'idiosyncrasies' of voice quality, those features which relate to the purely organic, the accidents of an individual's vocal apparatus; his principal preoccupation is with the uses to which voice-settings are put, as signals of group membership and instances of social codes. In this paper, my area of operation must be markedly less ambitious than Laver's; I cannot begin to engage with voice quality as anything other than hearsay. But I can ask questions about the significance of the voice, about its relation to text, about the way it inhabits the written.

It is no accident that I began this paper with a reference to Valéry. His whole writing life is a meditation on the presence of the self in writing. More particularly, he provides us with a *locus classicus* of the reading voice, Mallarmé's recital of his own *Un coup de dés* (1897):

Sur sa table de bois très sombre, carrée, aux jambes torses, il disposa le manuscrit de son poème; et il se mit à lire d'une voix basse, égale, sans le moindre 'effet', presque à soi-même [...]. J'aime cette absence d'artifices. La voix humaine me semble si belle intérieurement, et prise

> *au plus près de sa source, que les diseurs de profession presque*
> *toujours me sont insupportables, qui prétendent* faire valoir, interpréter,
> *quand ils surchargent, débauchent les intentions, altèrent les harmonies*
> *d'un texte; et qu'ils substituent leur lyrisme au chant propre des mots*
> *combinés (1957: 623–4).*

What constituted Mallarmé's voice on this occasion? The French language itself, for one thing, this language 'qu'on parle dans le masque', which has its focus in its vowels, themselves remarkably stable in their articulation. Among other determinants in Mallarmé's voice would be those features explored by Proust in his engaging account of the voices of Albertine and her 'consoeurs' of 'la petite bande': sex, age, heredity, region (1988, II, 261–3). Additionally, there would be the demands of the genre being spoken, in this case poetry, with its characteristic *gravitas*, its patterning of intonation, its codes of accentual distribution. Additionally, too, there would be the speech fashions of periods and movements: the abstracted monotony of the Symbolist voice, the voice of the 'clergyman anglais', the somnambulistic voice, caught between the conscious and the unconscious. And yet the combination of these shared elements would be a unique mix, an unduplicated permutation. The voice, like the graphological signature, is the index of the self"'s indelibility. As Owen (1985: 141) puts it: 'An individual voice is an unconscious idiom, a personal version of a shared language, and the coherence of the idiom is the coherence of the self'.

1.2 Geno-text and pheno-text: Barthes, Panzéra and Fischer-Dieskau

Valéry's distinction between interpretation and the 'chant propre des mots combinés' will remind us of the corresponding distinction made by Barthes between the voices of Charles Panzéra and Dietrich Fischer-Dieskau in his 1972 essay 'Le Grain de la voix', and its 1977 sequel 'La Musique, la voix, la langue'. Panzéra's cultivation of the 'grain de la voix' means that his voice emerges directly from his body, 'du fond des cavernes, des muscles, des muqueuses, des cartilages' (1982: 238), is principally located in the throat and is concerned with the diction, the pronunciation, of his language. Pronunciation is about the phonetic production of language, about acoustic quality in the voice. Barthes sums up: 'Le 'grain', ce serait cela: la matérialité du corps parlant sa langue maternelle: peut-être la lettre; presque sûrement la signifiance' (1982: 238). Fischer-Dieskau's singing, on the other hand, concentrates on expressivity, subjectivity; it privileges the lungs, breathing, and is concerned with articulation, that is to say, with the clarity of projected meaning, with the coded ways of communicating feeling, with a rhetoric. In making these distinctions, Barthes draws on a terminology borrowed from Kristeva: the singing of Panzéra exemplifies Kristeva's notions of 'signifiance' and the 'géno-texte' (1974: 11–15; 83–6). The 'grain de la voix' is geno-textual in the sense that it is where the impulsional life of the speaker's/singer's body, and the impulsional life of language in its materiality, conjoin; the geno-text is a play of signifiers where meaning is always in the process of being made, unmade and re-made; it is 'un jeu signifiant' – of ever-emergent, but no more than emergent, articulacy – 'étranger à la communication, à la représentation (des sentiments), à l'expression' (1982: 239). The expressive voice, on the other hand, is pheno-textual inasmuch as it is achieved significance, can represent a signified, and inasmuch as its resources and effects have been systematized, coded, made as fully articulate as possible, in the service of communicative and expressive efficiency.

Barthes's argument has considerable consequences for the way we perceive the relationship between voice and language, and for the pedagogy of voice. What Barthes's argument suggests is this: Fischer-Dieskau's search for, and achievement of, perfectly appropriate expressivity is symptomatic of a monopolization of expressive means – no Schubert without Fischer-Dieskau – which reduces linguistic idiosyncrasy and the proliferation of the amateur. Fischer-Dieskau's accomplishment as a singer involves the sacrifice of the uniqueness of German in the interests of 'une culture *moyenne*' (1982: 241), a clear translingual perception of what is expressively possible. Panzéra's singing, on the other hand, realises the body of the French language in the body of his own voice; he gives us the Frenchness of French in the particularities of a pronunciation which has not generalised itself into an articulation. Barthes is quite specific about these particularities: Panzéra produces a peculiarly pure version of what Barthes sees as that most French of vowels, not derived from Latin: /y/; he 'patinates' his consonants so that they operate as '*tremplins*' for vowels, rather than giving the false articulatory impression that they are the very armature of the French language, as they are in the Semitic languages; he rolls his r's in a specific way; he gives us 'la beauté franche et fragile des *a*' (1982: 249) and 'le grain des nasales, un peu âpre, et comme épicé' (1982: 249). Panzéra, unlike Fischer-Dieskau, does not sacrifice being to function.

2 Categories of voice, categories of vocalization

So how is the voice to be taught? How are we to learn to perceive the voice, and to perceive the voice in the written text? How are we to understand the relationship between the oral and the written, if we suppose that they are different less by virtue of syntax and lexis, and more by virtue of the different ways they call upon the voice, the different ways they activate paralanguage, and relate outer voice to inner voice?

As we move into a consideration of particular examples, I would like to draw up two sets of guiding co-ordinates. The first I have just adverted to, that created by the split between the outer voice of our speaking to, and with, others, and the inner voice which has two *versants*: (i) it is the external voice as it is heard inside the head, the voice that we alone hear and that no one else ever will; and (ii) the voice of our inner thinking which is normally silent but which may surface in a sub-murmured phonation, usually expressed by 'se dire', 'penser', 'se souvenir', 's'imaginer', 'concevoir', 'se figurer', etc. It is principally this second *versant* that I will mean by 'inner voice', but the first is important too, because the voice which produces (ii) is the one we hear in (i). This division ruptures the convenient integrity of the first-person pronoun. Valéry's 'Le Moi, c'est la voix' (quoted by Stimpson, 1995, title-page) conceals the fundamental schism between inner and outer, self and inevitable persona, whereby the 'moi' is a series of displacements, often experienced as a troubling discontinuity.

The second set of co-ordinates relates to the vocalization of written texts. Here, my concern is not with different modes of production – reading aloud, saying, speaking, reciting, performing – so much as with ideological and psychological attitudes. Following the distinctions suggested by Valéry and Barthes, we might differentiate between the voice as interpretation of text and the voice as embodiment of text.

Interpretation is necessarily a meta-vocalization which draws attention to a distance, to a selfhood creating itself in relation to an *other*; this other, the text in question, is a scenario acted out by the speaker in one of a number of ways condoned by the interpretive community. It is this which tends to activate the speaker as persona, as the speaker puts himself/herself into the text. This act presupposes a manipulative command of paralinguistic resources, of a kind that can easily be taught (see Guillot, 1999).

Embodiment is a notion which needs to be further subdivided. As a first definition, the self *behind* the text, the self which informs the text, the self of the putative author, is read out of the text, is made to emerge fully by the reader. The reader activates the 'chant propre des mots combinés', the voice of the author which is perhaps more fully in his/her writing than in his/her conversation; this is certainly what Proust feels about Bergotte: 'A cet égard, il y avait plus d'intonations, plus d'accent, dans ses livres que dans ses propos: accent indépendant de la beauté du style, que l'auteur lui-même n'a pas perçu sans doute, car il n'est pas séparable de sa personnalité la plus intime' (1987, I: 543). Reading to resurrect the author is the skill fostered by works such as the *Manuel de phonétique et de diction françaises* (1954) of Marguerite Peyrollaz and M(arie)-L(ouise) Bara de Tovar. It is a skill which requires much discipline, and a suppression of the reader's self, if the authored text is to speak through him:

> *Par ailleurs cet entraînement méthodique à rendre les accents juste, le rythme, l'articulation, sera une excellente discipline. Les élèves lutteront en même temps contre leur propre rythme, leur propre mélodie: travail ardu, mais qui leur permettra de pénétrer profondément dans la structure de la pensée française* (1954: 17–18).

This form of embodiment, which I would call 'rendering the text', implies that the voice of the author is ultimately the optimal embodiment of the text.

But if 'rendering the text' presupposes the suppression of the reader's voice in favour of that of the author, the second kind of embodiment presupposes the opposite: the reader is able to use a text, a text made by an author, but not inhabited by an author, to find the body of his own voice, and, simultaneously, the body of language. This, then, is not to suppose that the author is dead, or that writing destroys the possibility of voice and is a neutral space where identity is lost. It is to suppose that authors do not own the language they write, and that a certain sequence of written language can be assimilated by different voices, voices which learn how to speak the text by listening to themselves, rather than to others, who have other voices. I look upon this kind of reading, which might be called 'voicing the text', as a restoration of voice, rather than its erasure. A text may in itself be multi-vocal and entirely intertextual, and have in it nothing original. But this does not mean that it cannot originate something, the voice that makes it cohere, that gives its physicality, the body of language in the body of the speaker spoken by the voice. A text is a place where we learn to speak by communicating with ourselves; the text is the medium, the mediator, which joins inner and outer voices by allowing us to listen to ourselves as speakers, to listen to ourselves in order to speak.

3 Borders and cross-overs: Three studies

It is not particularly easy to define the point at which language ends and paralanguage begins, at which system-governed, pheno-oral paralinguistics ends and free, spontaneous, geno-oral paralinguistics begins. What follows are three short studies, on punctuation in late-nineteenth century fiction, on the *bande dessinée* and on speech-indicators in popular fiction, which explore the continuities and discontinuities between these categories, and, at the same time, trace some of the interactions between the two sets of co-ordinates we have just described.

3.1 Punctuation and the voice in interior monologue

We have spoken of the crucial discontinuity between inner and outer voices. Without this discontinuity, it is doubtful whether solipsism would have been so inevitable a condition, or whether Bergson's distinction between a 'moi profond' and a 'moi superficiel', or Proust's distinction between a 'moi oeuvrant' and a 'moi social' would have been so convincing. The simple fact remains, however, that without narrative's ability to register the inner voice, there would be no psychological novel, no inwardness, no depth of character. The history of this inner voice – from *style indirect libre*, through interior monologue, to stream-of-consciousness – betrays doubts about what it is and how to present it, and tells us how historically conditioned our perception of it may be. I do not wish to stop over *style indirect libre*, although the division of speaker and self which occurs in it, its multivocal nature, has generated intriguing debate over many years (see particularly the work of Ann Banfield). Nor do I wish to attend to stream-of-consciousness, although, clearly, it has the qualitative and heterogeneous continuity, the elasticity that Bergson's *durée* has, and also the semi-articulate, pre-syntactic linguisticity of Kristeva's geno-text. Instead, I would like to take a look at interior monologue, and the significance of punctuation within it. And perhaps I can start with interior monologues's founding text, Edouard Dujardin's *Les Lauriers sont coupés* of 1887. But first, one or two words on punctuation.

Punctuation is a set of signs peculiarly poised between the linguistic and the paralinguistic, the written and spoken, an interface produced by at least two factors: (i) punctuation marks cover a gamut of functions which runs from the definition of syntactic relationships and grammatical roles, through the periodicity, or respirational patterns, of discourse, including rhythmicity and intonation, to the expressive; (ii) although some forms of punctuation – like the semi-colon and the comma – may gravitate more towards the syntactical and periodic, and others – like the dash or *points de suspension* – towards the expressive, others still – like the colon and the exclamation mark – are more ambiguously placed; and besides, categorial boundaries are repeatedly being redefined, either by individual authors (see, for example, Lorenceau (1980) and Gruaz (1980)) or by literary periods. Such a period was the turn-of-the-century, in which Impressionist/Symbolist first-person narrative, or first-personalized third-person narrative, markedly exploited *points de suspension* and psychologized punctuation generally. I would in fact propose that punctuation during this period, as afterwards, negotiated between outer and inner voices, between pheno-text and geno-text.

A study of punctuation in *Les Lauriers sont coupés* might begin with two declarations, the first Dujardin's own, about the nature of interior monologue:

> *Le monologue intérieur est, dans l'ordre de la poésie, le discours sans auditeur et non prononcé, par lequel un personnage exprime sa pensée la plus intime, la plus proche de l'inconscient, antérieurement à toute organisation logique, c'est-à-dire en son état naissant, par le moyen de phrases directes réduites au minimum syntaxial, de façon à donner l'impression 'tout venant'* (1931: 59).

The second is a comment made about *Les Lauriers* by Dujardin's friend George Moore, the Irish writer: Moore calls the text 'Une musique étonnante de points-et-virgules' (letter to Dujardin, May 17 1887, quoted by Dujardin, 1931: 17). Dujardin's assessment appeared some 44 years after the event, and relates more aptly to Joyce's *Ulysses* – Joyce did not hide his debt to Dujardin's pioneering work – than to *Les Lauriers*, but it does indicate his ambitions, and in particular the ambitions he had for his idiosyncratic punctuation. At the centre of this punctuation is the semi-colon, that mark so strenuously repudiated by Jean Giono (Popin, 1998: 38), the mark considered 'trop sophistiqué' by Marie Cardinal, the mark of which Michel Tournier 'n'a pas encore découvert l'utilité' (Drillon, 1991: 367). In some senses, one might consider it the least promising of marks, at least for the business of communicating geno-textual material, since it is without decisive intonational characteristics and seems caught in a rigid hierarchy between the comma and the full-stop; for some it is a 'super-virgule' (Popin, 1998: 95), for others a 'sous-point' (Drillon, 1991: 368). But this ambiguity begins to reveal a certain elusiveness of function, a certain arbitrariness, a freedom to shift between the consecutive and the simultaneous, the conjunctional and the disjunctional. And this is for us, of course, significant: to constitute the passage between geno-text and pheno-text, between inner and outer voices, the semi-colon must have this dual dimension. As we listen to Dujardin's text –

> *Les bruits se font plus forts; c'est la place Clichy; dépêchons; sans cesse, de longs murs tristes; sur l'asphalte une ombre plus épaisse; à présent des filles, trois filles qui parlent entre elles; elles ne me remarquent pas; une très jeune, frêle, aux yeux éhontés, et quelles lèvres! en une chambre nue, vague, haute, nue et grise, sous un jour fumeux de chandelle [...]* (1925: 86).

– we must cross the line, the semi-colon, between independent clauses and telegraphic phrases, between true notations of response ('sur l'asphalte une ombre plus épaisse', 'quelles lèvres!') and descriptions, for the readers' benefit, of decor or event which, for the subject, would only be sensorily recorded, not expressed ('Les bruits se font plus forts', 'elles ne me remarquent pas'). The semi-colon has intimate connections with *style indirect libre*; it is the punctuation which allows the accumulation of different perceptions and observations within a single existential field (the sentence), all of which have the same melody and are, as it were, suspended in the same psychic medium. Conjunctional and disjunctional, the semi-colon can create a seamless continuity between inner and outer voices, while at the same time pointing up potential discrepancies between them, and between the inwardly thought and the outwardly uttered. Much of the interest of *Les Lauriers sont coupés* lies in the ironies of these discrepancies, the willing self-delusions of the hero, Daniel Prince, in relation to the manipulative small-time actress Léa d'Arsay.

The semi-colon in *Les Lauriers* acts as a cohesive constant in a text which explores different punctuations and different degrees or styles of interior monologue. As Prince leans on his balcony in Chapter 4, conjuring up images of Léa, the semi-colon momentarily yields its predominance to the comma, as the outlines of (inner) perception are softened, made more fluid, more imbricated. And in a dream sequence in Chapter 7, which, most critics agree, is the passage corresponding most closely to Dujardin's 1931 definition of interior monologue already cited, it is *points de suspension* which briefly monopolise the text.

About *points de suspension* a little, too, should be said. In external speech, they are often used to transcribe hesitations, unfilled pauses, invitations to an interlocutor to complete the phrase, or that pragmatic efficiency which makes the completion of the phrase unnecessary. When they serve the inward voice, they can conjure levels of reflection and response which words cannot reach: pre-articulate dreaming, spiritual weariness, puzzlement, frustration, but which may colour the words in their environment. In this sense, *points de suspension* are not only, like the semi-colon, the *passage between* geno-text and pheno-text, but also can be the *site of* the geno-text. In Colette's *La Vagabonde* (1910), for example, *points de suspension* have certain conventional roles: as in Dujardin, they communicate the dreaming or semi-dreaming mind; they follow time notations ('Dix heures et demie ...'); they express the baffling unanswerability of rhetorical questions. But elsewhere they perform those geno-textual functions already adverted to. I quote a short passage, with its English translation by Enid McLeod:

> *Ecrire! plaisir et souffrance d'oisifs! Ecrire! ... J'éprouve bien, de loin en loin, le besoin, vif comme la soif en été, de noter, de peindre ...* (1965: 16).
>
> To write is the joy and torment of the idle. Oh to write! From time to time I feel a need, sharp as thirst in summer, to note and describe (1960: 13).

Colette's first-person text is a peculiar blend of interior monologue, soliloquy, *journal intime*, autobiography. The gamut of roles and levels of consciousness covered by *points de suspension* allow the text to shift constantly between different degrees of self-awareness, different degrees of expressive control. The English translation not only omits the *points de suspension* here, as frequently elsewhere, but also both rhetoricalizes expression – the apophthegmatic ('To write is the joy [...]'), the apostrophic ('Oh to write!') – and de-improvizes it – by the reduction of commas and by the insertion of a co-ordinating conjunction ('a need [...] to note and describe'). If *points de suspension* are the potential site of the geno-text, then it is not difficult to gender them, as the feminine semiotic. Drillon (1991: 423) relates *points de suspension* to 'le goût du 'vague' et de l''ineffable' – qu'on nomme aujourd'hui 'non-dit', et qui semble propre à la littérature 'féminine'. Gender studies relating to punctuation are, as far as I know, all but non-existent.

It is the non-obligatory nature of punctuation which has led to its importance for the *bande dessinée*. It may seem strange to say this, since, by and large, the BD reduces punctuation, drawing particularly upon *points de suspension*, the exclamation mark, and the question mark. But it feels free to multiply these marks as it needs, and freely to combine them. In other words, the BD has concentrated its enunciatory energies on those punctuation marks which have the greatest orality and which bridge the gap between the linguistic and the paralinguistic.

3.2 Onomatopoeia and vocal values: The bande dessinée

Each BD, however, makes its own decisions about the point on the scale between the oral and the written at which it wishes to situate itself, a decision which may be said to relate to the politics of the BD. I would like to begin this brief enquiry by considering the onomatopoeic. What matters for the onomatopoeic is the degree to which the authenticity of the sound, its truth to itself, is maintained, and there are two ways in which this authenticity is endangered, two ways which are two aspects of the same process, the absorption of the sound into language. The first of these is the process of word-formation and grammaticalization: for example, 'vroum' is closer, in principle, to its originating sound than 'vrombissement' is to its originating sound. The second is conventionalization: the noise of falling into water is 'plouf', a word which appears in the dictionary; but not to be found in the dictionary is 'splatch', a word used by François Bourgeon in *Les Passagers du vent* (1980–4).

There is, however, another factor to be taken into account: often the important thing is not that an onomatopoeic word should imitate an actual sound, but that it should convey the violence of an action; hyperbolic acousticity is a reminder that the mode of the BD is caricatural and melodramatic. It may also be that onomatopoeic words have a modal value, registering the reader's desire that the strength and dignity of the hero is maintained against the humiliation and inefficacy of the villain. At all events, it is unlikely that a snowball hitting someone in the face would produce the sound 'sbrotch', which we find in the second volume of Cothias and

Juillard's *Les 7 Vies de l'épervier* (1984); and it is noticeable that Cothias and Juillard often render /k/ by the angular, aggressive k graphy (see Scott, 1998: 152, for a similar example), rather than the less threatening and more congenial c.

The k graphy is certainly not to be found in *Tintin*, and an argument for the tendency of *Tintin* to gravitate towards the safety of the written might begin with a comparison of onomatopoeic words in the original versions of the adventures with those in the revised versions. The comparison shows that (a) Hergé has reduced and standardized the onomatopoeic element and that (b) this standardization often compels words to do double and triple duty, to cover a wide range of sounds with different origins. And when we compare Hergé's practice with that of Bourgeon, and Cothias and Juillard, we might add the following observations:

(i) in adventure strips which tend towards the realistic and illusionistic, the use of onomatopoeia is more restricted and discriminating;

(ii) the onomatopoeic words in these more realistic strips resist the conventionalizing tendency and strive to diversify graphic representations of sound. The k graphy we have noticed in Cothias and Juillard, for example, seems to be particularly reserved for a sword's contact with other kinds of object; when a sword strikes another sword, c comes into play. Similarly, the noises made by flying shot are finely differentiated.

Sounds in their eruptive vulgarity are retrogressive and linguistically anarchic, stretching language to its limits, deforming it, forcing the reader towards the indexicality of co-presence and direct contact. These noises take place outside the ordered and undynamic corral of the speech balloon, in the uncharted realm of open space. Onomatopoeic words in French are also linguistically rebellious in that they tend to favour consonants over vowels in the ratio 4:1 (Fresnault-Desruelle, 1971: 85), and are generally monosyllabic. Furthermore, they are pure phonations, and in this respect, as Serge Tisseron suggests in his *Psychanalyse de la bande dessinée* (1987: 27–9), are direct or oblique translations of basic organic sounds – cardiac, gastric, intestinal, pulmonary. Little wonder, then that Captain Haddock, the embodiment of the principle of orality, in all its uncultured corporeality, further intensified by smoking and drinking, should be admitted into Hergé's texts, only to be in many senses suppressed. The fate of Captain Haddock exemplifies the larger fate of the paralinguistic in some BDs.

In the figure of Captain Haddock, pure vocalism undermines the connection between signifier and signified; words have no rights and no semantic imperatives; they are simply strings of phonemes which allow us to phonate to our heart's content, to become all voice without meaningful enunciation. Of this tendency, Haddock's oaths are the epitome.

One way of explaining Haddock's oaths is to argue, as Gaudin has done (1986), that his grasp on meaning, his ability to interpret sensory evidence, is tenuous in the extreme, sound and fury signifying nothing. Another way to explain them would be as voice devouring language, emptying it of dictionary meaning in order to fill it with self, with that paralanguage which is the voice print. On both arguments, verbal/vocal fantasy can be completely free; since with oaths there is no paradigmatic determination, they are, as it were, syllabic strings of pure phonation which any word can fill: 'Bandits! Rénégats! Traîtres! Cloportes! Judas! Naufrageurs! Patapoufs! Papous! Catachrèses! Moujiks!' (*L'Étoile mystérieuse*, 1947/1974: 40.4.3.).

But there are many other ways in which the BD, suddenly faint-hearted about letting the voice loose on its pages, can lead the spoken back to the safety of the written. The *récitatifs*, the little narrative tags like 'le lendemain matin' or 'quelques heures plus tard', which appear from time to time at the top of the vignette, are the voice of omniscience, the voice of God, precisely *outside* the image and uncontaminated by it. A voice outside the text which ensures that all apparently direct speech is in fact reported speech, a voice whose magisterial and schoolteacherly authority is evident, in *Tintin* at least, in the model copperplate hand, the *écriture anglaise* in which these *récitatifs* are written.

The graphological style of the *bulles* in *Tintin*, while certainly handwritten, is pheno-textual: correct, cool, controlled. The handwritten capitals that one finds in other BDs are nearer the geno-textual: they have no pedigree, because they are unassimilated, marginal, an uncivilized form of writing. Handwritten capitals *transcribe* the raw and vocally eventful, rather than *transliterate* them. And we need to insist that, in the classroom, handwritten capitals are treated as vestiges of infantilism which *écriture anglaise* is designed to extirpate. To be able to distinguish between capitals and lower case, to accede to joined-up writing, are crucial rites of passage on the way to adulthood and good citizenship. To hang on to handwritten capitals is to refuse certain educative values, to celebrate marginality. Interestingly, the original pre-colour, and pre-62-page standardized versions of *Tintin*, that is, the Tintin adventures prior to 1942, all use handwritten capitals. It should be added, as far as the *bulles* are concerned, that those to be found in *Tintin* are modelled on the rectangular geometry of the page and the vignette. They are not a speaking space inflated by an expulsion of air. And the *appendice* attached to Hergé's *bulles* has none of the urgency of the vocalising impulse; it is not what generates the *bulle*, or makes it airborne; instead it hangs down from the *bulle*, fulfilling no more than a function of attribution.

3.3 Speech indicators and popular fiction: Roman rose and roman noir

I would like to close with a brief comparative study of speech indicators in popular fiction, and more particularly in the *roman rose* and *roman noir*. Speech indicators create many problems for the analyst, among which one should mention the inevitably provisional nature of their classification and the number of ways in which they can be supplemented by other, paralinguistic indicators. The system of classification I have adopted is fourfold:

(i)   verbs of articulation (A) – 'articuler', 'prononcer', 'parler', 'chevroter', 'marteler', 'bredouiller';

(ii)   verbs of discourse engineering (DE) – 'enchaîner', 'couper', 'relever', 'anticiper', 'contrer';

(iii) verbs of speech function or speech act (SF) – 'proposer', 'inviter', 'protester', 'concéder', 'conjecturer'

(iv)   verbs of expressivity (E) – 'aboyer', 's'énerver', 'rigoler', 'hurler', 'soupirer', 's'effarer'.

It would seem that categories (i) and (iv) – articulation and expressivity – have the most to do with voice qualities as opposed to discourse manoeuvres; the difficulty is that the categories quickly lose their *étanchéité*. Does 'soupirer', for example, tell us more about expressivity, or about articulation? 'Murmurer' may be articulative in a *roman noir* (voice lowered to escape detection), while it is expressive in the *roman rose* (voice of intimacy and suggestiveness). Is 'se lamenter' expressive or speech functional? Obviously, too, different categories can be combined in verb + adverbial locution constructions: 'approuver d'une voix tranchante' (SF + A); 'poursuivre d'un ton songeur' (DE + A); 'réfléchir intensément' (SF + E).

The second difficulty referred to above occurs when there is no speech indicator, but, instead, dialogue is echoed or commented upon by a narrative accompaniment; the accompaniment reveals through gesture, look and so on, the motives and psychological state of the speaker:

– Quand même…
Elle ôtait un nénuphar de son corsage.

Le Niçois lui décocha un clin d'oeil complice.
– En tout cas, sur moi ça a marché.

Ironically, silence is the vital resource of the *roman rose*: it is through silence that the nagging, enigmatic nature of the hero is expressed; it is through silence that the heroine is able to maintain not only appearances, but a belief in herself: a tastefully chosen outfit, an elegance of movement, poise, these things allow the cultivation of an image, made vulnerable, alas, by the opening of the mouth. Above all, one must avoid those worst of all feminine vocal afflictions: 'babillage' and eruptions of nervous laughter. Besides, love for the heroine is not a metaphysical issue (What is love?), which might necessitate discussion, but a factual matter (Does he love me or doesn't he?), and once the answer is known, speech is no longer necessary; and indeed the answer is usually provided in non-vocal kinds of language.

If the *roman rose* is an unremitting interrogation of evidence, if the communicative value of speech tends to be devalued in favour of other paralinguistic and subtextual indicators, then the speaker can become a peculiarly detached voice, hearkened to for modulation and tone rather than for message. The character is not so much the utterer of information as the owner of a voice. When in *La Croisière dramatique* (Monique Lorjois, 1980), France Pradier first comes across the archaeologist Armand Rivière signing copies of his new book at a fashionable reception, she is discouraged by his general vocal indifference:

C'était aimable mais énoncé avec une indifférence plutôt exaspérante.
(12)

La voix répliqua avec la même espèce de détachement. (13)

The heroine experiences this same disembodiment of voice, both as part of her own lack of self-possession –

Elle s'entendit articuler, comme si sa voix eût été celle d'une étrangère.
(12)

– and as part of the process of self-creation: as with clothing, voices are things one can try out, put on for special occasions, without feeling one has committed oneself irrevocably:

France prit une voix sèche pour lui répondre. (34)
Elle se sentit pâlir et leva haut la tête, en une attitude de défi, pour répondre d'un ton glacial à l'insolente. (52)

Ultimately, of course, one must learn to speak not with the voice as fashion accessory, but with the voice as self. Interestingly, the detached voice relates more to expressivity than to speech function, and thus declares itself less involved with underlying intention than with unpredictable manifestations of mood. Ultimately the lovers may achieve the ideal consonance between speech function and expressivity, a form of speech which comes from the whole self, either when urgent action requires them to show their true capacities, or when knowledge of, and confidence in, their feelings, inform utterance. In the low frequencies, 'murmurer' is the standard guarantor of self-integration:

Ils se murmurèrent une banale fois de plus, comme ils le faisaient, chaque jour, depuis un mois:
– On ne se quittera plus jamais?
– Non. Jamais. Plus jamais. (156)

Not surprisingly these are the final words of the novel. Frustration produces the high frequencies; the integrated self, when suppressed, cries out inwardly:

Elle ressentit une peine infinie à rester naturelle. Elle avait envie de lui crier, lui hurler: 'Ce n'est pas ton affection que je veux, mais ton amour!'

> *Au lieu de quoi elle articula en souriant à peine:*
> *– Merci, c'est très gentil à vous. (122)*

Once again, despite the pressure of increasing inner amplitude – as one shifts from 'crier' to 'hurler' – France can only maintain a *social* naturalness through the disembodied voice.

The incorporation of speech indicators into gender studies still has, to my knowledge, to be undertaken – another job for corpus concordancing. The *roman rose* as a whole would seem to maintain a regressive sexism, but there are reassuring signs that the hero is now being depicted as a facilitator of the heroine's self-discovery and achievement of more confident and empowered selfdom. The guiding principle of the *roman rose* would seem to be that self-surrender is necessary to self-liberation, to the achievement of voice, to the fusion of the functional and the expressive, both in high and low frequencies.

The clarity of tone and softness of timbre to be cultivated in the feminine voice give way to the grittier timbres and less uniform tones of the male voice which dominates the *roman noir*: 'aboyer', 'bougonner', 'grogner', 'grommeler', 'ronchonner', 'marmonner', 'bredouiller', 'marmotter', 'maugréer'. This is predominantly a language of dissatisfied grumbling and complaint, more to oneself than to any interlocutor, a voice made up of a nasal ground and usually a back, rounded open vowel centre, made reverberant not only by the frequentative morphology, but also by the voicedness of the consonants. Sometimes, sounds come from a darker background into a spreading forwardness, particularly where aggression is involved, as in 'aboyer'; sometimes, aggression is more choked, less freely expressed, and vents itself only in a shift from unvoiced to voiced, from rounded to unrounded, as in 'fulminer'. Sometimes, as in our verbs of grumbling, we move in the other direction, from unrounded to rounded, from front to back, as complaint is taken in under the breath, half suppressed, becomes more private.

We would probably want to say that, in comparison, the *roman rose* is less vocally eventful, less graphic orally. The centre of the *roman rose*'s voice is /u/, rounded in an offering of lips, issuing from the deeper recesses of the buccal cavity, and often accompanied by unvoiced elements: (/s/, /p/, /f/, /k/) 'soupirer', 'sourire', 'souffler à l'oreille', 'roucouler', even 'glousser'. Against this caressive /u/ is set the forward, equally rounded but less extended /y/ of 'hurler', 'rudoyer', 'se durcir'. Not surprisingly, perhaps, 'chuchoter' makes only one appearance in each of the three *romans roses* I looked at for this study, and each time it is marked by urgency, the urgency of imminent danger or the urgency of sexual desire. But just as 'chuchoter' can gravitate towards the /u/ group by virtue of its unvoiced and repeated consonants, so equally can 'murmurer', though its voiced consonants may seem 'warmer' to the ear.

Like the heroine of the *roman rose*, the police are of course in search of a truth. The most frequent speech function verb in Serge Jacquemard's *Le Tueur aux serpents* (1987) is 'vouloir savoir' (10 occurrences). But, crucially, this truth is something separate from the individuals involved in its pursuit: it is both part of the métier and a fixation, something which will release us from the moral chaos of mystery and ignorance. And yet, as I have just said, it exists apart from people; in the modern thriller, the question is less 'whodunnit' than 'howdunnit'. The police are in no sense interested in the fate of the perpetrator; they want answers about something they care passionately for, from people they are indifferent to. All methods then are justified; in the business of interrogation, a whole gamut of pressures can be brought to bear on the interviewee, ranging from 'inviter' and 'encourager', through 'presser' and 'harceler' to other metaphors of physical aggression: 'aiguillonner', 'harponner', 'éperonner'. Although these are quite categorically speech-function verbs, their '-onner' endings relate them to the articulatory aspects of those verbs which share this frequentative morphology, already encountered: 'marmonner', 'bougonner', 'ronchonner'. It is as if, even in the police's most brisk and assertive roles, one could still hear the undercurrent of discontent and stifled remonstration, which is the trademark of the job.

Significantly, in the language both of articulation and speech function, female members of the police squad adopt male manners, although they are allowed first-name identity, a privilege denied to their male colleagues:

> *En tout cas, il est fidèle à ses* schwartzinicus, *grinça Wanda.* (33)
> *Wanda ne comprit pas.*
> *– Des toiles? harponna-t-elle.* (168)

Expressive verbs, so difficult to keep distinct from verbs of articulation, are the preserve of the victims and perpetrators, those who must be restored to the order and normality exercised in speech functions, or else removed from society. It is precisely during periods of emotional crisis that Wanda sometimes recovers her feminine sensitivity: 's'enflammer', 's'effarer', 'avoir une moue dépitée'. In the *roman noir*, the mouth is a weapon in the war against crime, full, as we have seen, of its own weapons (harpoons, cattle-prods, spurs), full of abuse and existential discontent. It is a cliché that the police are no better than the criminals they pursue; the mouth gives them access to acts of violence which keep them on the right side of the law, and allows them to assert a superiority as of natural right. The mouth is the source of many kinds of satisfaction.

Conclusion: Research and pedagogy

What conclusions might be drawn from all this? We quite clearly lack a history and a comparative anthropology of the voice. We need corpora which relate to speech/voice genres (interviewers, newscasters, poetry reciters, religious utterance, etc) and the technological wherewithal readily to undertake voice-quality concordancing. We need to be able to isolate the elements of the individual voice-print. We need to be able to teach pronunciation and articulation from within the head of the student. We need to envisage the kind of voice training which is appropriate to the student of a foreign language. It is probably true to say that we have lost pedagogic interest in the reading voice, partly because it is not seen to have much communicative value and partly because, in the classroom, we tend to value reading as a process of comprehension at the expense of reading as a linguistic experience, as experience of the modalities and modulating qualities of language in the voice. Above all, we have to understand better the relationship between inner and outer voices and try to diminish the discontinuity between them. In this way we will negotiate better between self and the necessary social personas of the self, between paralinguistic codes and vocal idiosyncrasy. For the foreign-language learner, the emphasis must inevitably be on persona speech and the sense of paralinguistic resources as skills which are perfectible precisely because they can be coded, are pheno-textual. But let us ensure that Fischer-Dieskau does not oust Panzéra, and that there is also space within the classroom for the student to speak the body of a language by giving voice to his or her own body.

These particular pedagogical ambitions are longer term and entail a developed research base. More immediately, we need to ensure that we derive as much linguistic benefit as possible from literary texts – whether of 'high' or 'low' cultural value – borrowed for the language classroom. Punctuation, as used in first-person fiction, but equally as it might be used in correspondence, or written political speeches, will help us to understand the impulses of the voice, the passage of the voice from inside to out, as thought comes, or seems to come, to the surface and orders itself into communicability. In the classroom, we need to develop for ourselves the kinds of punctuation which will better translate intonation, varieties of pausing, tone of voice, respiration. The BD tells us much about proxemics, kinesics and other paralinguistic features of the oral world, which could so easily become part of our teaching of fluency (see Guillot, 1999). It also tells us much about language's relationship with, and assimilation of, acoustic environments. Popular fiction, for its part, is full of information about the relationship between speech acts and expressivity, about pragmatics, about the voice and gender-stereotyping, about the way a language wants to imagine the mechanisms of voice – what would comparative studies of written speech acts tell us about the steps necessary for the training of the voice in a particular language?

Our use of texts in the classroom has perhaps too pronounced an orientation towards syntax and grammar and lexis, towards structure and register. We perhaps need to master the ways in which drama teachers use texts, to refine performance:

> *All actors, I think, realize the importance of voice and to what extent they are dependent on it, so they do exercises on relaxation, on breathing and resonance, power and clarity, according to what they need at any particular time. All these exercises are necessary and good. However, unless this work connects organically with an ever-fresh and developing response to language, it remains a technical accomplishment [...]* (Berry, 1993, 24).

Cicely Berry's words bring us back to the underlying principle: that to learn a language is to learn to know one's voice and how best it can inhabit that language. If the educational ideal we subscribe to is the development both of learning and of the learning self, the one by means of the other and vice versa, then in language learning, the voice is the pivotal hinge between the two. If the voice is the trained instrument of actor and singer, why not of the language learner?

References

Banfield, A. (1982). *Unspeakable Sentences: Narration and Representation in the Language of Fiction*, London: Routledge and Kegan Paul.

Barthes, R. (1982). *L'Obvie et l'obtus: Essais critiques III*, Paris: Éditions du Seuil.

Berry, C. (1993). *The Actor and the Text*, London: Virgin Books.

Colette (1960). *The Vagabond*, Harmondsworth: Penguin Books.

Colette (1965). *La Vagabonde*, Paris: Albin Michel.

Crystal, D. (1970). 'Prosodic and Paralinguistic Correlates of Social Categories', in Ardener, E. (ed.) *Social Anthropology and Language*, London: Tavistock Press, 185–206.

Drillon, J. (1991). *Traité de la ponctuation française*, Paris: Gallimard.

Dujardin, É. (1925). *Les Lauriers sont coupés*, Paris: Éditions Messein.

Dujardin, É. (1931). *Le Monologue intérieur*, Paris: Albert Messein.

Fresnault-Deruelle, P. (1971). 'Aux frontières de la langue: quelques réflexions sur les onomatopées dans la bande dessinée', *Cahiers de lexicologie*, 18: 79–88.

Gaudin, N.V. (1986). 'Haddock, whisky à gogo et petites pépées', *L'Esprit Créateur*, 26: 93–103.

Gruaz, C. (1980). 'La Ponctuation, c'est l'homme … Emploi des signes de ponctuation dans cinq romans contemporains', *Langue Française*, 45: 113–24.

Guillot, M.-N. (1999). *Fluency and Its Teaching*, Clevedon: Multilingual Matters.

Hergé (1947/1974). *L'Étoile mystérieuse*, Tournai: Casterman.

Jacquemard, S. (1987). *Le Tueur aux serpents*, Paris: Fleuve Noir.

Key, M. (1967). *Morphology of Cayuvava*, The Hague: Mouton.

Kristeva, J. (1974). *La Révolution du langage poétique*, Paris: Éditions du Seuil.

Laver, J. (1980). *The Phonetic Description of Voice Quality*, Cambridge: Cambridge University Press.

Lorenceau, A. (1980). 'La Ponctuation chez les écrivains d'aujourd'hui: Résultats d'une enquête', *Langue Française*, 45: 88–97.

Lorjois, M. (1980). *La Croisière dramatique*, Paris: Plon.

Owen, S. (1985). *Traditional Chinese Poetry and Poetics: Omen of the World*, Madison: University of Wisconsin Press.

Peyrollaz, M., and Bara de Tovar, M.-L. (1954). *Manuel de phonétique et de diction françaises*, Paris: Larousse.

Popin, J. (1998). *La Ponctuation*, Paris: Nathan.

Proust, M. (1987). *A la recherche du temps perdu I* (ed. J.-Y. Tadié), Paris: Gallimard.

Proust, M. (1988). *A la recherche du temps perdu II* (ed. J.-Y. Tadié), Paris: Gallimard.

Scott, C. (1998). *The Poetics of French Verse: Studies in Reading*, Oxford: Clarendon Press.

Stimpson, B. (1995). *The Writing 'I': Subject, Voice and Language in the Work of Paul Valéry*, London: Roehampton Institute.

Tisseron, S. (1987). *Psychanalyse de la bande dessinée*, Paris: PUF.

Valéry, P. (1957). *Oeuvres I* (ed. J. Hytier), Paris: Gallimard.

Les conventions de l'écrit vis-à-vis de l'oral: Le cas du présent narratif en anglais et en français

Anne Judge
University of Surrey

Une des premières considérations qui s'impose lorsqu'on compare langue écrite et langue parlée est le fait que la langue parlée s'organise au niveau de la successivité des énoncés dans le temps, sans possibilité de retours en arrière, tandis que la langue écrite s'organise de manière spatiale, sur une page de papier ou autre support. Il y a donc dans la langue écrite un recul qu'il ne peut y avoir à l'oral, le texte écrit permettant un tri dans les énoncés et imposant un certain niveau d'abstraction par rapport au vécu, et donc un tout autre rapport avec la temporalité. D'un autre côté, la ponctuation ne peut guère remplacer la dimension suprasegmentale essentielle à la communication orale. Chacun a ses lettres de noblesse …

C'est cette différence fondamentale séparant écrit et oral qui fait que Joëlle Gardes-Tamine et Clairelise Bonnet pensent qu'il n'existe pas de *passage de la langue parlée à la langue écrite* (voir leur étude sur l'acquisition de l'écrit chez l'enfant dans *L'enfant et l'écrit*, publié en 1990) . Elles préfèrent parler de *naissance de l'écrit chez l'enfant:*

> *… elle (la langue écrite) ne naît pas soeur jumelle de la langue parlée mais, nouvelle Eve, elle lui emprunte ses éléments et non pas ses aliments car elle se nourrit à d'autres sources, ne vise pas les mêmes buts et dispose d'autres moyens techniques* (Gardes-Tamine & Bonnet, 1990: 14).

Leur étude des différences entre récits oraux et écrits les ont conduites à la conclusion que si souvent les écrits d'enfants paraissent pauvres par rapport à la version orale du même récit, c'est tout simplement parce que l'enfant cherche à transmettre l'essentiel d'un vécu, en supprimant les détails qui – bien qu'intéressants à l'oral – pourraient sembler inintéressants à l'écrit. Elles citent en particulier Armstrong dans *'Writers, Artists and Philosophers, Thought and Action in a Primary School Classroom'* (*'Outlook'*, numéro 27 (1978)) et son exemple d'une fillette de huit ans qui lui raconte la rêverie emplie de frayeur à laquelle elle se livre avant de s'endormir, en contemplant les formes mystérieuses des rideaux de sa chambre et en écoutant les bruits menaçants dans le silence. A un récit oral animé et rempli de descriptions, a succédé le texte suivant (traduit de l'anglais par les auteurs):

> *En regardant à travers les rideaux de ma chambre quand je me couche*
> *Quand je me couche, je regarde à travers les rideaux de ma chambre.*
> *Je pense voir un homme qui regarde par ma fenêtre. Cela m'effraie un*
> *peu. Mais quand je mets ma tête sous les couvertures, je m'endors*
> *normalement.*

Armstrong interprète 'la différence' entre les deux récits, oral et écrit, comme 'celle qui sépare le bavardage de l'oeuvre littéraire', celle-ci s'adressant non plus à un auditeur connu mais à un lecteur inconnu. Les buts de ces deux modes d'expression sont donc différents, d'où une organisation différente des matériaux.

Les recherches de Blanche-Benveniste vont dans le même sens. Ayant analysé des récits d'accidents donnés oralement et par écrit dans la presse à la rubrique 'faits divers', elle a remarqué un certain nombre de différences fondamentales entre ces deux modes d'expression. La première est que dans le récit oral la succession des verbes tensés correspond normalement à la chronologie de l'action, alors qu'il n'en est pas de même dans le texte écrit, qui souvent commence par la fin:

> *Une voiture s'est encastrée sous un poids lourd qu'elle suivait et qui,*
> *pour une raison inconnue, a heurté une pile de pont avant de se coucher*
> *en travers des trois voies de l'autoroute* (Blanche-Benveniste, 1995: 20).

Une deuxième différence est que, dans le récit oral, la majorité des verbes sont tensés et tous les événements tendent à être mis sur le même plan hiérarchique. Pour ce qui est des commentaires sur les divers épisodes, la tendance est d'employer beaucoup de subordonnées conjonctives du type *parce que.* ... , *puisque* ... et *comme* ... Les récits écrits, au contraire, emploient souvent un seul verbe tensé pour un ensemble d'événements, certains épisodes secondaires ou dépendants apparaissant sous la forme de participes, d'infinitifs ou de constructions nominales, établissant ainsi une hiérarchie dans les faits. Ces différences fondamentales d'organisation expliquent le fait que des constructions du genre suivant ne sont que très rarement attestées dans les récits de la langue parlée:

> *Quelques instants auparavant, deux alpinistes avaient dévissé dans cette même voie à 3 600 mètres d'altitude,* se blessant *avant d'être secourus par le peloton de gendarmerie de haute montagne de la Bérarde* (Blanche-Benveniste, 1995: 22–23).

Blanche-Benveniste conclut à un niveau plus général:

> *Le récit oral, n'étant pas astreint à des contraintes de longueur, peut accumuler les constructions verbales, sans les intégrer en un grand ensemble et sans les hiérarchiser. Dans le récit écrit, la nécessité d'intégrer le tout en une seule phrase, avec un seul verbe principal, conduit à donner aux différents épisodes des statuts grammaticaux différenciés, et à les émanciper de leur situation chronologique. Cette organisation requiert sans doute des calculs qui ne sont pas très compatibles avec les circonstances de la production orale* (Blanche-Benveniste, 1995: 29).

Cependant si langue écrite et langue parlée sont différentes du point de vue de leur organisation et de leurs buts, il est évident qu'il ne s'agit pas toujours de catégories étanches. Il serait, en particulier, surprenant que, dans une culture traditionnellement aussi tournée vers la suprématie de l'écrit que la nôtre, il n'y ait pas influence de l'écrit sur l'oral. C'est ce que l'on veut dire, vraisemblablement, lorsque l'on parle de quelqu'un 'qui parle comme un livre' (ce qui est généralement considéré comme un compliment). De plus, toujours selon Blanche-Benveniste, dès que l'on examine une production orale soignée dans les médias, on s'aperçoit que les 'scories' (hésitations, redites, incomplétitudes, etc) associées avec l'oral sont très peu nombreuses; (1987: 154). Ceci est peut être dû à une influence de l'écrit. Il est vrai qu'elle a également remarqué que cet oral soigné n'est pas réservé uniquement aux adultes 'distingués'; elle donne ainsi en exemple le discours d'un enfant de dix ans qui montre la même absence de 'scories'. Cela dit, un enfant de dix ans a déjà quatre années d'école primaire derrière lui, ce qui implique une habitude de l'écrit.

Inversement, l'oral peut influencer l'écrit. C'est ainsi que F. & D. Luzzati parlent de 'style oralisé' (1987). Ils distinguent à cet égard entre (i) style oralisé littéraire (Céline, Queneau, etc), (ii) un style oralisé dans la littérature pour la jeunesse, et (iii) un style oralisé involontaire dans les travaux scolaires.

Qu'il y ait une influence réciproque est renforcé par le fait qu'à l'heure actuelle, ces deux modes tendent à se confondre au niveau des médias, comme l'expliquait Catherine Delsol dans Le Figaro dès 1993:

> … *pour être compris du plus grand nombre, les professionnels de la télévision parlent un français standardisé stéréotypé (…) une langue bizarre où l'écrit et l'oral se télescopent, puisque les textes des présentateurs sont rédigés mais cherchent à se rapprocher le plus possible de la conversation. Le Figaro,* 4–5 septembre 1993.

Ce phénomène n'a cessé de s'accroître depuis lors, le courrier électronique représentant une nouveauté qui risque d'avoir des conséquences importantes dans ce domaine.

Pour résumer, nous sommes en présence d'une langue unique, le français, dont l'organisation diffère selon qu'il s'agit de la langue orale ou écrite. Elle diffère en particulier au niveau de l'emploi des temps. C'est ainsi que les temps surcomposés sont traditionnellement associés avec la langue orale, tandis que le passé simple est devenu associé avec l'écrit. Il y a également, à l'heure actuelle, un emploi du présent caractéristique de la langue écrite, que j'appelle 'présent narratif': il s'agit de son emploi pour référer *tout au long d'un texte* à des actions ou des états situés dans le passé. C'est ce phénomène, très developpé en français mais qui n'en est qu'à ses débuts en anglais, qui fait l'objet de ce qui suit.

Notons qu'il y a, entre les deux extrêmes que constituent les notions d'écrit et de parlé, de nombreuses productions mixtes, particulièrement dans le domaine des médias. Cela permet de poser l'hypothèse que l'importance croissante de l'emploi du présent narratif à l'écrit en français – ainsi que son apparition fort récente en anglais – sont peut être dues à une interférence accrue entre ces deux modes d'expression.

1 Émergence du présent narratif en français

1.1 Évolution historique: Passage d'un seul 'système' des temps à quatre

Le système des temps a changé au cours des siècles. Au départ, en ancien français, on avait des temps non marqués, à l'époque, pour l'aspect: le présent (Pr), le passé simple (PS), le futur (Fut) et le conditionnel temporel (Cond); des temps composés pour marquer l'accompli ou l'antériorité: le passé composé (PC), le plus-que-parfait (PQP), le passé antérieur (PA), le futur antérieur (Fut.A) et le conditionnel passé (Cond.P); et des temps surcomposés, composés sur les précédents, mis à part le PA. L'imparfait (IMP), dont l'aspect était marqué, reste rare jusqu'au 13ème siècle, l'ancien français utilisant le plus souvent le PS à sa place.

Petit à petit, l'IMP et le PS sont devenus aspectuellement complémentaires l'un de l'autre, tandis que le PC a acquis en plus de son rôle de parfait un rôle de temps du passé pour dater l'action, débordant ainsi sur le domaine traditionnel du PS, surtout dans le domaine de la langue parlée. C'est ce que Adam et al*ii* (1998) appellent le 'PC narratif'. Les temps surcomposés, eux, sont restés dans la langue parlée, mais ont été interdits de séjour dans la langue écrite par l'Académie au 17ème siècle. C'est là une première distinction quant à l'emploi des temps selon le paramètre écrit/parlé.

Du point de vue de l'organisation du système grammatical exprimant la temporalité, l'important est que PS et PC en sont arrivés à pouvoir référer aux mêmes moments du passé: une action accomplie dans le passé (PC) ressemble beaucoup à une action vue dans sa totalité dans le passé (PS). Il en a résulté 2 systèmes des temps, l'un ayant le PS, l'autre le PC – ou PC narratif – comme 'temps pivot'' ou 'temps de base' (ou encore 'temps d'ancrage'), les autres temps s'organisant autour de l'un ou l'autre de ces temps pour former deux systèmes appelés par Benveniste (1966, 1974) 'temps du récit' et 'temps du discours' (voir Judge & Healey, 1985 ainsi que Judge & Lamothe, 1995).

Cette approche a pu être critiquée (voir Touratier, (1989) pour un résumé de ces critiques); elle a cependant eu le mérite de renouveler tout le débat autour de l'emploi des temps d'une manière simple, vulgarisée, qui plus est, par Genette (qui semble d'ailleurs avoir eu des remords par la suite, ayant confondu 'récit' et 'discours' avec 'temps du récit' et 'temps du discours', voir Adam et al*ii* (1998)). On peut donc approuver ou désapprouver cette théorie, mais il serait difficile de l'ignorer (voir Adam et al*ii*, 1998, pour une réévaluation positive de cette thèse). Notons qu'étudier l'emploi des temps sous forme de systèmes relève d'une étude 'macroverbale' du sujet, tandis qu'étudier les temps sous leur forme individuelle relève d'une approche 'microverbale'.

L'hypothèse proposée ailleurs (voir Judge, 1998) est qu'il y aurait maintenant deux autres systèmes en vigueur. L'un emploie le présent pour référer au passé comme temps pivot. C'est là un système qui s'est beaucoup developpé au cours des dernières décennies et qui est fort sophistiqué à l'heure actuelle. J'appelle cet emploi du présent le *'Présent narratif' (PrN)*. Il semble que d'autres linguistes commencent, eux aussi, à distinguer des 'systèmes' dans le mode d'emploi des temps (Adam et al*ii*, 1998). Mais ils ne font pas en général, selon moi, une distinction assez nette entre *un emploi généralisé* du Pr pour référer au passé (mon PrN) – et *l'emploi occasionnel d'un Pr* pour créer un effet de rupture (mon Pr dramatique – PrD – voir 1.2). Ils tiennent compte, par contre, de la distinction entre discours interactif, discours théorique (ce dernier étant autonome) et narration (*op.cit.*,83 – 97). Seul ce dernier cas est examiné ici.

La toute dernière innovation en ce qui concerne l'emploi des temps dans le récit, en est encore à ses débuts: il s'agit du *'systèm multifocal' (SMF)*. Dans ce cas, *il n'y a pas de temps pivot*, c'est-à-dire que l'action peut être racontée tantôt au PC, tantôt au PS, et tantôt au Pr (voir exemple ci-dessous). Or décrire une série d'actions en employant différents temps, alors qu'elles forment un ensemble du point de vue temporel, permet de les éclairer individuellement de façons différentes, créant ainsi un emploi cinématographique des temps. Le terme 'multifocal' cherche à traduire ces changements de point de vue. Un tel emploi des temps implique, bien entendu, un rejet total de la règle traditionnelle de la concordance des temps. Pour s'en rendre compte, il suffit de se demander quels sont les temps dans l'article suivant qui, à la suite du premier PS, auraient pu – ou auraient dû – être également au PS, pour que le passage soit conforme aux règles du 'système du récit':

La circulation a été ralentie
Rupture de câble dans le tunnel

Mardi peu avant 20h, un incident technique s'est produit sous la Manche. Une locomotive tractant une rame sur laquelle avaient été chargés seize camions, s'était engagée dans le tunnel sud en direction de l'Angleterre, quand, à hauteur du 'Crossover' France, le pantographe endommagea la caténaire, plus exactement le câble de la mise à la terre, ce qui a provoqué (provoqua) l'arrêt de l'ensemble.
Les procédures d'usage ont alors été appliquées (furent) et se sont déroulées (se déroulèrent) normalement. Les seize chauffeurs routiers qui avaient pris place dans le wagon restaurant ont été dirigés (furent) dans le tunnel de service puis acheminés vers le terminal britannique. Pendant toute la nuit l'équipe de maintenance du tunnel s'est attachée à remettre en ordre la section détériorée, la circulation ne se faisant alors que dans un seul tunnel.
Cette restriction occasionna naturellement plusieurs heures de retard, tant pour les nombreux voyageurs anglais rentrant ou partant en vacances que pour les Eurostars.
Hier matin, à 6 h, les réparations étaient achevées et le trafic était redevenu normal. La Voix du Nord, 8 avril 1999.

Actuellement, on trouve des exemples de cet emploi des temps surtout en journalisme, mais son emploi se développe également dans les romans (voir certains romans de Pennac). Cependant c'est l'extension remarquable du PrN, et cela dans tous les domaines, qui fait l'objet de ce qui suit.

1.2 Définition du PrN et contraste avec le Présent dramatique (PrD)

Le Pr est le sujet de nombreux débats. Un premier débat, le plus fondamental, tourne autour de la question de savoir si l'absence de morphème temporel qui caractérise le Pr en français signifie que le Pr est une forme non-temporelle et non-déictique (c'est la thèse de Serbat, 1988), ou au contraire si l'on considère que cette marque zéro a une valeur oppositionnelle, c'est-à-dire qu'elle réfère à l'actuel du locuteur, par opposition au passé et au futur, qui eux sont exprimés par des morphèmes temporels (voir Mellet, 1998). Un autre débat concerne l'emploi du Pr pour référer au passé: ces faits passés sont-ils présentés fictivement comme faisant partie de l'actualité du locuteur, ou le locuteur, par le jeu de la métaphore temporelle, se transporte-t-il par la pensée de son actualité au lieu et moment où les faits sont sensés s'être déroulés (voir Revaz, 1998: 47).

Mais il ne s'agit pas ici d'aborder le problème de la nature du Pr mais uniquement d'en analyser les règles d'emploi pour référer au passé. Or il faut pour cela faire une distinction entre deux emplois possibles du Pr pour référer au passé: *le PrN (présent narratif) et le PrD (présent dramatique), qui sont généralement confondus dans les grammaires sous les noms de 'présent historique' ou 'présent narratif'.* Pour qu'il y ait PrN, il faut qu'il y ait *emploi systématique* du Pr à la place d'un temps passé. Il s'agit donc d'une vision macroverbale de l'emploi des temps. C'est-à-dire qu'il s'agit de l'emploi de ce terme dans un sens étroit, alors que beaucoup de linguistes l'emploient dans un sens large, recouvrant ainsi tous les emplois de Pr référant au passé (Mellet, 1998).

> [1]
> *Mon père, en vacances,* m'offre *le luxe d'une baignade dans un établissement visiblement réservé à l'élite. Cabines de bain en céramique, appareil à massage, parasols, cocktails servis sur la plage. Papa se retire pour se déshabiller. Il* reparaît, *et serait fort correct dans son maillot de nylon, de coupe étudiée, si la fantaisie ne l'avait pris de garder chaussures et fixe-chaussettes. Une indignation* naît et grandit *derrière les lunettes solaires, qui se* mue *en stupeur à mesure que papa,* olympien, inspecte *les planches, à la recherche d'un matelas qui lui convienne vraiment, et sa royale indifférence* finit *par vaincre et susciter l'admiration. On* croyait *voir un clochard, un péquenot, mais, devant une telle assurance, le doute* n'est *plus permis:* c'est *Onassis* (Mallet-Joris, 1970: 131–132).

Dans un texte au PrN, les Pr ne créent pas de tension dramatique particulière. Il s'agit plutôt de décrire les actions comme si elles se passaient sous les yeux de celui qui écrit. Mais le *procès semble si normal que le lecteur ne remarque souvent rien de particulier du point de vue stylistique à la lecture d'un tel texte.*

Ce que j'ai nommé 'Présent dramatique' (PrD) est, par contre, un *emploi très occasionnel du présent dans un texte autrement au passé* pour attirer l'attention du lecteur ou de l'auditeur auquel le discours s'adresse. Il s'agit donc d'une fonction se situant au niveau microverbal. Dans l'extrait suivant, tiré d'une interview, les deux personnages racontent une histoire à l'enquêteur. L'histoire commence et finit, comme il se doit, au passé, mais il y a un nombre de Pr au milieu. L'un de ceux-ci est de toute évidence un PrD puisque, normalement, il devrait y avoir un PC. Ce passage contient également quatre cas de *elle dit* ou *elle me dit*, dont il est difficile de définir la valeur étant donné qu'il pourrait s'agir soit d'un PS soit d'un PrD, ainsi que *est, c'est* et *êtes* qui sont des Pr de discours directs:

[2]
La femme du gendarme: – *c'était une femme – la femme d'un gendarme – comme par hasard – elle s'appelait Simone alors on a commencé par des jeux de mots – par des réparties évidemment elle me répondait- là évidemment elle savait pas à qui elle avait affaire –*

Le gendarme: *elle dit (Pr ou PS) parce qu'elle me dit: moi mon mari est – est gendarme (discours direct) alors – je la regarde (PrD au lieu de je l'ai regardée) un petit peu – oh elle dit: c'est pas parce que vous êtes gendarmes aussi – elle me dit vous êtes peut-être pas des gendarmes mais vous êtes certainement de la corporation – effectivement –* (discours direct)

La femme du gendarme: *elle avait senti ça – tout de suite –*

Le gendarme: *oui oui c'était un agent –* (exemple tiré du corpus d'interviews d'Orléans, Judge, 1975: 530).

Alors qu'on entend relativement peu d'exemples de PrD dans la langue courante, beaucoup moins que ce à quoi on pourrait s'attendre[1], on en trouve de nombreux exemples dans la langue écrite littéraire de toutes les époques. C'est d'ailleurs un emploi qui figurait déjà en latin (Mellet, 1998: 208). De nos jours, il est également fréquent en journalisme:

[3]
Mariés pour le malheur et pour le pire
[Début de l'histoire au passé] *Le lendemain, quand l'hôpital lui a signalé qu'elle pouvait venir le récupérer, elle a tout de suite eu une seconde petite idée: elle* court *vers sa voiture puis* s'arrête *à une station-service pour y acheter un bidon d'essence. Cinq litres, qu'elle* verse *soigneusement sur le siège du conducteur* [puis retour, pour la fin de l'histoire, au PC] *Libération*, le 8 avril 1999.

Il est généralement accepté que ces Pr sont interprétés par le lecteur comme donnant un certain impact à la scène, d'où mon appellation de 'Présent Dramatique' (PrD). Cependant, comme l'effet de 'dramatisation' ou de 'vivacité', n'est pas dû à une quelconque valeur sémantique intrinsèque du Pr (voir Revax, 1998), mais à la *rupture créée par le changement de temps* pour décrire des actions ou événements se situant dans la même lignée, on pourrait l'appeler tout aussi bien un *'Présent de rupture'* (PrR): le terme PrD met l'accent sur sa fonction, tandis que PrR met l'accent sur son fonctionnement.

Seul le PrN, c'est-à-dire l'emploi systématique du Pr comme temps pivot (ou 'temps de base') pour référer à des actions ou états dans le passé, fait l'objet de ce qui suit.

1.3 Fonctionnement du PrN en français

Il va de soi que lorsqu'un texte contient un grand nombre de Pr, il n'y a plus d'impact puisqu'il n'y a plus rupture de la chaîne de la concordance des temps. Il n'a aucun pouvoir de choc. Il remplace dans ce cas soit des PC ou des PS. Il peut fonctionner à la fois de manière très simple et très complexe.

(i) Dans sa forme la plus simple, il peut fonctionner tout seul, à condition qu'il y ait quelque part dans le texte un élément permettant au lecteur de se rendre compte qu'il s'agit d'un Pr dans le passé:

> [4]
> **Les cloches de Pâques étaient alcoolisées**
> **Agression et rodéo**
> Ce lundi soir de Pâques, *une voiture circule sur la latérale du Grand-Boulevard, à hauteur de La Madeleine. Soudain, un ballon jeté sur la chaussée oblige le conducteur à un magistral coup de frein. La voiture fait aussitôt marche arrière* [suit un long article entièrement au PrN]. *La Voix du Nord,* 8 avril 1999.

(ii) Le PrN peut fonctionner en conjonction avec l'IMP et le PC utilisé avec sa valeur traditionnelle de parfait. Il s'agit d'un système très simple, qui peut même faire naïf. Il est utilisé dans les livres pour très jeunes enfants et dans les livres scolaires pour l'apprentissage de la lecture. Dans ce cas, le présent représente un état ou une action en cours de déroulement, et l'action franchit la chronologie au fil de la lecture, grâce aux moments de référence posés dans le texte au moyen d'adverbes et de compléments circonstanciels de temps. On en trouve également des exemples dans des romans pour adultes, comme *La Colline* de Giono (1927), qui cherche à communiquer une naïveté toute champêtre grâce à l'emploi du PrN, associé à un vocabulaire et une syntaxe également simples:

[5]
L'année dernière le facteur montait souvent. Le fils Maurras était *au service, dans les dragons.* Maintenant *qu'il* est revenu *[PC avec valeur de parfait], il n'a plus besoin d'écrire, il* crie *de la place ou du champ et sa mère lui* demande:
– *Qu'est-ce que tu veux?*
Et le facteur ne monte *plus* (Giono, 1927: 16).

(iii) Il peut également fonctionner en collaboration avec le PS utilisé comme temps non-pivot, c'est-à-dire comme temps ne servant pas spécifiquement à faire progresser l'action:

[6]
Mon collègue Sol, de la 1ère Brigade mobile, qui fut *mon premier service,* apparaît *(Flic Story,* Borniche, 1973: 322).

Il en va de même pour le PA:

[7]
La bande poursuit *ses succès. Les magasins généraux de l'île Saint-Denis* sont investis, *un soir, par six hommes armés. Le gérant, M. Cabane, et sa femme,* sont délestés *d'une somme importante et de titres, après que le veilleur, Péricard,* eut été ligoté et baillonné (id. Borniche, 1973: 14).

Notons que les exemples précédents viennent d'un roman policier écrit entièrement au PrN. Or il est intéressant de voir que, dans ce cas, le PrN, associé de manière adéquate à d'autres temps, ainsi qu'à des adverbes et conjonctions de temps, et des compléments circonstanciels appropriés, peut exprimer les circonvolutions souvent complexes du roman policier. Il faut noter également que le fait de raconter cette histoire au PrN ne donne nullement une impression de naïveté ni d'étrangeté. Bien au contraire.

L'emploi du PrN passe, en fait, inaperçu. Or le roman policier est traditionnellement considéré comme faisant partie du domaine du PS puisqu'il s'agit d'un texte narratif écrit, situé dans un passé coupé du présent.

Il est vrai que Borniche n'est pas le premier à écrire un roman policier au PrN: c'est ainsi que *Tu vas trinquer, San Antonio,* et *Votez Bérurier* (San Antonio, 1958, 1964), pour n'en citer que deux, sont également écrits au PrN. Il est intéressant de noter qu'il s'agit là de romans écrits en un style familier et populaire imitant à bien des égards la langue parlée. Or ceci va dans le sens de l'hypothèse émise dans l'introduction, selon laquelle l'importance croissante de l'emploi du PrN serait peut-être due au fait que la langue parlée influence de plus en plus l'écrit; le développement de médias de production mixte va également dans ce sens.

(iv) Etant donné que le PrN se réfère en réalité à un temps passé, l'auteur sait ce qui suivra, puisqu'il est omniscient, et il est donc possible de se référer à cet avenir en employant le Fut et le FutA:

> [8]
> *Je ne sais pas* (maintenant) *qui avait pris la photo du désespoir. Celle de la cour de la maison de Hanoï. Peut-être mon père une dernière fois. Dans quelques mois il sera rapatrié en France pour raison de santé* (futur vu du passé). *Avant il* changera *de poste, il sera nommé à Pnom-Penh. Il y* restera *quelques semaines. Il* mourra *dans moins d'un an. Ma* mère *aura refusé de le suivre en France, elle sera restée là où elle était,* (futur antérieur au futur de la phrase précédente). *Dans cette résidence admirable qui donne sur le Mékong, l'ancien Palais du roi de Cambodge, au milieu de ce parc effrayant, où ma mère a peur* (retour au PrN qui est également un Pr itératif). *La nuit elle nous* fait *peur. Nous* dormons *tous les quatre dans le même lit. Elle* dit *qu'elle a peur. C'est dans cette résidence que ma mère* apprendra *la mort de mon père* (*L'Amant,* Duras, 1984: 41).

Dans ce cas on a affaire à un emploi extrêmement sophistiqué du PrN, qui joue à l'heure actuelle un rôle important en littérature, en particulier dans certains romans de Marguerite Duras.

(v) L'emploi du PrN n'interdit pas non plus des insertions de passages employant d'autres temps lorsque l'auteur se place à un autre point de vue.

Ainsi dans *Les Promenades d'Agatha Christie* de F. Rivière, la vie d'Agatha est au présent, mais lorsque l'auteur se pose des questions sur son personnage, il emploie l'IMP:

[9]
Agatha, comme sa mère et beaucoup de femmes de leur milieu et de leur tradition envisageait-elle *sérieusement de voir un jour les exigences de son époux interférer avec ses plus profonds désirs, ses lubies, ses hobbies?* (Rivière, 1995: 47).

Il intervient également à l'IMP pour donner des détails supplémentaires. Il y a donc un contraste avec le récit vu du point de vue d'Agatha Christie et les interventions de l'auteur. Ceci permet toute une série de contrastes intéressants donnant un certain dynamisme à un texte qui par ailleurs pourrait sombrer dans l'uniformité.

Notons, toujours dans cette même biographie, que les explications données sous les nombreuses photos incluses sont toutes au PS:

[10]
En regardant par la fenêtre du salon, nous aperçûmes *un très beau cèdre du Liban* (*Les Promenades d'Agatha Christie*, Rivière, 1995: 67).

Ce livre est à la fois une biographie et un guide, écrit pour un public cultivé. Le style en est légèrement précieux, et l'emploi du PrN interrompu d'insertions pour éclairer l'histoire de différents points de vue, va dans ce sens. La traduction anglaise n'emploie que le *past tense*, ce qui a pour effet de mettre tout sur le même plan et de créer un texte beaucoup plus plat, toutes les actions se situant sur un même plan.

1.4   Le potentiel du PrN

(i) Le Pr peut exprimer l'ambigu parce que pouvant – comme en ancien français – exprimer toutes sortes d'aspect. Une autre approche pour expliquer le même phénomène serait de dire que le Pr n'est pas marqué du point de vue aspectuel et que son emploi est compatible avec l'aspect sous-tendant le reste de la proposition; dans le cas d'un contexte ambigu, le PrN le serait aussi. Ceci crée un espèce de flou, utile en particulier dans les essais, pour leur donner une valeur généralisante. C'est ainsi que dans le passage suivant si les premiers présents indiquent clairement des actions ou des états habituels, ceux contenus dans les 3 dernières lignes sont ambigus: on ne sait s'il s'agit d'un seul épisode ou d'un épisode qui se répète:

[11]
Catherine (seize ans) a précédé Dolorès chez nous. Elle fait *la vaisselle quand il n'en* reste *plus. La cuisine* est *donc le théâtre d'échafaudages monstrueux et de cataclysmes subits, écroulements meurtriers comparables en intensité à des phénomènes géologiques (*présents itératifs*).*
– Catherine, il faut laver la vaisselle.
– Tout de suite, Françoise.
Je sors. *Une heure après, je* rentre. *J'*ouvre *la porte. Entourée de vaisselle mais comme un roc est entouré de vagues, Catherine* est *juchée sur un haut tabouret; les joues rouges, gonflées, ses cheveux entourant son délicieux petit visage d'ange musicien, elle* souffle *dans sa flûte (La maison de papier,* Mallet-Joris, 1970: 44–45).

(ii) Etant ambigu, le Pr peut remplacer non seulement le couple PS/PC, mais aussi l'IMP, auquel il ressemble du point de vue aspectuel (d'ailleurs l'IMP a été décrit quelquefois comme un 'présent dans le passé'). Ceci se produit en particulier en journalisme. Ainsi, dans l'extrait de l'article ci-dessous, l'histoire de l'attentat est au PrN au lieu du PC/PS – ce qui n'a rien de surprenant puisqu'en journalisme il s'agit d'être d'actualité (voir [12]). Mais la description de l'état dans lequel vivait l'auteur de l'attentat à une période antérieure à l'attentat est également au PrN, au lieu d'être à l'IMP, ce qui est plus surprenant (voir [13]):

[12]
Ce jour-là, le 24 août, à 10h22 Marrakech se réveille *sous un soleil de plomb [...]. Soudain, deux hommes cagoulés et armés de pistolets-mitrailleurs* font *irruption. Ils* tirent *quelques coups en l'air, semant la panique parmi les touristes, puis* s'emparent *de l'argent de la caisse [...] Inexplicablement, avant de quitter les lieux, les deux hommes* se mettent *à tirer sur le groupe de touristes. Deux citoyens espagnols* sont *tués, une Française est grièvement blessée. Profitant de la panique, les tueurs* s'enfuient *avec leur dérisoire butin [...] L'Observateur,* le 19 septembre 1994.

[13]

Il vit *avec sa mère atteinte de poliomyélite, au rez-de-chaussée d'une tour [...] Redouane* n'a *pour horizon que le chômage et les petits boulots sous-payés. La drogue? Il ne* veut *pas en entendre parler. Sa mère, très pieuse, en mourrait. Alors il* galère *pour survivre et ne pas plonger dans la délinquance [...] L'Observateur,* id.

Ce genre d'emploi est tellement fréquent en journalisme que les lecteurs n'en ont même pas conscience. En effet, un journal devant donner des nouvelles, le PS n'est plus souvent employé en tant que 'temps pivot' (ou 'temps de base' ou 'temps d'ancrage'), sauf dans certaines rubriques telles que les notices nécrologiques et les faits divers, ou pour délimiter un passage biographique à l'intérieur d'un article. S'il est vrai qu'il demeure employé dans d'autres contextes, c'est à titre d'emplois isolés servant en général à rejeter une action dans un passé révolu (voir [6]). Restent le PC et le PrN. Or ce dernier est le plus élégant des deux, ne nécessitant pas l'emploi d'auxiliaires. De plus il fait moins 'bavardage', plus littéraire. Remarquons que le PrN s'est généralisé dans tous les contextes écrits pendant ces dernières années.

2. Emploi du PrN en anglais

2.1 Rappel sur l'historique des temps en Anglais

Du point de vue temporel, en vieil anglais il n'y avait que deux temps, le présent exprimant le temps présent et futur et le passé exprimant le temps passé, y compris ce qui est souvent exprimé à l'heure actuelle par le plus-que-parfait. Il s'agit de phrases du genre: *after they (had) studied the texts they went on to translate them.* Notez que ce genre d'emploi du passé à sa forme simple réapparaît à l'heure actuelle. Puis ce sont les formes composées à partir de *will (willan)* et *shall (sculan)* qui ont fait leur apparition pour exprimer le futur, avec une idée de volition et d'obligation. Au passé, ces auxiliaires expriment un futur vu du passé: *they did not expect that people would become so careless.*

Du point de vue aspectuel, il y avait trois possibilités: l'aspect duratif, itératif et perfectif. L'aspect duratif était exprimé par la forme simple des verbes (*I sat in my seat = I was sitting in my seat.* W*ould (wolde)* était fréquemment employé pour exprimer l'itératif (*he would go to town each morning*).

L'aspect perfectif était exprimé par *have* si le verbe était transitif et *be* si le verbe était intransitif. L'aspect perfectif était également exprimé par la forme simple du temps: *I fell = I have fallen* (voir Quirk & Wrenn, 1963).

La différence essentielle entre le vieil anglais et l'anglais d'aujourd'hui est que les formes composées sont devenues plus fréquemment employées (encore qu'il soit possible que celles-ci soient en recul à l'heure actuelle), rendant plus souvent explicite l'expression de l'aspect. Ce qui est remarquable est la relative continuité du système, du moins jusqu'à tout récemment.

2.2 Le Présent dramatique (PrD)

Les grammariens anglais parlent du 'présent historique' pour décrire ce qui est en réalité un PrD. Seul Jesperson emploie le terme 'présent dramatique'. Leech définit le 'Pr historique' comme suit:

> *[…] a story-teller's licence whereby past happenings are portrayed or imagined as if they were going on at the present time. It is most evident where the Present Tense is accompanied with apparent incongruity by an adverbial expression indicating past time: 'At that moment in comes a messenger from the head office telling me the boss wants to see me in a hurry […]'* (Leech, 1971: 6–7).

Leech considère ce genre d'emploi du Pr comme typique d'un *style oral populaire* haut en couleurs (1971: 7). Quirk, Greenbaum, Leech et Svartvik (1985) associent eux aussi cet emploi avec la langue populaire.

Pourtant on peut en trouver des exemples dans la langue écrite non contemporaine, comme cet exemple tiré de *Lady Audley's Secret*, de M.E. Braddon, publié sous forme de feuilleton en 1861–1862:

> [14]
> *Madame will have all her wishes obeyed; her reasonable wishes, but that goes without saying', Monsieur adds, with a quaint shrug.[…] Monsieur is saying a great deal more to the same effect, rubbing his hands and beaming radiantly upon Robert and his charge, when Madame rises suddenly, erect and furious, and dropping her jewelled fingers from before her face, tells him to hold his tongue …* (Braddon, 1998: 383, première édition sous forme de feuilleton, 1861–1862).[2]

Palmer va jusqu'à affirmer qu'il sont nombreux en anglais littéraire (Palmer, 1988: 39). Cependant toute une étude reste à faire sur ce sujet.

Quirk, Greenbaum, Leech et Svartvik (1985) mentionnent aussi l'existence d'un *'fictional narrative'*:

> *There is a close connection between the historic present, and the simple present as used in fictional narratives. The only difference is that whereas the events narrated by means of the historic present are real, those narrated by the fictional 'historic present' are imaginary* (Quirk, Greenbaum, Leech and Svartik, 1985: 183).

Aucune justification n'est donnée pour cette distinction faite entre le réel et l'imaginaire. Il est difficile d'en imaginer une.

C'est dans le *New Fowler's Modern English Usage*, dans la version éditée par Burchfield en 1996, que l'on trouve la première mention d'un vrai PrN fonctionnant à l'écrit. Il est vrai que Burchfield emploie le terme 'historic present' mais il distingue entre son emploi ponctuel (PrD) et son emploi systématisé (PrN):

> *In grammar, the term* historic present is applied to 'the present instead of the past in vivid narration' (OED). Examples: *She had no notion of how welcome she would be. But Raymond* opens *the door before she can touch the bell, and he* hugs *her around the shoulders and* kisses *her twice – A. Munro, 1989. [...] A short history called 'Green Winter' by Matthew Francis in* Encounter *(Nov. 1987) uses the historic present throughout, beginning* It is dark when the guards come to wake me ... *and ending* As we leave the hut [...] the icy green of the surrounding fields looks suddenly foreign. *But the device is most often used as an occasional stylistic emphasizer. [...]* (Burchfield, 1996: 361).

Cependant dire que le PrD est plus fréquent que le PrN est déjà devenu discutable: ainsi en mars 1998, j'ai compté pas moins de 7 livres sur 62 consultés au rayon des nouveaux livres chez Waterstones écrits – en apparence puisque je n'ai fait que les feuilleter – au PrN. Pour ce qui est du rôle et du fonctionnement du PrD, il semble être le même dans les deux langues.

2.3   Le PrN en anglais

Le PrN ne semble pas occuper la même place dans la langue écrite en anglais et en français. C'est ce que semble demander la logique, le Pr français pouvant s'employer dans plus de contextes que son homologue anglais. En effet, si l'on peut avoir un choix entre temps passé et présent comme c'est le cas dans *Brahms IS the last great representative of German classicism* et *Brahms WAS the last great representative of German classicism* – ce qui représente un changement de point de vue – on est obligé de dire *Brahms WAS BORN in Hamburg* et non pas **Brahms IS BORN in Hamburg* (Leech 1971: 8). Or *Brahms WAS the last great representative of German classicism* ne peut se traduire que par un Pr en français: *Brahms est le dernier grand représentant du classicisme allemand* et non pas *était. De plus *Brahms WAS BORN* ne peut se traduire par *était né mais seulement par *est né* ou par *naquit*.

Il y a, de plus, d'autres cas où le français emploie le Pr et l'anglais un temps du passé: *C'EST en 1789 qu'a éclaté la Révolution française* se traduit par *It WAS in … ;* ou bien *It WAS this morning that …* qui se traduit par *C'EST ce matin que …* C'est peut-être cette plus grande possibilité d'emploi du Pr en français qui explique que le PrN passe inaperçu en français alors qu'il surprend encore souvent en anglais. Leech fait également remarquer qu'à la question *What are you doing?* la réponse sera normalement *I am opening the cage,* car *I open the cage* qui décrit l'action vue dans sa totalitée crée un effet plus dramatique (1971: 3). Ceci donne donc un potentiel dramatique à l'anglais, que n'a pas le français.

(i) Un des premiers exemples de récit *entièrement* au PrN est 'Guys and Dolls' de Damon Runyon (1932). L'impression donnée est celle d'une transcription d'un *conte oral.* Le lien avec la langue parlée est évident:

[15]
In fact, in all the years The Sky is drifting around the country, nobody ever knows *him to own anything except maybe a bank roll, and when he* comes *to Broadway the last time,* which is the time I am now speaking of, *he* has *a hundred G's in cash money, and an extra suit of clothes, and this* is *all he* has *in the world. He never* owns *such a thing as a house, or an automobile, or a piece of jewelry. He never* owns *a watch because The Sky* says *time means nothing to him […] Now* one Sunday evening *The Sky was walking* (passé qui situe l'action) *along the Broadway, and*

> *at the corner of Forty-ninth Street he* comes *upon a little bunch of mission workers who* are holding *a religious meeting [...]* (Runyon, 1932: 13).

Dans ce cas l'emploi du PrN est frappant et choquant pour le lecteur. Différentes personnes interrogées à ce sujet m'ont dit avoir trouvé ce genre de style très 'exaspérant'.

Dick Leith a analysé la variation des temps entre deux versions dites par le même conteur d'un conte oral écossais. Dans la version la plus travaillée, il y a un passage constant du PrN (en italiques dans l'exemple ci-dessous) au Passé (*past* tense qui n'est pas en italique). Dans ce cas l'action est essentiellement décrite au PrN:

> [16]
> well this is a story aboot an old lady she an auld woman *and she bred pigs and she a widow-woman and she'd a son cried Jack and this son was just a nitwit [...]* he comes to the age of twenty-one and on his twenty-oneth birthday he steps he steps rises fae the fireside and streetches hissel and he's a man weel over six foot and his breekies *he was wearing fen (when) he didd streetch hissel sent up to abeen his kees [...] he was a giant of a man compared to the clothes he wore he was aye sitting humphed up* he says 'mither' he says 'you feed awa at your pigs Jack's awa to push his fortune' [..] she says [...] 'weel Jack but dinna wander awa' but Jack never bothers mither or nothing else he auds (goes) awa whenever (when) she turns her back and he crosses the he opens the gate and walks oot *and whenever (when) he opened that gate he was in another world he didna know where he was because he'd never been oot of the fairmyard in his life* and he walks down the road (Dick Leith, 1954 performance, 1995).

Il y a eu en fait d'autres études, en particulier celle de Schriffin (1981), sur l'emploi de l'alternances des temps dans les *contes oraux*. Mais il s'agit le plus souvent, comme ci-dessus, d'*alternance de systèmes plutôt que de PrN pur et simple*.

(ii) Le PrN a certainement fait son entrée en journalisme, dans le *Guardian* et le *Independent* en particulier, entrée qui est passée largement inaperçue des linguistes. L'effet est de rendre tout le récit plus vivant. Ce type d'emploi étant nouveau et inattendu en anglais, il fonctionne encore comme un genre de PrD à grande échelle, au niveau de l'article plutôt qu'au niveau de la phrase ou du paragraphe. Ceci se produit surtout dans les comptes-rendus d'interviews:

[17]
Lady Lucinda Lambton cautiously opens *the Old rectory door.* '*Oh but I'm zombied, zonked, wooden-headed' she* moans. *[...] We* follow *her into her study where Florence, an obese dachshund* lolls *open-legged, demanding attention. [...] We* kick off *by discussing [...] The Guardian,* 23 November 1996.

Le *Evening Standard* aussi semble l'employer à des fins dramatiques, comme le démontre un article de trois pages sur la candidature de Ken Livingstone pour le poste de maire de Londres. Dans ce dernier, l'auteur, Andrew Billen, accompagne Livingstone dans sa tournée pré-electorale. L'emploi constant du Pr donne à ce long article une impression de rapidité et d'essouflement:

[18]
His mobile goes. '*Hello, lover.' He'll be home in 30 minutes. He* asks *Kate how her leaving-do at the Refugee Council went. And that red in the fridge, could she take it out? 'Bye, lover.' And so we* splash *through Brent South – Paul Boateng's constituency he* says, *in what passes for local colour – and into his own. He* navigates *himself to an unassuming terraced house and a bottle of wine that will not be Brunello di Montalcino [wine referred to earlier as being extremely expensive] Evening Standard,* 8 février 2000.

Cette impression vient du fait qu'en anglais le Pr simple est normalement utilisé pour référer au moment réellement présent comme dans les démonstrations (*And now you do this, and now you do that*) ou les commentaires de matchs (*and now X passes the ball to Y*). Notons qu'il y a dans ces deux derniers cas un raconteur présent, ce qui rapproche le texte de la langue parlée.

Il est difficile de dire pour l'instant s'il s'agit là d'une mode passagère, d'un nouveau système de dramatisation ou d'une nouvelle réalisation du système des temps en anglais. En journalisme il s'agit encore, semble-t-il, de PrD à grande échelle, par rapport aux temps employés normalement dans le reste du journal. Si ce procédé devenait plus fréquent il perdrait de son effet. Il s'agirait alors de PrN.

(iii) Depuis quelques années, on a vu apparaître de nombreux romans qui utilisent soit une alternance Passé (c'est-à-dire *past tense*)/ PrN ou qui sont écrits entièrement au PrN. Ceci se produit de manière différente selon le genre de roman dont il s'agit. Il faut distinguer tout d'abord un *nouveau genre de romans*, écrits surtout par des femmes, souvent des journalistes, dans lesquels le personnage principal écrit sur elle-même, sur ce qu'elle fait et ce qu'elle ressent. Les émotions décrites correspondent à une perte de confiance en soi, et expriment une attitude vis-à-vis de la vie qui est typique de toute une tranche de la societé contemporaine. Le ton est en général humoristique ou ironique. Il s'agit de se moquer de soi-même. D'où le format de la *pseudo-autobiographie*. Il s'agit quelquefois d'un roman sous forme de journal intime, écrit à la première personne. Dans ce cas l'emploi d'un Pr correspond à un monologue intérieur référant à l'actuel du locuteur, d'où l'emploi d'*une langue imitant le parlé*; l'emploi de nombreux Pr simples y est possible parce qu'il s'agit de verbes décrivant généralement des états ou des itératifs:

[19]
Wednesday 15 March
Tuesday 6 June
12.40 p.m. These shorts and T-shirts are *too uncomfortable in this heat. Am going to change into a long floaty dress.*
Oh dear, my pants show *through this dress now, I'd better put some flesh-coloured ones on in case someones* comes *to the door. Now my Gossard Glossies would be perfect.* I wonder *where they are* (*Bridget Jones' Diary*, Fielding, 1997: 145).

Dans l'exemple 20, il ne s'agit pas d'un journal intime, mais le texte est néanmoins écrit à *la première personne*. Il semble que l'héroïne raconte au lecteur/témoin ce qui se passe, et qu'elle décrit ses émotions au fur et à mesure qu'elles sont ressenties:

[20]

As usual I'm *the first one to arrive.* Is *this my television training? Why the hell* am *I always on time, early usually, when everyone else* is *twenty minutes late. [...] Mel's first to arrive. Shit I* adore *Mel. I met her just before I met Simon, through another friend I* don't *see anymore, and I* have *to say I wasn't crazy about her. Mel's not like the rest of us [...] As soon as she* walks *in I* can *see something's wrong, and my heart* sinks, *I try to be as giving and understanding as she* is *with me, but a side of me* loses *patience. A side of me* can't *understand why, if she* is *so unhappy, she* doesn't *just get out.*

'Daniel', I say *with a sigh, and a hint of impatience I* can't *keep out of my voice. 'What's he done now?'* (*Straight Talking,* Green, 1997: 25–26).

Dans ces deux cas, et il y en a bien d'autres, *le registre est familier,* c'est pourquoi l'empoi du Pr passe inaperçu: c'est le temps le plus naturel dans un contexte qui se veut confidentiel et compte tenu du fait que l'auteur situe constamment son récit comme en train de se dérouler. Le PrN anglais se rattache par là à *la langue parlée,* ce que ne fait pas automatiquement le PrN français qui n'est nullement associé avec l'emploi de la première personne.

On trouve toutefois maintenant une *variation PrN/Passé* (*past tense*) dans des romans écrits en un *style littéraire soutenu, n'imitant pas l'oral,* tels que *Waterland* de Graham Swift. Hélène Chuquet (1994) en a fait une étude approfondie. Son point de départ est le problème de la traduction du PrN du français en anglais: autrefois on disait aux étudiants de le traduire par un passé anglais, mais maintenant on peut se poser la question, puisque le PrN commence aussi à faire une apparition en anglais, bien que pas toujours dans les mêmes contextes et avec les mêmes connotations. Il ne s'agit pas, dans le cas de Swift de l'emploi d'un PrN pur comme on en trouve tant en français, mais d'une alternance des temps PrN/*past tense* – dont le lecteur est conscient – pour donner des différences de focalisation, un peu comme le SMF en français:

[21]

Jacob Crick manned the mills at Stump Corner from 1748 to 1789. He never married. In all those years he probably moved no further than a mile or two from his mills, which at all times he had to guard and tend [...] So Jacob Crick, mill-man and apprentice hermit never sees *the wide world [...]. He* eyes *the horizon,* sniffs *the wind,* looks *at flatness. (Swift, 1983: 12 cité dans Chuquet, 1994: 108).*

Cat's Eye (1989), de Margaret Atwood, par contre, est un roman écrit entièrement au PrN dans un *registre soutenu et non oral.* Il contient, en fait, quatre passages au passé pour décrire des évenements considérés par l'héroïne comme très importants (découverte de sa vocation en tant qu'artiste, perte de sa virginité, mort de son frère et mort de ses parents). Mais elle explique son choix de temps deux fois dans le roman en utilisant les mêmes mots:

> *I began to think of time as* having a shape, *something* you could see, *like a* series of liquid transparencies, one laid on top of another. *You don't look back along time but down through it, like water. Sometimes this comes to the surface, sometimes that, sometimes nothing (Atwood, 1989: 3 & 219–220).*

Cela donne les genres d'emplois suivants:

[22]

After the summer I'm *in Grade Ten. Although* I'm *still shorter, still younger I have grown […] In school I* am *silent and watchful, I* do *my homework […]* Today *on the way home from school it* snows. (id.: 228).

[23]

On this particular morning, *he* takes *his binoculars and his butterfly book and* heads *out into the countryside on his second-hand bicycle, to look for Californian butterflies* (id.: 289).

Les Pr dans ces deux exemples, qui sont typiques du roman pris dans son ensemble, ne font pas "dramatiques'. Ils passent, en fait, inaperçus, peut-être parce qu'il s'agit d'un récit écrit *à la première personne* et d'un *monologue intérieur.* Le lien avec la langue orale est donc toujours présent. Ce roman prouve simplement que le PrN peut fonctionner en anglais dans n'importe quel registre, mais semble garder des liens beaucoup plus marqués qu'en français avec la langue parlée. Pour ce qui est de romans comme *Waterland* dans lesquels il y a un contraste entre passages au PrN et *Past tense,* ceci semble une caractéristique de l'anglais contemporain, qui joue un rôle comparable à celui du SMF en français.

Conclusions

Les temps ont de toute évidence le même potentiel de valeurs dans la langue écrite et orale, mais ils sont utilisés différemment. C'est ainsi qu'en français l'emploi du 'système du récit' ayant le PS comme temps pivot, du PrN et du système multifocal (SMF) sont typiques de la langue écrite. Le système employant le PC 'narratif' est typique de l'oral dont le temps de base est de toutes façons le Pr. Mais les séparations ne sont pas étanches. Il y a maintenant, en français, des romans et d'autres écrits utilisant le PC plutôt que le PS traditionnel, qui de son côté, apparaît quelquefois à l'oral, mais comme temps non-pivot; c'est ainsi qu'au cours d'une réunion de professeurs, un de ces derniers, racontant ses expériences de stage, a dit *ce fut une experience extrêmement riche pour nous tous*[3]. Le PS peut apparaître également dans le contexte mixte qu'est le courrier électronique comme dans *j'ai passé l'été avec les enfants en France. Ce fut une grande aventure pour eux! Avions, trains, bateaux, promenades en vélo, etc … et Paris …*[4].

Le PrN est un bon exemple de l'influence que ces deux modes d'expression peuvent exercer l'un sur l'autre. En effet, si on prend l'exemple du PrN en anglais, il reste intimement lié à l'emploi du Pr à l'oral, comme le montre le fait qu'il est souvent associé à la première personne et à un contexte de confidentialité, ou bien à la présence dans le récit du conteur. L'exemple de Swift représente cependant un cas différent puisque dans ce cas il s'agit d'un emploi dans lequel le Pr alterne avec le *Past tense*. Or ce système d'alternance fonctionne comme le SMF en français, c'est-à-dire qu'il permet d'éclairer le récit de manières différentes. Il aboutit donc à des changements de focalisations. Ce n'est donc pas un vrai PrN, ce qui ne l'empêche pas d'être tout aussi intéressant, puisque cela démontre la même tendance qu'en français à vouloir développer des modes d'emploi des temps cherchant à exprimer non seulement la chronologie des événements, mais aussi des points de vue différents sur ces évènements, comme le ferait une caméra. Il est possible que le système des temps anglais se soit mis en marche, imitant en cela le système français qui ne cesse de surprendre.

En français, par contre, le PrN n'est associé ni à la première personne ni à la langue orale. (Ceci dit, le fait que le Pr soit le temps de base de la langue orale établit un lien, ne serait-ce que formel, entre écrit et oral.) A l'heure actuelle, il fait simplement partie des systèmes qui sont à la disposition de celui qui écrit, au même titre que les systèmes prenant comme temps de base le PS ou le PC. Cela n'empêche pas que le PrN soit nouveau (alors que le PrD a toujours existé). Au départ, il s'agissait d'un système simple mais qui, maintenant, semble être arrivé à maturité. Il y a bien sûr des raisons d'ordre stylistique – surtout au niveau de la focalisation – qui dictent le choix de l'un ou l'autre de ces systèmes, mais, une fois le système choisi, s'il s'agit du PrN, il n'y aura pas d'effet de style particulier au niveau des emplois individuels du Pr, c'est-à-dire au niveau micro-verbal. Il s'agit d'un système qui est maintenant 'grammaticalisé', alors que le PrN et l'alternance PrN/*Past tense* appartiennent encore au domaine de la stylistique en anglais.

Le genre de questions pour lesquelles nous n'avons pas encore de solution sont celles relatives au PrD. On ne sait rien quant à sa fréquence à l'oral, ni en français ni en anglais, et on ne sait pas s'il est vraiment associé à une langue 'populaire' comme l'affirment certains linguistes. Je ne connais pas non plus d'études sur sa fréquence et son rôle à l'écrit. En effet, bien que ce soit un phénomène bien établi en français, le fait de confondre PrN et PrD signifie que les résultats des recherches, bien que révélateurs, ne sont pas toujours interprétables dans une optique macro-verbale. Pour ce qui est du PrN, il serait utile d'en étudier le rôle de plus près, et de voir s'il va prendre de l'ampleur en anglais. L'impact de ce dernier est, pour le moment, très différent de celui du PrN français et il est difficile de prévoir comment il va évoluer. De toutes façons, l'avenir risque d'être fort intéressant dans ce domaine.

Références

Adam J-M., Lugrin, G. et Revaz, F. (1998). 'Pour en finir avec le couple récit/discours', *Pratiques, Les temps verbaux'*, 100: 81–98.

Benveniste E. (1966,1974). 'Les relations de temps dans le verbe français', *Problèmes de linguistique générale*, Paris: Gallimard, Tomes I et II.

Blanche-Benveniste, C. (1995). 'De la rareté de certains phénomènes syntaxiques en français parlé', *Journal of French Language Studies*, 5: 17–30.

Blanche-Benveniste, C. (1987). *Le français parlé, études grammaticales,* Paris: CNRS.

Blanche-Benveniste, C. et Jeanjean, C. (1987). *Le français parlé, Transcription et édition*, Institut national de la langue française, Paris: Didier.

Burchfield, R.W. 3rd ed. (1996). *Modern English Usage*, Oxford: Clarendon Press.

Chuquet, H. (1994). *Linguistique contrastive et traduction: le présent de narration en anglais et en français*, Paris: Ophrys.

Engel, D. (1998). 'Combler le vide: le passé simple est-il important dans le système verbal?', *Cahier Chronos 3*, Borillo, A., Vetter, C. et Vuillaume, M. (eds.), Amsterdam: Rodopi, 91–108.

Gardes-Tamine, J. et Bonnet, C. (1990) *L'Enfant et l'écrit*, Paris: Armand Colin.

Judge, A. et Healey, F.G.H., (1983) and (1985). *A Reference Grammar of Modern French*, London: Arnold.

Judge, A. et Lamothe, S. (1995). *Stylistic developments in literary and non-literary French prose*, Lewiston, Queenston and Lampeter: The Edwin Mellen Press.

Judge, A. (1998). 'Choix entre le présent narratif et le système multifocal dans le contexte du récit écrit', *Temps et discours,* Vogeleer, (Sv.), Borillo, A. et Vuillaume, M. (eds.), Louvain-la-Neuve: Peeters, 215–236.

Leech, G.N. (1971). *Meaning and the English Verb*, London: Longman.

Le Guern, M. (1986). 'Notes sur le verbe français', *Sur le verbe*, Rémi-Giraud, S., et Le Guern, M. (eds.), Lyon: Presses Universitaires de Lyon.

Leith, D. (1995). 'Tense variation as a performance feature in a Scottish folktale', *Language in Society*, 24: 53–77.

Luzzati, F. et D. (1987). 'Oral et familier: le style oralisé', *Informations grammaticales,* 34: 15–21.

Mellet, S. (1998). 'Présent et présentification: un problème d'aspect', *Temps et discours*, Vogeleer, (Sv.), Borillo, A. et Vuillaume, M., (eds.), Louvain-la-Neuve: Peeters, 203–214.

Palmer, F.R. (1988). *The English verb,* Harlow: Longman.

Quirk, R. et Wrenn, C.L. (reprinted 1965), *An Old English Grammar*, Edinburgh: Methuen.

Quirk, R., Greenbaum, S., Leech, G. et Svartvik, J. (1985). *A Comprehensive Grammar of the English language,* Harlow: Longman.

Revaz, F. (1998), 'Variétés du présent dans le discours des historiens', *Pratiques, Les temps verbaux,* 100: 43–62.

Schiffrin, D. (1981). 'Tense variation in narrative' dans *Language 57:* 45–62.

Serbat, G. (1988). 'Le prétendu 'présent' de l'indicatif: une forme non déictique du verbe', *Informations grammaticales,* 38: 32–35.

Touratier, C. (1989). 'Récit et temps verbaux', *Informations grammaticales*, 41: 3–5.

Romans cités

Atwood, M. (1989). *Cat's Eye*, London: Virago (1990).

Borniche (1973). *Flic Story*, Paris: Fayard.

Braddon, M.E. (1861–1862). *Lady Audley's Secret*, London: Penguin (1998).

Duras, M. (1984). *L'amant*, Paris: éd. de Minuit.

Fielding, H. (1997). *Bridget Jones' Diary*, London: Picador.

Giono, J. (1927). *La colline*, Paris: Grasset (Livre de poche).

Green, J. (1995). *Talking Straight*, London: Mandarin.

Mallet-Joris, F. (1970). *La maison de papier*, Paris: Grasset (Livre de poche).

Rivière, F. (1995). *Les promenades d'Agatha Christie*, Ed. de Chêne.

Runyon, D. (1932). *Guys and Dolls*, London: Penguin (1997).

Swift, G. (1983). *Waterland*, London: Picador (1984).

Notes

1 J'en ai peu trouvé dans mon corpus d'Orléans. De plus, j'ai décidé lors d'un séjour récent en France de compter tous les PrD que j'entendrais: en dix jours, entourée d'amis français toute la journée, je n'en ai pas entendu un seul.

2 C'est Marie-Noëlle Guillot qui m'a aimablement signalé cet exemple.

3 Exemple entendu par Andrea Fry, une de mes étudiantes, alors qu'elle était en stage.

4 Exemple fourni par ma collègue, Dulcie Engel, qui reçut elle-même ce message.

Le reportage de presse écrite: Un genre 'audio-visuel'?

Bénédicte Facques
University of Surrey/Paris III

Introduction

Le texte de reportage offre un terrain d'observation privilégié pour examiner les rapports entre l'écrit, l'oral et l'image. En effet, malgré les contraintes situationnelles liées à son dispositif écrit, le reportage se caractérise par une écriture 'audio-visuelle' qui donne à VOIR l'événement et à ENTENDRE les témoins de cet événement selon différents artifices de mise en scène que l'on peut qualifier d' 'effet de réel' et d' 'effet de direct'. Après une première partie consacrée à la définition des caractéristiques de ce 'genre' médiatique, nous étudierons les différentes 'techniques' mobilisées par le reportage pour compenser les carences de son dispositif scénique. Ainsi l'utilisation du présent de reportage et du discours direct pour faire entendre la voix des témoins permettent de faire oublier le caractère différé de l'information (section 2). D'autres stratégies comme la description des lieux, l'accès perceptuel à l'information ou la mise en scène de l'événement (section 3) sont un moyen de compenser le déficit d'images propre au reportage écrit, même s'il y a toujours un agencement 'scripto-visuel' (Peytard, 1975) de la page de journal. Enfin, il serait intéressant, même si la place nous a manqué ici pour le faire, de comparer le reportage de presse écrite avec ses formes analogues à la télévision ou à la radio afin d'examiner la manière dont sont respectées et transgressées les règles du 'genre'.

Les séquences de reportage qui serviront d'illustration à cette étude sont issues de la presse quotidienne d'information (*Le Monde*, *Libération*, *l'Humanité* et *le Figaro*) pendant les mois de septembre 1997 et mai 1998.

L'ensemble du corpus est constitué de 166 reportages à l'étranger sélectionnés dans la rubrique 'actualité internationale' des quotidiens. Le critère retenu pour identifier les articles comme 'reportage' est la formule de suscription (section 1.3) située en tête des papiers: *de + nom du journaliste ou qualité + nom de ville ou nom de pays*, par exemple 'de notre envoyé spécial à Rome'.

1 Essai de caractérisation du reportage

Pour les analystes des médias (Adam, 1997, Charaudeau, 1997) comme pour les professionnels du journalisme, différents critères sont à prendre en compte pour définir la spécificité d'un 'genre': critères rédactionnels (articles d'informations et/ou de commentaires), critères énonciatifs et situationnels (source énonciative, repère temporel et géographique), critères sémantiques (matière et contenu), critère pragmatique (objectif).

C'est de l'intéraction de ces différents critères, que se dégagent les spécificités d'un 'genre' telles qu'elles apparaissent dans cette définition du reportage proposée par un manuel de journalisme (Voirol, 1995: 156):

> *Reportage: travail du journaliste sur les lieux mêmes de son papier. Articles ou séries d'articles vivants et colorés, rapportant sans commentaires explicites ce que le journaliste a vu, entendu, senti et ressenti.*

1.1 Critère rédactionnel et pragmatique

La définition ci-dessus reprend la division canonique proposée par la profession entre textes relevant du Commentaire et ceux relevant de l'Information: même si ce critère rédactionnel n'est généralement pas déterminant pour la définition d'un 'genre' journalistique (il est difficile en effet de trouver des textes 'purement' informatifs ou commentatifs), il est intéressant de constater la convergence des typologies en ce qui concerne le reportage, que les journalistes comme les analystes des médias classent du côté du pôle 'Information'. La mention *sans commentaires explicites* dans la définition du manuel de journalisme, indique que le reportage est un *discours de faits* plus qu'*un discours sur les faits*, même si certains segments évaluatifs peuvent parfois révéler des traces de commentaires.

S'il s'agit dans le reportage d'informer plus que de commenter, l'objectif du reporter est de donner un témoignage 'vivant et coloré': l'information en tant que telle importe moins que *le vécu-perçu de l'événement* (Maldidier et Robin, 1977), le but (critère pragmatique) dans le reportage étant d'informer le lecteur tout en le distrayant par des artifices de mise en scène que nous détaillerons dans la section 3.

1.2 Critère sémantique

Le critère sémantique (matière et contenu) ne pose pas de problème particulier en ce qui concerne le reportage: les articles peuvent traiter d'événements politiques, sociaux, culturels, sportifs etc. ... Ce contenu est souvent surdéterminé par les rubriques qui jouent un rôle d'annonce: International, Société, Sciences etc. ... La prise en compte des critères sémantique et rédactionnel permet de définir des sous-genres: par exemple en croisant le type de mode discursif 'événement rapporté' (dans les articles d'*information*, les événements sont rapportés tandis que dans les articles de *commentaire*, ils sont commentés) avec l'un des macro-domaines 'actualité internationale', on obtient le sous-genre 'reportage à l'étranger' qui constitue la base de notre corpus.

1.3 Critères situationnels et énonciatifs

Les critères situationnels permettent de comprendre la particularité de la position énonciative du journaliste dans le reportage: *travail du journaliste sur les lieux mêmes de son papier*. A la différence des autres genres journalistiques, on observe dans le reportage une continuité entre les repères spacio-temporels du reporter et ceux de l'événement. D'ordinaire, le lieu de *rédaction* de la nouvelle et son lieu d'*actualisation* ne coïncident pas nécessairement: ainsi une dépêche de Toulouse sur la situation en Espagne est de provenance locale mais porte sur une actualité internationale. Rien de tel pour le reportage où l'espace de l'événement correspond peu ou prou à l'espace de la rédaction. Le lieu géographique de l'événement qui est aussi le lieu de sa transmission est explicité dans la formule traditionnelle de suscription: *lieu + de notre correspondant* ou *de notre envoyé spécial*. Lavoinne (1997) rappelle qu'à l'origine, le journal se présentait sous la forme d'un recueil de lettres. C'est à ce modèle épistolaire que les reportages empruntent la formule de suscription: indications de lieu et de temps; mais à la différence des lettres, seule demeure dans le reportage l'indication de lieu sans la date, ce qui est un moyen de brouiller les repères temporels pour faire croire à une 'actualité' de l'événement.

Sur le plan temporel en effet, la situation est complexe: la temporalité de l'événement précède nécessairement la temporalité de sa transmission dans le journal. A la différence de ce qui se passe à la radio ou à la télévision où le procédé du direct permet une transmission *quasi* simultanée de l'événement, le journaliste de presse écrite est toujours *en retard* sur l'actualité. Comme le remarque Maingueneau (1991), les textes écrits, et à fortiori les textes de presse, supposent une communication différée où les notions de moment et de lieu d'énonciation sont nécessairement médiatisées. Cependant, dans le reportage, comme dans d'autres textes d'actualité, des stratégies sont mises en place pour pallier les carences du dispositif scénique de la presse: l'utilisation du présent narratif ou la production de témoignages en discours direct (section 2) permettent ainsi de rapprocher la temporalité de l'événement de la temporalité énonciative. Cette co-temporalité relative entre l'événement et sa transmission rappelle ainsi la contiguïté spatiale déjà évoquée, l'adéquation entre les cadres spatio-temporels du journaliste et ceux de l'événement étant sans doute ce qui caractérise le mieux la spécificité du reportage.

Les caractéristiques situationnelles du reportage ne sont pas sans conséquences sur la position énonciative du journaliste. Le fait que le journaliste-reporter travaille sur les lieux mêmes de son papier lui confère un statut particulier, statut que l'on peut qualifier de *témoin observateur*, puisqu'il a pour mission de rapporter ce qu'il 'a vu, entendu, ressenti'. Selon la formule très imagée d'un autre manuel de journalisme (Martin-Lagardette, 1994: 94), un reporter 'c'est un œil, un nez, et une oreille branchée sur un stylo'. En fait, plutôt que de parler de reporter, on pourrait utiliser le terme anglais de *recorder*: le journaliste dans le reportage enregistre la réalité sans la commenter mais doit faire ressentir au lecteur l'ambiance d'un lieu, ses couleurs, ses odeurs, etc. ... Ce statut de témoin-observateur du reporter joue comme stratégie d'authentification de son dire: ce qu'il dit est vrai car il l'a *vu* ou *entendu*. Mais les apparences sont parfois trompeuses et jettent un doute sur la véracité du témoignage du journaliste-reporter. Lochard (1996: 89) analyse l'ambiguïté de la situation du reporter dont la subjectivité revendiquée fonde en même temps qu'elle met en péril sa légitimité:

Longtemps forme majeure du journalisme contemporain, cette forme textuelle (le reportage) engage cependant ce type de parole sociale dans un processus de questionnement de sa légitimité originelle identifiée au rôle de messager. Le locuteur s'y pose en effet explicitement comme un témoin, dès lors sujet à caution. S'introduit à son encontre une mise en soupçon (de relativité d'un regard posé comme partiel, d'une subjectivité plus ou moins explicite) l'engageant progressivement dans un jeu rééquilibrant de crédibilité qui se traduit par l'accentuation des effets d''authentification' (description des lieux, production de témoignages de personnes identifiées etc ...) (Lochard, 1996: 89).

Ces 'effets d'authentification' sont constitutifs de la rhétorique du reportage qui repose sur une double illusion référentielle: la fiction d'un direct masquant le caractère différé de l'information (section 2) et l'idée que la réalité parle d'elle-même sans artifice de mise en scène (section 3).

2   L'effet de direct du reportage

La sélection de l'information est fonction du rapport du média au temps et à l'espace selon la loi dite de proximité:

> *Une fois le lectorat bien défini, comment choisir les informations? Il s'agit en fait de répondre aux questions de base: 'Cette nouvelle peut-elle intéresser mon public?' Si oui, 'quels sont les aspects qui vont le toucher le plus?' Il existe une loi simple, efficace qui peut servir dans tous les cas: la loi de proximité. Elle est le crible à travers lequel le journaliste professionnel passe machinalement toutes ses informations* (Martin-Lagardette, 1994: 28).

Autrement dit, plus la nouvelle sera proche temporellement et géographiquement, plus elle aura de chance de toucher ce que Martin-Lagardette nomme le 'public', c'est-à-dire en fait le plus grand nombre. S'agissant des reportages sur l'actualité étrangère qui constituent notre objet d'étude, le problème est double: d'une part comment rapporter des événements qui se sont déroulés dans un espace lointain, d'autre part comment traiter la distance entre l'instance de production et l'instance de réception? L'emploi du présent de reportage et de témoignages en discours direct sont autant de moyens de rendre proche ce qui est lointain.

2.1 Le présent de reportage

Nous avons déjà noté l'adéquation entre les cadres spatio-temporels de l'événement et ceux de l'énonciation dans le reportage de presse écrite, mais cette adéquation est plus simulée que réelle. En fait, des stratégies de compensation temporelle sont mises en place pour faire oublier le caractère différé de l'information dans la presse. L'utilisation de ce que nous nommons 'présent de reportage' fait partie de ces stratégies donnant l'illusion d'un déroulement de l'événement 'en direct'.

Dans la tradition linguistique, le terme de *présent de reportage* est réservé à un usage oral de cette forme verbale lorsque le présent est utilisé pour les commentaires en direct, d'événements sportifs notamment. Tasmowski-De Ryck (1985: 72) décrit par exemple l'emploi du présent dans les reportages oraux comme la manifestation de ce que perçoit le locuteur:

> *Le commentateur d'un vrai reportage au présent rend les événements au fur et à mesure qu'il perçoit les modifications dans son environnement et le reportage progresse si la manifestation de nouveaux phénomènes permet au speaker de prendre conscience d'un nouveau moment, d'un 'maintenant', constamment inédit.*

Bonnard (1981: 222) fait cependant remarquer qu'il n'y a pas correspondance exacte entre ce que perçoit le commentateur de reportages radiophoniques et ce qu'il transmet au présent: '(…) il existe un décalage négligeable entre le procès et son énonciation au présent, comme lorsqu'on entend *Lafitte franchit la ligne*. (L'important est seulement que l'auditeur imagine le procès au présent).' Si ce décalage entre moment de la perception et moment de l'énonciation est 'négligeable' dans les reportages radiophoniques, il est nécessairement plus important dans les reportages de presse écrite où la communication de l'événement est différée, ce qui implique un changement de système temporel, le présent étant alors remplacé par un temps narratif du passé. Tasmowski-De Ryck (*ibid.*) remarque ainsi que la technique du reportage reste la même à l'écrit, mais les procès au présent sont remplacés par des procès au passé, comme dans ce reportage sportif où tous les verbes sont à l'imparfait dit de rupture:

[1]
A une trentaine de kilomètres de l'arrivée, cinq coureurs parvenaient à fausser compagnie au peloton, P.B, H.K, R.F, Y.F et G.M. Une erreur de parcours brisait l'élan des cinq fugitifs. Ils étaient rejoints à 5 kms de l'arrivée. F. repartait seul pour gagner avec 24 secondes d'avance. Le Soir, 18 avril 1984, cité par Tasmowski-De Ryck.

D'autres auteurs citent le passé simple comme candidat au rôle de remplaçant du présent dans les reportages de presse écrite. Cellard (1979: 20) remarque ainsi que 'tout se passe en somme comme si le passé simple assumait dans la littérature sportive quotidienne le rôle d'un véritable *présent accompli*' (souligné par nous).

Mais en dépit, ou à cause, du caractère différé de l'information, le présent continue d'être utilisé dans les récits journalistiques, selon deux modalités: *présent historique* et *présent de reportage*. Nous avons relevé dans le corpus 247 occurrences de présent narratif dont 160 de présent de reportage et 87 de présent historique. C'est incontestablement une des bases temporelles privilégiées du récit de reportage, en concurrence avec le passé composé et l'imparfait (342 occurrences), et loin devant le passé simple et l'imparfait (46 occurrences). Afin de contraster le présent historique (séquence [2]) avec le présent de reportage (séquence [3]), observons les extraits suivants:

[2]
C'est le 24 novembre 1965 que Joseph-Désiré Mobutu, alors âgé de trente-cinq ans, prend *le pouvoir en renversant le président Joseph Kasavubu. L'ancien sergent de la 'Force publique' du Congo sous colonisation belge, devenu journaliste, secrétaire particulier de Patrice Lumumba puis chef d'état-major des armées,* tisse *peu à peu sa toile sur l'ensemble du pays. Celui qui* prétend *incarner la nation* élimine *la vieille garde politique,* interdit *les partis,* suspend *le droit de grève, et* s'applique *à instituer l'unité du pays à son profit personnel. (…) Afin de bétonner encore un peu plus son pouvoir, il* crée *en 1967 le Mouvement populaire de la révolution (MPR, parti unique), et* proclame *l''authenticité' dogme officiel du pays. Le Congo fait place au Zaïre, les prénoms occidentaux* sont bannis *et Joseph-Désiré Mobutu* s'appelle *désormais Mobutu Sese Seko ('qui vole de victoire en victoire'). Le 'citoyen président fondateur' n'*apparaît *en public que coiffé d'un toque de léopard, et appuyé sur une lourde canne de bois sculptée à deux têtes d'oiseau, symbole traditionnel d'autorité. Les complots, mutineries et deux tentatives de sécession du Shaba (ex-Katanga, 1977–1978)* sont écrasés *dans le sang. Lors des pillages de Kinshasa en 1991 et 1993, le 'père de la nation'* interviendra *pour sonner 'la fin de la récréation' et rétablir l'ordre dans un pays placé, par ses soins au bord du chaos. L'Humanité,* 9 septembre 1997.*

[3]

Dans la poussière, des centaines d'électeurs se pressent *sous le regard dédaigneux des miliciens serbes. Un observateur de la police montée canadienne les* marque *à la culotte. Pas le moindre incident, donc, mais les réfugiés ne* sont *clairement pas les bienvenus dans leur quartier. Un officier des rangers américains ne* cache *pas son dépit. 'Sur ordre de la commission électorale, nous sommes obligés de bloquer plus de un millier de personnes sur la route et de les faire attendre pendant des heures, malgré la canicule.' (…)*
Sous une tonnelle, à quelques pas du bureau 999, Savo et des amis éclusent *une bière, en observant, l'air renfermé, l'agitation inhabituelle. Ils* se proclament *'serbes, nationalistes et radicaux'. Tous sont des déplacés de Jajce, chassés par les Croates, ou des émigrés d'Ilidja, une banlieue de Sarajevo passée sous contrôle des autorités de la capitale après les accords de paix. 'Nous ne voulions pas cohabiter avec des Musulmans,* précise *Savo, alors, on est partis. Nous sommes venus ici pour vivre sur une terre serbe avec un peuple serbe.'*
Libération, 15 septembre 1997.

Généralement, l'emploi du présent de reportage n'est pas distingué de l'emploi du présent historique, tous les deux aptes à présenter les événements comme s'ils se déroulaient sous les yeux du lecteur. Pourtant les combinatoires temporelles mobilisées par ces deux formes verbales sont assez différentes: dans la séquence [2], le présent historique est associé au futur historique et à de nombreux compléments de temps permettant au lecteur de se repérer dans la chronologie des événements; dans la séquence [3] en revanche, on constate l'absence de futur historique et de toute caractérisation temporelle des procès. Sur l'ensemble du corpus, on constate que 33% des occurrences de présent historique sont accompagnées de compléments temporels et 15% de ces mêmes occurrences de futur historique. Avec le présent de reportage, les pourcentages ne sont plus respectivement que de 5% et 0%.

La séquence [2] illustre le conflit entre les deux perspectives temporelles du récit historique: les procès au présent offrent une vision simultanée des événements entretenant l'illusion qu'ils se déroulent au fur et à mesure où on les raconte, tandis que les procès au futur historique dissocient les deux temporalités, celle de l'événement et celle du récit, la seconde anticipant sur la première. Le présent historique fait du lecteur un témoin participant, le futur historique le transforme en témoin impuissant. Si le présent historique est le temps de la réactualisation des événements, cette réactualisation est contredite par des éléments du contexte, futur historique ou compléments temporels, qui rappellent le caractère passé de ces événements.

L'absence de compléments temporels avec le présent de reportage (séquence [3]) s'explique par le fait qu'il s'agit de faire oublier que le reportage est un texte différé: ce qui importe dans le reportage n'est pas tant la temporalité officielle telle qu'elle a pu être reconstituée après coup (et indiquée par les compléments temporels), que la temporalité plus subjective de qui vit l'événement en direct. L'absence de futur historique est également signifiante: l'illusion référentielle entretenue par le présent de reportage est que les événements se déroulent au fur et à mesure où on les raconte, par conséquent on ne peut avoir la prescience des événements à venir. Avec le présent de reportage, l'illusion de co-temporalité avec l'événement est maintenue jusqu'au bout: aucun élément, complément temporel ou procès au futur ne vient interrompre le fil de l'histoire pour en rappeler le caractère passé. L'énonciateur ne se pose pas en narrateur omniscient mais adopte le point de vue du lecteur, c'est-à-dire que la temporalité du récit n'anticipe pas sur la temporalité de l'événement.

L'effet de direct est un effet classique du présent narratif, on entend par là aussi bien *présent historique* que *présent de reportage*. Il consiste par l'effet d'une métaphore spatio-temporelle à transporter le lecteur du lieu et du moment où il se situe effectivement jusqu'au lieu et au moment où se déroule l'action. Nous avons vu que 'cette fiction de direct' est plus efficace avec le présent de reportage qu'avec le présent historique où deux perspectives s'affrontent: une perspective simultanée et une perspective rétrospective (avec les compléments temporels et le futur historique) qui annulent l'effet de direct en soulignant le caractère passé de l'événement. Ajoutons que cet effet de direct est aussi plus probant avec le présent de reportage du fait du statut de 'témoin-observateur' de l'énonciateur-reporter, alors que l'énonciateur choisissant le présent historique n'a pas nécessairement assisté aux événements qu'il rapporte, surtout si ces événements sont à caractère historique.

Le présent de reportage est la transposition écrite d'un usage oral répandu à la radio ou à la télévision 'chaque fois qu'une personne raconte des événements auxquels l'interlocuteur n'assiste pas ou que celui-ci ne voit pas' (Co Vet, 1981: 117). En ce sens, on peut dire que le reportage est la version moderne de l'antique *théichoscopie* (Serbat, 1980): un acteur du haut d'un rempart fictif rapporte aux spectateurs des actions pour eux invisibles. Cet acteur-témoin prend les traits aujourd'hui du commentateur sportif à la radio ou du reporter dans la presse écrite.

2.2 Les 'voix' du reportage

Dans le reportage différentes voix s'expriment (témoins, observateurs, victimes ...) pour témoigner de l'événement mais la voix de l'énonciateur est absente. Le reporter s'efface de son énonciation (cf. section 2.2.2) pour laisser passer la parole d'autrui.

2.2.1 Les voix des témoins

Selon l'analyse de Monville-Burston (1993: 64), les paroles rapportées dans les articles d'information ont une double fonction: éviter l'impersonnalité d'une part et renforcer l'objectivité du texte d'autre part, car 'rapporter des paroles qui ne sont pas objectives est un moyen de les rendre telles par le simple fait qu'elles ont été rapportées. L'authenticité engendre l'objectivité'. Cette impression d'authenticité est d'autant plus forte dans le reportage que l'énonciateur-journaliste s'abstrait de son discours pour privilégier celui des témoins.

La parole des témoins est rapportée selon le mode du discours direct (désormais DD) qui ne suppose pas d'intervention spécifique de l'énonciateur sur le plan des repères spatio-temporels, à l'inverse du discours indirect où ces mêmes repères sont 'translatés' à partir de la situation d'énonciation.

A la différence de ce qui se passe dans les autres genres journalistiques, le discours cité s'intègre dans le discours citant sans rupture temporelle: on remarque ainsi que les verbes introducteurs de DD sont le plus souvent au présent donnant ainsi l'illusion d'un accès 'direct' à la parole des témoins. On peut ainsi comparer les deux séquences suivantes avec un verbe locutoire au présent dans [4] et des verbes locutoires au passé dans [5].

> [4]
> *Quand l'office commence, l'Eglise est pleine à craquer. 'Mawpat tout entier s'est converti' explique fièrement Eringson 'Henri' Kharkongor, 67 ans, 'moi, je suis catholique depuis que je me suis marié. J'ai suivi*

ma femme ... '. Les Khasis forment une société matriarcale. La femme y est le chef incontesté de la famille. C'est par elle que se transmet la propriété. Le Figaro, 16 septembre 1997.

[5]
La notion de gouvernement économique a été définitivement enterrée. Le fameux 'pôle économique' qui lui a succédé est également renvoyé dans les limbes. Dominique Strauss-Kahn, le ministre français affirmait *ainsi samedi en matière de politique de change: 'Il ne s'agit pas à tout prix de vouloir tous les jours, tout le temps, traiter de cette question (...)'. 'Et si deux ou trois fois par an, le sujet est abordé pour faire un tour d'horizon, cela me paraît satisfaisant'* a-t-il ajouté. *Théo Waigel, le ministre allemand* a confirmé *les propos de DSK de manière plus précise: 'il n'y a pas de divergence de vues avec Strauss-Khan concernant l'indépendance de la banque centrale et sur le fait que le conseil de l'euro se réunira dans des cas rares et exceptionnels.' Il* ajoutait, *pour être tout à fait compris: 'Nous sommes convenus que le conseil de l'euro ne fixerait pas d'objectif de taux de change.' L'Humanité,* 15 septembre 1997.

La première séquence est extraite d'un reportage sur les conversions catholiques en Inde; le journaliste a assisté lui-même à l'office et aucun repère temporel ne vient distinguer l'énoncé primaire de l'énonciateur de l'énoncé secondaire du locuteur-témoin. En revanche, dans la seconde séquence extraite d'un article d'analyse politique, le journaliste n'est qu'un relais de l'information et le repère temporel (*samedi*) des énoncés au discours direct est distinct du repère de l'actualité identifié par la date de parution du journal (le 15 septembre étant un lundi). Les procès au passé (passé composé et imparfait) des verbes locutoires indiquent que ces témoignages sont différés par rapport au moment de l'énonciation.

En discours direct, il y a normalement une rupture temporelle entre les verbes du contexte introducteur repérés par rapport à la situation de l'énonciateur et les verbes du discours rapporté repérés par rapport à la situation du locuteur. L'absence de cette rupture temporelle dans les DD de reportage s'explique par la co-temporalité relative (cf. section 1.3) entre la situation de l'énonciateur et celle du locuteur-témoin, elle renforce par ailleurs 'l'effet de direct' des témoignages.

Dans le reportage, comme dans le fait-divers (Petitjean, 1987) l'énonciateur n'est pas représenté (sauf exception cf. 3.3) dans son énonciation. Mais à la différence du fait-divers, les locuteurs du reportage sont anonymes, ils sont désignés comme des entités abstraites 'une femme', 'un manifestant', 'un rescapé', 'un habitant' etc …

> [6]
> *'Nous ne voulons pas de cette Assemblée, nous n'avons pas besoin d'un nouveau lieu de bavardage inutile'. Rassemblés devant l'hôtel de ville de Cardiff, où devrait siéger la future Assemblée galloise, les partisans du 'non' au référendum sur l'autonomie partielle du Pays de Galles ne mâchent pas leurs mots. Portant des tee-shirts pour le 'Na', 'non' en gallois, la centaine de manifestants tient un chèque géant à l'ordre de Westminster. 'Le projet du gouvernement est tellement flou, commente l'un des manifestants, que voter pour le 'oui' revient à établir un chèque en blanc pour Londres.' Le Figaro, 18 septembre 1997.*

> [7]
> *Vendredi, vers 21 heures, un commando de plusieurs dizaines d'hommes, arrivés à bord d'un camion, ont investi Sidi Youssef. Des habitants qui se trouvaient sur une petite place ont été massacrés à coup de hache, de sabre et à l'arme blanche. Les tueurs 'se sont fait passer pour des membres des forces de sécurité', raconte un rescapé. Ils ont ensuite investi les maisons en enfonçant les portes, tuant les locataires. Des habitants ont commencé à hurler, à taper sur des casseroles pour faire le plus de bruit possible afin d'alerter sur ce qui se passait. 'Mais personne n'est venu' a raconté un autre rescapé. (…) Une bonne partie des habitants n'a dû son salut qu'en se réfugiant, à l'insu des terroristes, dans la forêt de Baïnen. L'arrivée – une heure après le début des massacres – des militaires de la caserne de Beni-Messous a fait cesser le massacre. 'Autrement, raconte un habitant à un journaliste, Sidi Youssef allait connaître le sort de Haï-Raïs', cet 'Oradour-sur-Glane' algérien où plus de 250 habitants ont été massacrés. L'Humanité, 8 septembre 1997.*

Lorsque les locuteurs sont individualisés, ils sont désignés par leur prénom uniquement (séquences [11] à [18]), cette information patronymique ayant pour but de donner 'la couleur locale' et de renforcer l'effet de réel (section 3). Les locuteurs du reportage ne sont donc pas choisis en raison de leurs particularités comme dans le genre du portrait, ou parce qu'ils ont vécu quelque chose d'exceptionnel comme dans le fait-divers, mais parce qu'ils sont représentatifs d'un groupe, d'un peuple, d'une tragédie. Ces locuteurs représentent la figure archétypique du témoin, c'est-à-dire celui qui étymologiquement (*testimonium*) apporte la preuve de ce qu'il dit car il l'a vu ou entendu. Ces voix de témoins que fait entendre le journaliste dans le reportage sont sa caution de vérité. Ainsi l'insertion de la parole des témoins au discours direct produit un double effet: un effet de direct car cette parole n'est pas relayée dans l'énoncé par celle de l'énonciateur-reporter (cf. 2.2.2 ci-dessous) et un effet de vérité, la parole des témoins garantissant la vérité des faits rapportés.

2.2.2 Absence de la voix de l'énonciateur

L'effet de direct produit par les témoignages est renforcé par l'effacement des marques énonciatives de première personne se rapportant au journaliste. Le reportage donne en effet l'illusion d'un discours sans origine: l'énonciateur s'efface pour laisser parler témoins, faits et décors. On a l'impression que les événements se racontent d'eux-mêmes, l'énonciateur étant réduit à une oreille-magnétophone ou un œil-caméra.

Mais le reporter montre sans se montrer: de même que l'énonciation est rarement prise en charge par un 'je', de même le regard n'est jamais présenté explicitement comme celui du reporter; cela explique sans doute le peu d'occurrence du verbe *voir* associé à des formes de première personne et la fréquence en revanche du verbe *apparaître* associé à des formes de troisième personne:

[8]
Cheikh Abdallah apparaît ... *Le Figaro,* 23 septembre 1997.

[9]
*Et aujourd'hui, comme si nul n'avait rien appris, voici qu'*apparaît *au détour de la route un autre cortège nuptial: une quinzaine de voitures tous avertisseurs hurlant, une trentaine de personnes aux visages rendus hilares par la boisson, et, partout, flottant au vent, ces drapeaux croates à damier rouge et blanc ... Le Figaro,* 30 septembre 1997.

[10]
Le ferry vient de s'immobiliser dans un nuage d'écume, au milieu du

> *détroit de Malacca. Remue-ménage dans la salle de pilotage. Un gros point vert est apparu depuis quelques minutes sur la droite de l'écran radar et se rapproche de la position du bateau. Mâchoire serrée, le capitaine, assisté de cinq marins, scrute la mer au travers des vitres poisseuses.*
>
> *Derrière la porte de contreplaqué, dans la salle supérieure, les dizaines de voyageurs qui s'entassent au milieu des enfants et paquets ont également tourné en silence leurs regards anxieux vers les flots gris, plutôt calmes. La purée de pois jaune et collante, venue des incendies de forêts de Sumatra, recouvre le bras de mer le plus actif du monde, laissant une visibilité de moins de 30 mètres. L'un des marins, en tricot de corps, actionne la corne de brume et la longue plainte s'évanouit sans réponse. Une forte odeur de sueur flotte dans la pièce.*
>
> *Soudain, l'énorme forme noire apparaît à tribord et glisse devant le ferry sans un bruit. Le nom du tanker apparaît très haut, gravé sur la coque. Pertamina. Libération,* 29 septembre 1997.

L'emploi stéréotypique et redondant du verbe *apparaître* dans la séquence [10] est à mettre en relation avec le contenu sémantique de l'article qui traite des incendies de forêt en Indonésie et des problèmes qui en découlent, notamment la difficulté des transports maritimes du fait du manque de visibilité. Quoiqu'il en soit, utiliser *apparaître* est un moyen de se dispenser du regard médiateur (celui du locuteur qui *voit* apparaître quelque chose) et permet à l'énonciateur de se désinvestir de son énonciation. De ce point de vue, le reportage ne respecte pas les mécanismes de l'énonciation et de la monstration tels que les décrit Parret (1983: 89):

> … *'la vie du discours' comporte deux versants et oscille indéfiniment entre l'investissement et le désinvestissement de l'instance d'énonciation. Là où le sujet s'investit, il* montre *ou donne une représentation subjective du monde, mais le sujet se retirant de son discours est le sujet qui dé-*montre *ou le sujet qui se soumet à l'objectivité représentée par un langage qui ne se compose que de noms (souligné par l'auteur).*

Si dire 'je' c'est donner 'sa vision du monde', on comprend que dans le discours scientifique, le sujet s'efface de son énonciation en démontrant. Mais la particularité du reportage est que le sujet montre sans se montrer, tout en ne démontrant pas. C'est que le reportage est 'objectif' à sa manière, au sens de l'objectif d'appareil photo qui enregistre le réel; mais derrière l'objectif, il y a toujours un regard et si le sujet ne prend pas en charge son énonciation dans le reportage, il est toujours présent comme condition de possibilité de l'énoncé et de façon très explicite dans la formule de suscription.

3   L'effet de réel du reportage

Dans le reportage, il s'agit tout à la fois de rendre présent le réel, rôle assumé par le présent de reportage et les témoignages au discours direct, et de le représenter en rendant compte de ce que Barthes appelle l'avoir-été-là des choses. Le sémiologue range d'ailleurs le reportage au nombre de ces genres ou techniques 'fondés sur le besoin incessant d'authentifier le 'réel'':

> ... *la photographie (témoin brut de 'ce qui a été là'), le reportage, les expositions d'objets anciens, le tourisme des monuments et lieux historiques. Tout cela dit que le 'réel' est réputé se suffire à lui-même, qu'il est assez fort pour démentir toute idée de 'fonction', que son énonciation n'a nul besoin d'être intégrée dans une structure et que* l'avoir été là *des choses est un principe suffisant de la parole.* (Barthes, 1982: 87).

Le reportage rejoint ainsi les pratiques iconiques de la photographie ou de la télévision en faisant sien leur idéal mimétique et l'obligation de 'faire image' par le biais notamment des descriptions: 'La description des lieux, des personnages, leurs attitudes, leurs actions, leurs vêtements, leur façon de parler, tout doit concourir à *imager* la situation, à la rendre vivante et prenante.' (Martin-Lagardette, 1994: 94, souligné par nous). Le néologisme 'imager' indique que l'idéal proposé au reporter n'est pas celui de l'écrivain qui 'imagine' son histoire, mais celui du cinéaste ou du réalisateur de télévision qui 'met en images' le réel.

3.1   Une prédilection pour le descriptif

Masuy (1997) note l'affinité des intentions informatives et des intentions descriptives qui se fondent dans le reportage car *informer* comme le rappelle l'étymologie c'est 'mettre en forme' le réel:

> *Contrairement à ce que prétend l'adage, totalement baigné de l'illusion référentielle, qui voudrait que les faits parlent d'eux-mêmes, c'est par*

> *leur seule mise en forme que des faits épars peuvent devenir signifiants et dès lors informants* (Masuy, 1997: 40).

De fait, le reportage privilégie le descriptif sur le narratif et substitue un ordre spatial à l'ordre temporel des événements, comme dans les séquences suivantes:

[11]

Un bon cheval roux à crinière jaune tire un instrument de fenaison. Piotr, la cinquantaine bien dépassée, encourage l'animal de petits claquements de langue. Ewa, sa femme, fichu sur la tête, est courbée sur la maigre terre à patates. Plus loin, deux vaches blanc et noir, leurs propriétés, accrochées à une chaîne, paissent. A quelques centaines de mètres au loin sur la plaine, de minuscules fermes en bois. L'Humanité, 23 septembre 1997.

[12]

La rumeur court dans le village d'Aznalcazar: la cigogne du clocher est morte, empoisonnée. Les tripes éclatées par des cadavres de poissons pourris. 'Personne ne l'a vue depuis ce matin, tout le monde est triste, dit Joaquin, c'était une habitante comme une autre.' Depuis la colline d'oliviers, il montre les terres qu'il exploite avec son père et ses trois frères. Ces 70 hectares de tournesols, blé et soja, sur les bords du rio Guadiamar, à l'extrême sud-ouest de l'Andalousie sont recouverts d'une épaisse couche de boue noire et toxique, encore humide et glissante une semaine après la catastrophe. Joaquin, la trentaine athlétique, tourne son regard dur vers la mine de Pyrite à ciel ouvert d'Aznalcollar, qui émerge de la vega, la vaste plaine, 25 kilomètres en amont. Libération, 4 mai 1998.

Dans les deux séquences, la description progresse spatialement avec d'abord un gros plan sur une scène champêtre (le gros cheval roux, les paysans polonais dans la séquence [11], la cigogne morte dans la séquence [12]) puis une évocation de l'arrière-plan (les deux vaches blanc et noir, la colline d'oliviers) et enfin un plan d'ensemble insérant la scène dans le paysage (la plaine, les minuscules fermes en bois, les soixante-dix hectares de tournesols, blé et soja). Les détails visuels pittoresques (les couleurs du cheval, le fichu de la paysanne, les tripes éclatées de la cigogne), les informations patronymiques, les noms de lieu donnent 'la couleur locale': ils ont pour fonction de 'faire vrai' tout en dépaysant le lecteur. Parfois ces notations paraissent superflues (comme *la vega* de la séquence [12]), elles ne jouent pas de rôle particulier dans l'économie du récit mais comme l'écrit Barthes (1982: 87) elles sont ce qui permet de l'authentifier comme 'réel': 'qu'importe l'infonctionnalité d'un détail, du moment qu'il dénote 'ce qui a eu lieu': 'le réel concret' devient la justification du dire'.

Dans ce dispositif de représentation du réel, les verbes fonctionnent comme des *procès-spectacles* (Genette, 1966) au sens où leur rôle n'est pas tant de faire avancer le récit comme dans les narrations traditionnelles que de donner un instantané de l'atmosphère générale:

> *(...) la narration s'attache à des actions ou des événements considérés comme purs procès, et par là même elle met l'accent sur l'aspect temporel et dramatique du récit; la description au contraire, parce qu'elle s'attarde sur des objets et des êtres considérés dans leur simultanéité, et qu'elle envisage les procès eux-mêmes comme des spectacles, semble suspendre le cours du temps et contribue à étaler le récit dans l'espace (Genette, 1966: 59).*

Le recours fréquent du reportage aux verbes perceptifs s'explique par ce souci d'installer le lecteur en spectateur de l'événement (cf. section 3.2). Ainsi la séquence [12] par exemple est organisée autour des verbes de vision, le regard du témoin permettant la progression spatiale de la description (*personne ne l'a vue, il montre les terres, il tourne son regard dur*). Mais la vue n'est pas le seul sens à être sollicité, le son (*de petits claquements de langue, la rumeur*), l'odorat (*les tripes éclatées, une épaisse couche de boue noire*) et dans d'autres séquences (cf. [13] ci-dessous) le goût et le toucher sont également convoqués pour communiquer l'ambiance d'un lieu:

[13]
Pour l'heure, Sarajevo ne pense qu'à vivre (...) Dans les rues de Sarajevo, dans les cafés et les bistrots cette soif d'échapper à la guerre est palpable. *Le soir, vers six heures, on ne circule plus qu'au milieu des embouteillages. C'est le moment où, à la fermeture des bureaux, on se retrouve entre amis autour d'une table de café pour décider du programme de la soirée: le concert de U2, une discothèque, un restaurant ou encore une simple promenade ... Le Figaro* 30 septembre 1997, article 2 p.5, 'Bosnie: le chaudron de la haine'.

Même si toutes les expressions liées aux sensations ne sont pas utilisées dans leur sens littéral, (*cette soif d'échapper à la guerre est palpable*), elles révèlent que le reportage privilégie un accès perceptuel à l'information.

3.2 Un accès perceptuel à l'information

Comme l'indique la définition du manuel de journalisme citée en section 1, dans le reportage, le journaliste doit témoigner de ce qu'il 'a vu, entendu, senti et ressenti'. Le reporter dit ce qu'il dit en vertu de ce qu'il VOIT et non de ce qu'il SAIT: la 'relation de point de vue' dans le reportage est de type perceptuel. Vogeleer (1994: 40) définit 'la relation de point de vue' comme une relation cognitive de nature épistémique (relation *savoir*) ou perceptuelle (relation *voir*) qui relie un individu (l'énonciateur ou un autre témoin) à l'information décrite. Dans le reportage l'accès cognitif à l'information est VISUEL et l'isotopie du regard est souvent développée comme dans ces séquences:

[14]
Il se retourne, tend le bras et pointe du doigt *le mât de Buckingham Palace.* 'Vous voyez *là-haut, c'est la première fois que l'Union Jack flotte sur la résidence de la reine.' L'Humanité,* 8 septembre 1997.

[15]
Le capitaine scrute *la mer au travers des vitres poisseuses (...) Derrière la porte de contreplaqué, ... les dizaines de voyageurs ...* ont également tourné en silence leurs regards anxieux ... *Libération,* 29 septembre 1997.

[16]
Nous sommes dans la campagne, la nuit. Un hélicoptère militaire éclabousse les bosquets de son phare blanc ... Tête penchée, yeux plissés, Eamon observe *l'appareil ... Libération,* 25 septembre 1997.

[17]
Tout le monde est réuni autour d'un repas dans la salle principale. Le patron Ahmed Abou Hoummous, assis en bout de table, regarde *avec perplexité ce groupe de juifs religieux ... Libération,* 17 septembre 1997.

La relation de point de vue est indirecte dans le reportage qui ne donne pas tant à voir le réel que le réel vu par le journaliste ou les témoins de l'événement. Ainsi dans les séquences [14] à [17], on *voit* un personnage *voir* quelque chose. Parfois cette mise en scène du réel sous le regard d'autrui est démultipliée, donnant une vision kaléidoscopique de l'événement:

[18]
Dans la poussière, des centaines d'électeurs se pressent sous le regard *dédaigneux des miliciens serbes. Un* observateur *de la police montée canadienne les marque à la culotte. Pas le moindre incident, donc, mais les réfugiés ne sont clairement pas les bienvenus dans leur quartier. Un officier des rangers américains ne cache pas son dépit. 'Sur ordre de la commission électorale, nous sommes obligés de bloquer plus de un millier de personnes sur la route et de les faire attendre pendant des heures, malgré la canicule.' (...)*
Sous une tonnelle, à quelques pas du bureau 999, Savo et des amis éclusent une bière, en observant, *l'air renfermé, l'agitation inhabituelle. Ils se proclament 'serbes, nationalistes et radicaux'. Tous sont des déplacés de Jajce, chassés par les Croates, ou des émigrés d'Ilidja, une banlieue de Sarajevo passée sous contrôle des autorités de la capitale après les accords de paix. 'Nous ne voulions pas cohabiter avec des Musulmans, précise Savo, alors, on est partis. Nous sommes venus ici pour vivre sur une terre serbe avec un peuple serbe.'* Libération, 15 septembre 1997.

Dans cet extrait, on distingue trois niveaux de mise en scène, suivant que les acteurs observent ou sont à leur tour observés: les électeurs (croates) sont observés par les miliciens serbes, eux-mêmes surveillés par des observateurs (neutres) canadiens pendant qu'un peu plus loin, sous une tonnelle, Savo et ses amis 'éclusent une bière en *observant,* l'air renfermé, l'agitation inhabituelle', sans oublier le regard du journaliste qui embrasse l'ensemble du tableau. A un niveau sans doute plus inconscient, d'autres éléments dans le texte explorent ce thème de l'extériorisation de ce qui devrait peut-être rester caché: 'les réfugiés ne sont *clairement* pas les bienvenus' 'l'officier *ne cache pas* son dépit', 'Ils se *proclament* serbes, nationalistes et radicaux'. Ces verbes et adverbe qui sémantiquement expriment la mise à jour de sentiments dissimulés fonctionnent comme une métaphore du travail du reporter dont le rôle est de *révéler,* au sens photographique, le réel.

Au FAIRE-SAVOIR qui correspond à la mission traditionnelle du journaliste, se substitue dans le reportage un FAIRE-VOIR qui privilégie la mise en scène de l'événement sur le compte-rendu des faits. De fait, l'accès perceptuel à l'information est lié au dispositif scénique du reportage.

3.3 Le dispositif scénique du reportage

Maingueneau (1998: 69) rappelle qu'un 'texte n'est pas un ensemble de signes inertes, c'est la trace d'un discours où la parole est mise en scène'. Tout texte comprend un dispositif scénique qui se décompose en trois éléments: le cadre scénique du texte défini par les coordonnées spatio-temporelles, le statut des partenaires de l'échange et le type de discours correspondant à cette situation de communication. A l'intérieur de ce cadre scénique prend place la scène de l'événement: tout l'art du reporter est de faire oublier le cadre scénique pour mettre au premier plan la scène de l'événement; mais le lecteur n'a accès à la scène de l'événement qu'à travers une scénographie: les événements changent, les époques et les lieux diffèrent mais la scénographie du reportage reste immuable. Le rappel de l'événement, la description des lieux, la perception des sons, couleurs, odeurs, etc afin de rendre le vécu-perçu de l'événement, la production de témoignages, tels sont quelques-uns des ingrédients qui composent la scénographie de reportage.

D'ordinaire le cadre scénique n'apparaît pas dans le reportage. Il s'agit de faire oublier les conditions de production du texte pour mettre l'événement au premier plan: c'est la raison pour laquelle le reportage évite les marques de première personne (voir section 2) et les allusions à la situation d'énonciation pour donner l'illusion d'un accès direct à l'information. On trouve cependant parfois des séquences qui dérogent à cette règle et emploient le pronom 'nous':

[19]
Nous *sommes dans la campagne, la nuit. Un hélicoptère militaire éclabousse les bosquets de son phare blanc. Libération,* 25 septembre 1997.

[20]
Samedi soir quelques heures après notre *arrivée,* nous *avions rendez-vous à Daishey avec Ahmed Muhessem, animateur du jumelage de ce camp de réfugiés palestiniens avec Montataire, dans l'Oise. On* nous *avait bien prévenus: arriver à Daishey ne serait pas une mince affaire*

(...) Daisheh enfin. On vit là entassés: onze mille habitants sur 1 km2. Imaginez! *L'Humanité,* 12 septembre 1997.

[21]
La Principauté change, nous *explique Simo Duro, elle abolit les lois médiévales qui régnaient jusqu'ici. (...) Maria Rosa Ferrer* nous *montre un livre retraçant l'histoire de la Principauté. L'Humanité,* 16 septembre 1997.

Le statut du pronom *nous* est ici ambigu: il peut renvoyer à l'énonciateur-journaliste et dans ce cas l'autoréférenciation joue comme stratégie d'authentification de l'événement: *ce que je dis est vrai car j'y étais, je l'ai vu* donc *nous = je + délocuté*; mais il peut s'agir aussi d'un *nous = je + lecteur,* et dans ce cas le lecteur devient protagoniste de l'événement dans ce que Vuillaume (1990) appelle *une fiction secondaire.* Cette fiction secondaire où l'acte de lecture est mis en scène est particulièrement nette dans la séquence [20] avec l'emploi de l'impératif *imaginez,* rappelant que le lecteur fait partie du cadre scénique du texte.

Le dispositif scénique de l'extrait suivant est également assez rare (c'est la seule occurrence dans l'ensemble du corpus) car il y est fait mention explicitement de la situation d'énonciation:

[22]
Rachel est à bout de nerfs. Quand l'interview s'achève, *elle demande à profiter de la voiture pour regagner Jérusalem avec ses deux enfants. Dans une petite maison de Mevasseret Zion, également menacée d'expulsion, sa mère l'accueille par des cris de joie. Les murs sont décorés avec des psaumes et des portraits de rabbins. 'Tout va s'arranger, le roi du Maroc nous invite dans son palais!', déclare Rachel à son père, surveillant de la casherout dans un supermarché. Sa sœur se tourne vers le petit Zohar, 10 mois, et lui dit avec un grand sourire: 'Alors? Tu reviens de chez les Arabes?' Libération,* 17 septembre 1997.

Dans le reportage, l'énonciateur privilégie la scène de l'événement et ne fait pas allusion à ses propres coordonnées spatio-temporelles, ce qui détruirait l'effet de direct, mais il semble ici que ce soit l'effet de réel qui soit privilégié sur l'effet de direct, l'allusion à la scène de l'énonciation permettant de rappeler que le reporter a réellement été sur les lieux qu'il décrit.

Les marques de personnes renvoyant à l'énonciateur-journaliste et les autres références à la situation d'énonciation sont assez rares, mais lorsqu'elles se produisent, nous les interprétons comme un conflit entre l'effet de direct et l'effet de réel. Le reporter est partagé entre son désir de s'effacer derrière les faits et témoignages qu'il rapporte et la nécessité d'en prouver la réalité.

Le reportage est un texte 'réaliste' qui tend à effacer ses artifices de mise en scène, mais la représentation peut prendre le pas sur ce qui est représenté révélant alors le dispositif scénique de l'information, comme dans les séquences suivantes où le réel est 'mis en images':

[23]
Les orateurs se succèdent. Les 'pro' libération et les 'anti'. La foule applaudit les uns, insulte les autres. La scène *est à mi-chemin entre l'émeute et la kermesse populaire.' Le Figaro,* 23 septembre 1997.

[24]
D'un coup le rêve s'est évanoui ... Une image a suffi, *une simple entrevue à un tournant après plusieurs heures de route. De vallée en montagne, de champ en pâture, il n'y avait eu jusque là que d'agréables surprises: comme une douceur retrouvée, un parfum de paix qui se conjuguait avec la douceur automnale des forêts dévalant les flancs de colline ...*
Ce n'était qu'une illusion, une apparence. La preuve? Cette vision *brutalement surgie du passé. Et pourtant! Quoi de plus anodin qu'un mariage: le bonheur, le sourire des mariés, le regard entendu des amis... Sauf qu'en ex-Yougoslavie la joie prélude souvent aux malheurs. Se marier, ici, n'est pas chose innocente: la guerre de Croatie, le conflit de Sarajevo avaient tous deux été annoncés par un mariage. (...)*
Et aujourd'hui, comme si nul n'avait rien appris, voici qu'apparaît au détour de la route un autre cortège nuptial: une quinzaine de voitures tous avertisseurs hurlant, une trentaine de personnes aux visages rendus hilares par la boisson, et, partout, flottant au vent, ces drapeaux croates à damier rouge et blanc ... Le Figaro, 30 septembre 1997.

[25]
Deux soldats armés stationnent devant une boutique dévastée par les flammes. Sur les murs noircis par la suie, on peut encore distinguer un panneau publicitaire rouge vif qui tranche avec la désolation du lieu. L'image *ne surprend plus personne. En Indonésie, c'est désormais*

classique: à chaque nouveau coup dur pour la population saignée par la crise économique, la colère s'exprime de la même façon. Et les commerçants, pour la plupart d'origine chinoise, font les frais du mécontentement populaire. Libération, 8 mai 1998.

La scène, l'image, la vision, tout cela rappelle que le reporter n'est pas qu'un simple *recorder* enregistrant le réel mais un metteur en scène reconstruisant cette réalité. Parfois cette mise en scène glisse vers l'interprétation symbolique:

[26]
Ras al Amoud, vendredi 19 septembre, c'était douze mille habitants palestiniens atterrés, dix résidents juifs d'extrême-droite ravis et souriants, plusieurs centaines de policiers fatigués, et une trentaine de protestataires pacifistes, juifs et arabes, déterminés à ne plus quitter les lieux, tant que 'les autres, les fous furieux d'à côté' n'auront pas été évacués. A l'intérieur de la maison pavoisée aux couleurs d'Israël, les 'étudiants' religieux qui ont été autorisés à demeurer sur place sont au travail. L'un d'entre eux, pistolet sur la hanche, s'est planté devant le portail fermé: il est chargé d'écarter les curieux. A l'intérieur, on entend les coups de marteau et les perceuses. Les 'étudiants' bricolent et fortifient l'endroit.
A dix mètres, sur le terrain d'un voisin palestinien, les manifestants du camp de la paix sirotent du thé et bavardent avec les journalistes. A gauche, les kippas et les armes retranchées derrière les murs, à droite les casquettes et T-shirts colorés, sous les oliviers. On ne saurait rêver meilleur symbole. Anat Israël, militante de La Paix maintenant, annonce qu'elle a convoqué un orchestre de rock pour vendredi soir et samedi, jour sacré du shabat, jour de silence obligatoire pour les juifs religieux. Le Monde, 21–22 septembre 1997.

La scénographie du reportage est ici respectée: une description qui va du général au particulier (la ville, les habitants puis une *maison pavoisée aux couleurs d'Israël*), les procès-spectacle (*on entend, sirotent, bavardent*), les détails pittoresques (la maison pavoisée, le pistolet, les bruits de marteau et de perceuse) évoqués comme autant de notations 'objectives' du réel. Mais peu à peu la description glisse du réel vers le symbolique, de simples dénotations, les détails se font connotatifs, et, à la scène de l'événement, se substitue une scène que l'on pourrait dire symbolique ou imaginaire qui culmine dans l'évocation menaçante des kippas et des armes d'un côté, des innocentes casquettes et des T-shirts colorés (qui plus est, sous un olivier) de l'autre: l'affrontement culturel préfigure ici l'affrontement physique redouté. Le changement de point de vue se fait avec les compléments de lieu (*A dix mètres*, *A gauche*, *A droite*) qui donnent à la scène une dimension archétypique: les oppositions dans l'espace ont pour but vraisemblablement de représenter les oppositions idéologiques. Le pseudo-reportage bascule ici dans l'interprétation idéologique, preuve que le reporter ce n'est pas qu'*un œil ou une oreille branchés sur un stylo*, car comme le rappelait Bourdieu (1996: 21) 'Le simple compte-rendu, le fait de rapporter, 'to record', en 'reporter', implique toujours une construction sociale de la réalité.'

On trouve un autre exemple de mise en scène symbolique de l'événement dans cet extrait de *L'Humanité* consacré à la disparition des dockers de Liverpool:

[27]

D'abord, il y a le vieux Liverpool. Ruelles au cœur d'une cité jadis prospère. Les pubs comme on les imagine. A chaque pas les Beatles, autres révoltés ou romantiques d'un âge révolu. 'Imagine all the people living life in peace'. Ici, dans les pubs, même l'amer de la Guiness te caresse le palais; la douceur de la pénombre te défait le masque. Les deux cathédrales veillent, chacune à un bout de la 'rue de l'espoir'.
Et puis il y a le climat. Rude. Frère de celui des autres ports d'océan. Changeant. Tu te lèves, le vent te bouscule; tu marches, la pluie te taquine; tu te retournes, la lumière t'éblouit. D'une vague à l'autre de l'océan, tous les ports du monde. Les docks. Les dockers sont de partout. Pas de mystère sur Liverpool pour le docker du Japon (...).
Les dockers, eux, ont une petite caravane qui les suit partout. Saucisses, sandwiches, thé, café. Ici tu manges et bois comme tu veux. Il faut bien ça. Qu'il fait froid au petit matin, à Liverpool ... au mois d'août' 'Tu veux un thé?' Dans ces grands ports ouverts sur le large, derrière la brume pénétrante que t'envoie la brise marine, le soleil n'est jamais loin'. L'Humanité, 25 septembre 1997.

Dans cette séquence, on retrouve les éléments descriptifs habituels du reportage visant à donner 'la couleur locale': le pub, les Beatles, la Guiness, le climat rude, etc. Mais ces détails sont tellement stéréotypés qu'ils ne visent pas tant à dépayser le lecteur qu'à l'installer dans du connu, le but étant de montrer l'universelle condition du docker (*les dockers sont de partout*). La scénographie du texte et notamment l'usage qui est fait du pronom de deuxième personne renforce cette idée d'universalité au delà des particularismes locaux. Le 'tu' désigne à la fois l'énonciateur (*l'amer de la Guinness te caresse le palais*), les dockers (*ici tu manges et bois comme tu veux*) mais aussi tous les voyageurs fictifs parmi lesquels pourrait se trouver le lecteur. L'universalité de ce 'tu' porte le message de fraternité et de solidarité qui est développé dans l'ensemble de l'article.

Masuy (1997: 45) note également l'usage récurrent du cliché 'carte postale' dans les textes de reportage auquel elle assigne une double fonction phatique, 'la communication ne fonctionne que dans la mesure où sont établies entre les interlocuteurs des communautés de connaissance', et crédibilisante: 'par l'acceptation axiomatique des clichés telle qu'elle se fait transsubjectivement dans l'opinion, les fragments descriptifs qui y sont associés acquièrent donc la vraisemblance qui leur est nécessaire.' (ibid.)

Le dispositif scénique du reportage vise à renforcer l'illusion référentielle mais lorsque la scène de l'événement devient une scène symbolique ou archétypique, ce n'est plus tant l'effet de réel qui est recherché que l'effet de vérité.

Conclusion

Le reportage de presse est un genre hybride qui tend vers un dispositif 'audio-visuel' de l'information en dépit des contraintes situationnelles propres à l'écrit. Au média radiophonique, le reportage emprunte son caractère d'immédiateté: le présent de reportage et l'utilisation qui est faite du discours rapporté font partie des moyens mobilisés pour donner l'illusion d'un accès 'direct' à l'information. Du média télévisé, le reportage se rapproche également par son dispositif scénique qui privilégie un accès perceptuel à l'information et par son idéal mimétique de reproduction du réel. De la mise en forme du réel à sa mise en scène, il n'y a qu'un pas, souvent franchi dans le reportage de presse écrite, du fait de sa conformité à un code oral et visuel qui n'est pas le sien.

Références

Adam, J.M. (1997). 'Unités rédactionnelles et genres discursifs: cadre général pour une approche de la presse écrite', *Pratiques*, 94: 3–18.

Barthes, R. (1982). 'L'effet de réel' in Genette, G. et Todorov, T. (dirs.), *Littérature et réalité*, Paris: Points Seuil, 79–90.

Bonnard, H. (1981). *Code du français courant*, Paris: Magnard.

Bourdieu, P. (1996). *Sur la télévision* suivi de *L'emprise du journalisme*, Paris: Liber éditions.

Cellard, J. (1979). 'Passé mais pas mort', *Le Français dans le Monde*, 143: 19–20.

Charaudeau, P. (1997). *Le discours d'information médiatique*, Paris: Nathan.

Genette, G. (1966*). Figures II*, Paris: Seuil.

Lavoinne, Y. (1997). *Le langage des médias*, Grenoble: Presses Universitaires de Grenoble.

Lochard, G. (1996). 'Genres rédactionnels et appréhension de l'événement médiatique. Vers un déclin des modes configurants?', *Réseaux*, 76: 84–102.

Maingueneau, D. (1991). *L'Analyse de discours. Introduction aux lectures de l'archive*, Paris: Hachette Université.

Maingueneau, D. (1998). *Analyser les textes de communication*, Paris: Dunod.

Maldidier, D. et Robin R. (1977). 'Du spectacle à l'événement: reportages, commentaires et éditoriaux de presse à propos de Charléty (mai 1968)', *Pratiques*, 14: 21–65.

Martin-Lagardette, J.L. (1994): *Le guide de l'écriture journalistique*, Paris: Syros.

Masuy, C. (1997). 'Description et hypotypose dans l'écriture journalistique de l'ambiance', *Pratiques*, 94: 35–48.

Monville-Burston, M. (1993). 'Les *verba dicendi* dans la presse d'information', *Langue Française*, 98: 48–66.

Parret, H. (1983). 'L'énonciation en tant que déictisation et modalisation', *Langage*, 70: 83–97.

Petitjean, A. (1987). 'Les faits divers: polyphonie énonciative et hétérogénéité textuelle', *Langue Française*, 74: 73–89.

Peytard, J. (1975). 'Lecture d'une 'Aire Scripturale': la page de journal', *Langue Française*, 28: 39–59.

Serbat, G. (1980). 'La place du présent de l'indicatif dans le système des temps', *L'information grammaticale*, 7: 36–39.

Tasmowski-De Ryck, L. (1985). 'L'imparfait avec et sans rupture', *Langue Française*, 67: 59–77.

Vet, Co. (1981). 'La notion de 'monde possible' et le système temporel et aspectuel du français', *Langages*, 64: 108–124.

Vogeleer, S. (1994). 'Le point de vue et les valeurs des temps verbaux', *Travaux de linguistique*, 29: 39–58.

Voirol, M. (1995). *Guide de la rédaction,* Paris: Centre de formation et de perfectionnement des journalistes (CFPJ).

Vuillaume, M. (1990). *Grammaire temporelle des récits*, Paris: Les éditions de Minuit.

'Merdouille, je lagouille': Orality in the electronic text

Gordon Inkster
Lancaster University

Introduction

Text-only computer-mediated communication (hereafter CMC) takes a variety of forms and the soaring popularity of these makes them ripe for extensive study. We are concerned here with one type: the 'written conversation'. This is an elliptical language used in real-time interaction, most notably on the numerous IRC (Internet Relay Chat) networks[1].

Written conversation is a highly communicative mode of discourse which embodies numerous features of spoken language: brevity, incompleteness, hesitation, repetition, apocope, abbreviation, acronyms, absence of subordination, increased importance of modality and numerous varieties of ellipsis. To these must be added keyboard errors, often left uncorrected in order not to interrupt the flow of conversation.

These features are compounded by the participation of speakers with widely varied linguistic ability. The result is an increasingly stable 'language', combining features of oral and written syntax, 'correct' and defective grammars and local argots.

Early users were mainly North American and anglophone while Québecois speakers dominated the original French channels. Their presence and that of expressions Québecois in origin are still disproportionately evident. Today, however, these channels bring together native speakers from around the Francophone world as well as learners, mixing wallon, québecois and the ever-present English of computer command languages.

This type of discourse is significant in that it creates a new community of electronic initiates, whose influence on their peers is often unusually powerful. In English, it has been noted that features of this language, which is unusual in being originally a written form, is thereafter adopted by practitioners in their oral communication. In French, some of its features (e.g. the use of emoticons) have already been observed in the non-electronic written forms found in the essentially 'oral' register of some adolescent magazines (see examples in 6.). Jones (1994), Shields (1996), Turkle (1996) and Kiesler (1997) have conducted influential studies of the peculiar nature of cyber-identities and the resulting social and linguistic communities that are created. Siri (1986), Abadie (1988) and Rheingold (1997) have conducted similar studies of Minitel. Structural features of the discourses of computer-mediated communication in general have been analysed by Herring (1996, 1999) and Yates (1996). Mopoho (1996) has explored some of the same materials on Francophone channels, while Werry (1996) and Paolillo (1999) have examined the language more peculiar to IRC. The pedagogic potential of network computing for language learning has been enthusiastically explored by Kern (1995), Warschauer (1996, 1997, 2000) and others.

It is not our purpose here to study the merits of various types of MOO for language-learning, persuasively preached by Turbee (1996). The MOO (a 'Multi User Domain – Object Oriented') is a more elaborately structured type of co-operative work-space based on MUD games (Multi-User Domain/Dungeon). However it also allows synchronous communication between many users simultaneously within a specific scenic environment and may well be a key language-learning medium of the future.

This study limits itself to some of the distinctive features of IRC French, as well as the distinctive conversational strategies of the medium. It is based on a corpus of some 60 hours of logged dialogue from the main Francophone channels on Undernet, EFNet and DalNet.

1   Tools of communication

In exploring the distinctive linguistic features of written computer communications it is important to distinguish real-time and asynchronous systems. E-mail and contributions to lists have distinct characteristics that derive from word-processing on a screen, but these are not necessarily 'oral' in character nor do the interlocutors have that impression, although they may well, for reasons of economy, borrow some of the devices and structures that interest us.

The same is true of bulletin boards, Usenet newsgroups and other types of what are called in French *forum*, the model for which is software like Lotus Notes (The word *babillard* seems to be mainly a Québecois term for this medium.)

These store for a variable period messages which can be of significant length. The messages are written and corrected in one's own time before being submitted, and can sometimes be subject to editorial moderation. It is true that a multi-way discussion of them can then take place, sometimes within a very short time-lapse and even while the writers are still on line. Nonetheless the non-ephemeral nature of these messages, designed for asynchronous communication and storage, makes them remain an essentially written medium.

Nor are we concerned with one-to-one private 'talk' systems which allow real-time on-screen dialogue. These again may well borrow from the language of CMC, but this may be either because certain features are inherent in the medium itself, or have been 'learned' by belonging to the CMC community.

What distinguishes Internet Relay Chat and similar multi-way 'talk' systems is the fact that participants interact in a 'real-time' that is slowed only by the time-lags to which the network may be prone. The proliferation of IRC servers and sophistication of available software has been paralleled by the growth in France of a similar type of CMC system with a French-language interface, often termed *un chat*, which can be stored on a single local server but can still welcome users from across the network [see Fig 1][2].

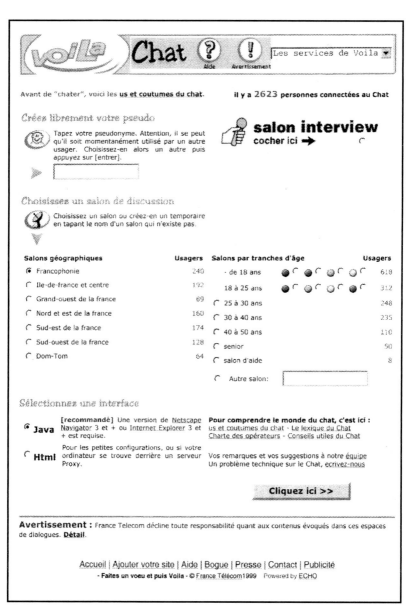

Fig 1

1.1 The written and the oral

'Sur le binôme oral/écrit' Charles Muller remarks, 'on peut aligner beaucoup de banalités et même quelques sottises' (Muller, 1993: 80). He goes on to make it clear that when the written word is destined to be printed this confers on it a kind of pseudo-solemnity and leads us to judge 'mistakes' more severely.

It is this disposability that is the crucial distinction between 'written conversations' and the other types of CMC. Where our words are to be stored and preserved for others to read and reflect upon at leisure we take a care with language that is less necessary when, as with speech, our words are ephemeral.

The question of whether, in written conversation, one is thinking in terms of speaking or writing is a complex one. Agnès Millet proposes a distinction between *le penser-oral* and *le penser-écrit* which is valuable in this context (Millet, 1992). Just as in note-taking at a meeting, one is conscious of transposing into written form a language that is essentially oral in character. This nonetheless involves replacing a temporal medium with a spatial one, and use can be made of spatial lay-out and devices to simulate the conceptual linearity of the spoken word. In coining the term *scription* Millet (1989) noted a distinction between orthographic and 'scriptographic' forms in note-taking. The form of scription used may not be exclusively alphabetic, and may, by the use of arrows and lay-out on the page, transpose a sequence of words into some privately coded spatial form. One effect of this is to make the written word an image, as with calligraphy, concrete poetry, and rebus puzzles, exploiting the possibilities inherent in its physicality. Text on a screen is malleable. Changing a typeface, a case or a colour are all ways of charging words with visual meaning that communicates some of the affective qualities of speech.

1.2 A virtual place

Spatiality is important in another sense. Users on-line together fall easily into the habit of thinking of themselves as occupying the same space. Indeed although the original conversations are called channels, other systems use the term chat-rooms. The new French chat systems adopt the term *salons* and more elaborate interactional systems such as MOOS or co-operative electronic work spaces also make extensive use of spatial metaphor to define themselves.

The sense of being simultaneously present in a common space reinforces the illusion that one can do what one does in such spaces: converse orally. It also strengthens the theatricality of the medium which is already heightened by the sense of role-play inherent in hiding behind a pseudonym.

This theatricality expresses itself in the *didascalies* and 'social verbs' with which such systems are equipped. These make it possible for users to simulate actions verbally as might be indicated in the stage directions of a dramatic text. Indeed the fantasies sometimes acted out in more creative dialogues are normally referred to by the participants as 'scenes'.

2   A new conviviality

Who are these IRC users? The startling realisation for most neophytes is the fact that their interlocutors are literally disembodied, defined only by their self-chosen nickname and by the deductions we come to make intuitively from their use of language. They have no age, sex, 'race' or social class beyond that which they choose to declare for themselves or which we can intuit. Like Michaux's Plume or Paul Valéry's M. Teste they are creatures of language, identifiable only by their use of words. We convince ourselves of their reality, but they may well be no more than robot computer programs with no 'reality' outside the screen they inhabit.

Lacking other traits, the actors are first defined by their self-chosen pseudonym, which may well denote a 'self' that is more ideal than real. Choice of nickname acts as a kind of preliminary prospectus or manifesto calculated to influence the assumptions and social behaviour of other users. Siri (1986) refers to Minitel *messageries* as *lieu où se fait et se défait une nouvelle socialité*. Abadie comments that the pseudonyms users adopt to preserve their anonymity but allow themselves to be recognized are akin to carnival masks (Abadie, 1988).

The pseudonym may be merely a real name or more commonly one drawn from a fantasy world. Where it identifies gender an age is frequently appended – *fille71, franck38*. The name itself may give further clues to nationality: *kader40*. Occasionally personal characteristics are offered: *sexyman, charmant25, grossebite*. Yet in every case we must remember that the being behind the name may be completely other – or indeed may be a robot computer program. Turkle (1996), Jones (1994) and others remind us of the astonishing number of users who, for whatever reason, chose to transgender themselves or rejuvenate.

Moreover, the fact that most systems prefix each utterance reinforces the status of the name as one of the factors identifying personality and perhaps contributes to the conviviality of the medium. But names and addressivity are important for another reason. The nature of multi-way electronic communication means that strict sequencing and turn-taking is not possible and several threads of conversation are interwoven. Herring (1999) notes that this disrupted adjacency requires the person to whom a reply or greeting is addressed to be nominally identified each time, since one can never be entirely sure that other distracting responses will not intervene.

Thus one reads:

[1] <aruba> Migel allooooooooooooooooo
    <Clod> MAPAT bon apres-midi … fais attention: si tu glisse, va y du bon
    côté
    <nataka> allo aruba comment ca va?
    <nataka> Magoooooc,o allloooooooo
    <MAPAT> clod ahahhaha merci
    <Migel> aruba :) allo mon equipier
    <magoo> nataka ma cocotte ca va bien?????

Here <nataka> on entering offers two greetings which are embedded within the farewells of <Clod> and <MAPAT>. Both of these are in turn embedded within the greetings exchanged by <aruba> and <Migel>. The use of the addressee's name crucially identifies the message that is being replied to as well as having a phatic role to play, similar perhaps to the use of first names in conversation.

2.1 Affectivity

The above example contains two other features of the convivial nature of CMC that make it analogous to spoken language. Normally, in transposing the spoken to the written, in replacing phonemes with graphemes and pauses with punctuation, the tone of the text tends to disappear and with it the personality of the speaker (Muller, 1985). In CMC, on the contrary, the personal and the affective become pre-eminent.

Indeed, punctuation is rarely used to interrupt the speech chain and it is significant that the vocatives in [1] are not followed by a comma. It may serve, as for example the colon in the intervention by <Clod>, to replace a function word. Or again it may be used emotively to indicate embarrassment or mock irony more than a pause, as in the following:

[2] <Vrai> Cocotte35… héhéhéhé … tu va me faire rougir là!!!! …;))))

More commonly still, it can be used to form the ubiquitous *'smilies'* or emoticons, often known in French as *binettes,* which use keyboard symbols to create rudimentary graphic images [see Fig 2].

The basic versions of these have an important role to play in suggesting tone of voice, thus permitting teasing or tongue in cheek remarks to be readily identified as such and to avoid causing offence. Their more elaborate variants are probably more of a schoolboy game and little employed in continuous discourse, but nonetheless are a basis for a non-language based code that transcends linguistic boundaries. In more recent versions of software they can be replaced by still more elaborate images that can be inserted in the text, and indeed so ubiquitous have they become that certain versions of Microsoft Word already replace the symbols :-) by a smiling face.

Tone and emphasis is further added by the frequency of repetition, either of the smiley itself or another punctuation mark as in example [1] above, or of a letter, normally word-final:

[3] <Migel> magoo:-) coucouuuuuuuuuuuuuuuuuuu;-)
[4] <Austy> bye alllllllll a +++++++

The somewhat hyperbolic aspect of this language is further exemplified by the high proportion of terms of reinforcement used, also identified by Muller as a feature of the spoken register (Muller, 1985).

Les binettes

Appelés aussi 'émoticones', ou 'smileys', ces petits visages formés de signes de ponctuation permettent d'ajouter de l'émotion à vos écrits dans les forums et les espaces de causette (chatroom). Vous ne voyez pas les petits visages? Penchez la tête à gauche et regardez de nouveau.

Voici une liste des plus communes :

Émotions
Sourire complice :-)
Sourire coquin ;-)
Rire :-D
Rire aux éclats :-))))))
Grimace de dégoût :-Q
Colère >:-I
Tristesse : – (
Étonnement :-O
Perplexité :-/

Accessoires
Une casquette d:-)
Des lunettes 8-)
 en version presbyte B-)
Une moustache :-{)
Une perruque {:-)

Je suis...
ivre :*)
une petite fille 8:-)
une grande fille :-)-8
chauve (:-)
un vampire :-[

Baisers
Bisou :-x
Gros bisou :-X
Le French kiss passionné :-&
French kiss aux yeux fermés I-&

Fig 2: From http://www.caraibes-webdo.net/binettes.html

3   Phoneticisation

The feature of Francophone CMC that most distinctively shows it to be perceived by users as a spoken form is phonetic spelling. This combines economy with a simulation of orality. Once again it is not novel nor peculiar to electronic text. One thinks of Zazie's *Doukipudonktan* or Beauvais' *Le Français kiskose.* CMC however allows infinite creativity in this context since a speaker can readily decode original forms on seeing them for the first time.

For example the single letter whose sound represents two phonemes is widely used to simulate demonstrative and functional expressions as in the following:

[5] <Taopaipai> ah ben c pas moi
[61 <Merlin> c pas juste
[7] <JA-reveil> c clair
[8] <Ecureuil> t con !!
[9] <chemant> t malade?
[10] <nolive> dar: g vujulie hier

Helped by the fact that these are cliched expressions, pronouncing them inwardly allows even the neophyte user to recognize *c'est, t'es* and *j'ai*. Moreover single letter forms can create new homographs that mirror existing homophones as in example [11] below where *c'est* and *sais* are represented identically, or in example [12] where '*t*' represents *t'ai* and not *t'es* as in [8] and [9] above:

[11] <WIWI> ouai ben c clair, je le c parfaitement
[12] <chemant> mouarf keske g fais bourreau?? c po moi ki t kické

The principle is found extended to two-letter forms though the corpus contains only two examples of this:

[13] <barge> ct bien ?
[141 <michou> gt au cinoche hier

A fairly universal form of phonetic script replaces *qu* in any position with the single phoneme [k]. This is done with great consistency by many users. Thus we find:

[15] <ACE-> Sird c koi ki ns attend
[16] <SnOoP-> kel idiot;) parfois lol
[17] <msternike> nimporte koi
[18] <chemant> Canella c lekel le relou de service?
[19] <musicbox> y'en a bien 1 ki va te consoler
[20] <Ice – Crime> a part ke jé un pc ki me cherche …: ((
[21] <chemant> chui pas sur ke le dcc marche de l'école! :o)
[22] <WM> j c ne c pas cc ki c passe en prive entre vous deux, mais bon, ya anguille sous roche

[23] \<elisange\> j'aime pas kan tu cries
[24] \<elisange\> dire koi Kaneda ma loute?
[25] \<Ice-Crime\> bah c paske c moi.... :))
[26] \<julie\> Koi de 9

Concatenated forms are also found where [k] replaces *qu'* in word groups, e.g.

[27] *Canella rapelle kelle a horreur du saiks barkkkkkk
[28] \<Bourru\> Kes ke g fais encore

Further types of phonetic letter-play can be observed. The *oqp* sometimes appended to names is an indication that the user does not wish to be disturbed. Likewise there are ironic attempts to mimic the French pronunciation of English terminology:

[29] \<musicbox\> la pléstachon on dit
[30] \<homme35\> Cherche une femme qui admire Monica Louinsky!!!!!!!!!!!

Adjunctions, where the speech chain is recreated spatially by omission of word boundaries, are also common:

[31] \<C0OLJA\> pkoitu bosse la
[32] \<Tintin\> Kel enfoiré tavraiment du po
[33] \<chemant\> chui pas sur ke le dcc marche de l'école!:o)

More confusingly, the systematic omission of routine punctuation means sentences too can be concatenated, a further reminder that the medium has the beginnings of a syntax of its own, as in example [34] where a statement is followed by a question related to it:

[34] \<poissondor\> Pretre tu parle plus tu es en classe?

Some unexpected spelling forms make free use of homophonous sound combinations and yet further confirm that users have predominantly the sounds of speech in mind while at the keyboard. This phenomenon has also been noted in the word-processing errors of native speakers, e.g.

[35] <SnOoP-> bonne appetit tout le monde et a++
[36] <Canella> té pas la maitresse hé ho
[37] <Ice – Crime> mé bon j'vé ptet' po tarder kan meme....:))
[38] <FOXmail> te brule pas l'otre main
[39] <-Memnoch _> je sait c ou:)
[40] <-Memnoch_> minoune quesé qui ta ammené en belgique?
[41] <homme35> Il y as til une f chaude qui as envi de parler
[42] <Sird> Cé byzarre

4   Apocope, apherisis, contraction, acronyms

In her study of note-taking Millet (1989) observes a number of stenographic devices that are routinely and spontaneously used. These are all also widely used in CMC, unsurprisingly perhaps, and provide yet further confirmation that users perceive CMC as essentially a medium in which speech is transcribed and speed dictates the need for shortcuts.

The apocopes common in the spoken language are frequent:

[43] <Zapan> Bon app et a plus
[44] <Ina> Merlin – ben qd tu veux , on prend un mega appart et on fait la chouilmle
[45] *Ina a claque 3000fr en 8 jours a montp, alors elle sait pas si le budget suivrai

A term peculiar to CMC is *re*. This is a form of greeting used on returning after an absence. Arguably it is an americanism, since the term is universal on US systems, but in French it can also be seen as an apocope originally motivated by *re-bonjour*. Its growing status as a word is demonstrated by spelling forms of the type:

[46] <DarkAngel> reuh

Dropping of the first syllable (apheresis) is less common but is also found in the greetings, e.g.

[47] <VanVilain> Jour
[48] <Batman> 'lut Vilain!!
[49] Lu ween

Some of these aphereses are features of *québecois* and are a reminder of the potent influence of the latter on Francophone CMC:

[50] <francine> Un dernier tit slow et je pars travailler

The term *bot,* denoting a robot type of response program, also falls into this category but in this form is borrowed from American English.

Contraction by omission of vowels is still more frequent:

[51] <nounours> lut tt le monde
[52] <zazou> Pas de pb
[53] <NoNMeRCi> ^MemnocH^ qd il est réveillé je dis pire
[54] <WIWI> ça fait lgtps ke g pas vu autant de monde sur ce channel
[55] <joyman> je cherche qq1 conaissant le xyplex 9000

Particular mention needs to be made of the relative dearth of acronyms within this corpus, given that their use is widespread in everyday French life and that extensive and creative use is made of them in Anglophone CMC. Many early Francophone CMC users do not hesitate to use the English versions [see Fig 3].

The only purely French acronyms identified in the corpus are the following:

[56] <nounours> y'a pas de bots sur le chan ils sont hs
[57] <Ice_Crime> bon app et a plus tlm :))))
[58] <Blaster> je veux parler avec une fernme svp
[59] <Skywise> alp people
[60] <Didi> madou: asv?
[61] <Ace-> ddddrrrrrrrrn=

Of these it is only the last three that are peculiar to CMC and to its dominant speech acts. alp – *à la prochaine* – is a form of valediction, asv *-age, sex, ville?* – is a request to identify oneself and mdr – *mort de rire* – is an affective response. This contrasts strangely with the productivity of this type of

www.hiersay.net	GUIDE IRC FRANCOPHONE

Voici maintenant une liste de 31 abréviations :

alp: à la prochaine!
A/S/V: age/sexe/ville (peu apprécié)
AKA: Also Known As (plus connu sous le nom de, alias)
ASAP: As Soon As Possible (dès que possible)
Away: absent, au loin
BRB: Be Right Back (je reviens)
BTW: By The Way (à propos)
FAQ: Frequently Asked Question (Questions souvent posées)
FYI: For Your Information (pour ton information)
Fiuuuuuu: étonnement
IRL: in real life (en vrai, pas en virtuel)
IDK: I Don't Know (je sais pas)
IMO: In My Opinion (à mon avis)
IMHO: In My Humble Opinion (à mon humble avis)
IYKWIM: If You Know What I Mean (si tu vois ce que je veux dire)
IYKWIMAITYD: If You Know What I Mean And I Think You Do (si tu vois ce que je veux dire et je crois que tu vois)
K: OK, Okay, Okie
LOL: Laughing Out Loud (Mort de rire)
OTOH: On The Other Hand (d'un autre côté)
MDR: Mort De Rire
Mouarfff, mouhhhhaaaaa, hihihi, hahaha, ... : idem que MDR ou LOL
Pffttt: petit mépris, 'c'est n'importe koa&quo'
Ppl: people (gens, monde)
Re: rebonjour (ou reuhhhh)
SOHF: Sense Of Humour Failure (pas le sens de l'humour)
TIA: Thanks In Advance (merci d'avance)
TX: Thanx, Thanks (merci)
WB: Welcome Back (bienvenue à nouveau)
YWIA: You're Welcome In Advance (bienvenue d'avance)
sclair : c'est clair
tlm : tout le monde

Fig 3: Adapted from http://www.hiersay.net/jargon.asp

expression in Anglophone CMC where such acronyms are widely known. Significantly many of the standard Anglo-American variety are used on Francophone channels, e.g.

[62] <Faram> lol Zapan)

and it is significant that a list of these acronymic forms in French mingles the two languages [see Fig. 3].

5   Anglicisms and interlanguage

A number of English terms have been adopted by francophone CMC where no ready French equivalent seems to exist. These especially relate to the medium itself. Thus to denote the system delays to which the network is prone one finds the verb *lager*, e.g.

[63] <Sanson> Merdouille!!! Je lagouille!!!!
[64] <julie> Amont merci je pensais que je lagais mais ca l air que non

And the verb *kicker* denotes the forcible ejection of a user by a channel operator, as in [12] above.

However Bodo Muller (1985) notes that it is a feature of spoken language, especially where professional jargon is involved, to use English even where ready autochtonous equivalents exist, and this is clearly the case in CMC, where this tendency is compounded by the ludic whims of adolescence, e.g.

[65] Bye le people je me casse
[66] Mais quel bordel today

It is not always easy to tell whether this is the playfulness of fashion or the genuine interlanguage of learners. This is even more true of attempts to mimic dialectal or strongly accented forms of speech as in [37] above or in an example taken from a québecois channel:

[67] <barge> nan y peu po il a la creve

Some apparently ill-formed structures are clearly not a whimsical deformation of French. When a genuine Creole speaker appears one sees immediately the similarities between the orthographic system for a creole utterance and the spelling form and syntax used:

[68] <mimi> Mwen ka chéché antillas pou nou pé palé

A recent Georgetown Round Table on trends in language variation (Alatis et al. 1996) identified the emergence of further 'languages of wider communication' conceived to serve language communities separated by boundaries as much cultural and political as linguistic. These are characterised by the well-known features of pidginization, but increasingly borrow from several languages and dialects, becoming an effective *lingua franca* rather more akin to a genuine creole. Such languages as Hindi and Kiswahili are spoken by no one as first language but nonetheless fulfil an important communicative function. Their variants are socio-cultural in origin, being closely linked with questions of identity and allegiance.

The beings who inhabit the IRC break down the notion of nationality: they make up a virtual community which has its tongues and modes of discourse. For them the communicative function of their language may be primary but its role in creating a social group is also important:

> *Toute langue n'est pas seulement transfert d'informations ou système symbolique organisant notre vision du monde. Elle est aussi soutien du lien social et par là soutien de la fiction de mêmeté, d'identité subjective, communautaire, nationale, garantie du lien entre les sujets* (Houdebine-Gravaud, 1995: 109).

6   The 'new textuality'

Already in purely functional Minitel communications one could observe the telegraphese of small ads of the type '*JH ch stud XIV ou XV 2000F mois max*'. These owe nothing to orality but are determined by a desire for not purely linguistic economy. Nonetheless the influence of this type of ellipses should not be discounted. Minitel was however an essentially adult phenomenon and confined almost exclusively to metropolitan France. The fundamentally cosmopolitan and youthful nature of much Francophone CMC makes it essentially different. The acronyms, apocopes and aphereses found in it may be similar in form to the economical language of small ads, but their primary purpose is communicative: to maintain the flow of conversation.

It is often said that such 'written conversations' offer a new kind of textuality (Werry, 1996). Just how new is perhaps less certain. Some of its innovative socio-linguistic features are *not* characteristic of the spoken language precisely because the medium offers the possibility of revision. One sees one's words and can edit them, or even have second thoughts and suppress them before they are transmitted. But it is precisely the fact that these opportunities are not used that is indicative of the perceived orality of the medium.

In other respects the conversational features are paramount: addressivity, short sentences and frequent turn-taking. Absence of pronouns, brevity of sentences and emphatic reinforcement are all further features of the oral language (Muller 1985). Yates (1996) has noted the importance of modality in CMC, finding it higher than in either spoken or written corpora, and suggests that the medium creates a need to convey the participants' relation to the situation.

All of this confirms that in Francophone virtuality similar features are present to those identifiable in English use of the same medium (Werry, 1996). In English the idiosyncracies of the language have already escaped from the confines of the screen to penetrate the speech of adepts and addicts. In recent issues of *Nova Magazine, Les Inrockuptibles* and the McDonald's free sheet *Ça se passe comme ça* the term *alp* has already appeared.

This of course has consequences for questions of quality. In a prophetic consideration of the effects of Minitel *messageries* on illiteracy written in 1985 Charles Muller pointed out that:

> *En gros, la télématique, qui rivalise avec le téléphone, substitue de l'écrit à du parlé, comme le téléphone, dans sa rivalité avec la correspondance, a réduit le rôle de l'écrit au profit du parlé* (Muller, 1993: 87).

He points out that this has conflicting implications for linguistic quality, noting the emergence of the kinds of language we have been considering. However it has been said that defining quality really amounts to defining norms and frontiers, erecting boundaries that define classes of people, saying which side of the *barrière des rostis* one comes from, as is said in Switzerland to distinguish the Swiss Romand from German speakers (De Pietro 1995: 243).

Even before the advent of CMC, Beauvais (1975), making a plea for tolerance of such abnormal or aberrant forms whether of grammar or of syntax, amusingly remarked that in writing 'Ces nymphes, je veux les perpétuer' Mallarmé gave an early example of *pied-noir* style by bringing the predicate to the front of the sentence. Of course such features can also be found in the French of the *grand siècle*, but not primarily as the identifiers of a social group which they subsequently became.

In a situation where languages are in contact, as here, we witness a form of ongoing pidginisation. Similar forms occur in the imperfect inter-languages of learners. The situation is compounded in the case of CMC conversations when we may be uncertain whether our interlocutors are themselves deviant native speakers or learners. In a discussion on the concept of linguistic 'quality', this led Josiane Boutet to question whether interlanguages may not themselves be vehicles for linguistic change:

> *Les faits d'interlangue rencontrés dans le processus d'acquisition des langues en milieu naturel sont-ils à analyser comme des effets de pidginisation de la langue-cible susceptibles à terme de la modifier, ou comme des faits rigoureusement extérieurs à cette langue-cible* (Boutet, 1995: 77).

The answer may not be clear, but those who question exposure to such language as a teaching tool, fearing the contagious effects of ill-formed French, are denying the realities of a distinct mode of discourse and a growing one.

Conclusion

Online chatting is increasingly used by Francophone speakers of all ages for socialising and more practical purposes. Its language is distinct but authentic and warrants study in its own right. However what benefits does this medium offer to learners of French?

The linguistically conservative may be offended by the erratic and often error-prone character of this medium. Some fear that it may reinforce error.

Against this, however, it can be noted that beginners find it highly motivating since it plunges them into a virtual environment peopled by native speakers and other learners. It is essentially a learning tool rather than a teaching one. Indeed it is precisely because the inhibiting effect of the teacher's presence is removed that diffident students may be encouraged to express themselves more freely and productively.

There are however two areas in particular where CMC clearly has a contribution to make. One relates to the social attitudes of the participants and the 'cultural' learning that takes place. Conversation that is free-flowing and authentic encourages writing in the target language or some approximation thereto, but in response to another human being. The greatest appeal of IRC is the endless variety of human response and the social nature of the learning experiences.

The second area relates to the characteristics of the learner. Diffident students who may normally be reticent during discussion can feel confident to express their ideas and opinions in writing under the shield of anonymity. They can finish a comment without being interrupted, yet within a real-time discussion where they cannot be cut off or interrupted. As a cognitive exercise this involves formulating thoughts in a dialogue form then expressing them in writing. The motivational benefits of genuine communication far outweigh the risks of reinforcing errors.

References

Abadie, M. (1988). *Minitel Story: les dessous d'un succès,* Lausanne: Favre.

Alatis, J.E., Straehle, C.A., Ronkin, M. & Gallenberger, B. (eds.) (1996). Georgetown University Round Table, 1996, *Linguistics, language acquisition and language variation: current trends and future prospects.*

Beauvais, R. (1975). *Le Français kiskose*, Paris: Fayard.

Boutet, J. (1995). 'Qualité de la langue et variation', in Eloy, J.-M. (ed.) *La Qualité de la langue? le cas du français*, Paris: Champion, 73–86.

De Pietro, J.-R. (1995). 'Francophone ou romand? Qualité de la langue et identité linguistique en situation minoritaire' in Eloy, J.-M. (ed.). *La Qualité de la langue? le cas du français,* Paris: Champion.

Herring, S. (1996). 'Two Variants of an Electronic Message Schema' in Herring, S. (ed.) *Computer-Mediated Communication: Linguistic, Social and Cross-Cultural Perspectives,* Amsterdam: John Benjamins, 81–106.

Herring, S. (1999). 'Interactional Coherence in CMC', *Journal of Computer Mediated Communication,* 4 (4). Available at http://www.ascusc.org/jcmc/vol4/issue4/herring/htmt.

Houdebine-Gravaud, A.-M. (1995). 'L'Unes' langue', symposium *La Qualité de la langue,* in Eloy, J.-M. (ed.), *La Qualité de la langue? le cas du français,* Paris: Champion, 95–120.

Jones, S. (1994). *Cybersociety,* Newbury Park, CA: Sage.

Kern, R. (1995). 'Restructuring classroom interaction with networked computers: Effects on quantity and quality of language production'. *Modern Language Journal,* 79(4): 457–476.

Kiesler, S. B. (1997). *Culture of the Internet,* Mahwah, NJ: Erlbaum.

Millet, A. (1989). 'Essai de typologie des variations graphiques. Application à la prise des notes', in *LIDIL,* 1: 7–36.

Millet, A. (1992). 'Oral/Ecrit: zones de perméabilité'. *LIDIL,* 7: 113–132.

Mopoho, R. (1996). 'Emprunt et créativité lexicale dans le discours de l'Internet français', in *ALFA (Actes de Langue Francaise et de Linguistique Symposium on French Language and Linguistics),* Halifax: 123–32.

Muller, B. (1985). *Le français d'aujourd'hui,* Paris: Klincksieck.

Muller, C. (1993). *Langue française, débats et bilans,* Paris: Champion.

Paolillo, J. (1999). 'The Virtual Speech Community: Social Network and Language Variation on IRC', *Journal of Computer-mediated Communication,* 4(4). Available at http://www.ascusc.org/jcmc/vol4/issue4/paolillo.html.

Rheingold, H. (1997). 'Télématique and Messageries roses' in Rheingold, H. *The Virtual Community,* London: Secker and Warburg Ltd, 220–40.

Shields, R. (ed.) (1996). *Cultures of Internet,* London: Sage

Siri, M. (1986) *La Revue du Minitel,* 7.

Turbee, L. (1996). 'MOOing in a Foreign Language: how why and who?' Paper presented at the Information Technology Education Connection's International Virtual Conference/Exhibition on Schooling and the Information Superhighway. Available at: http://web.syr.edu/~lmturbee/itechtm.html.

Turkle, S. (1996). *Life on the Screen: Identity in the age of the Internet*, London: Weidenfeld & Nicolson.

Warschauer, M. (1996). 'Comparing face-to-face and electronic discussion in the second language classroom', *CALICO Journal*, 13(2): 7–26.

Warschauer, M. (1997).'Computer-mediated collaborative learning: Theory and practice', *Modern Language Journal*, 81(3): 470–481.

Warschauer, M. (2000). Language, identity, and the Internet. In Kolko, B., Nakamura, L. & Rodman, G. (eds.) *Race in Cyberspace*, New York: Routledge, 151–170.

Werry, C. (1996). 'Linguistic and Interactional Features of Internet Relay Chat in Herring, S. (ed.) *Computer-Mediated Communication: Linguistic, Social and Cross-Cultural Perspectives.* Amsterdam: John Benjamins, 47–63.

Yates, S. (1996). 'Oral and written aspects of computer conferencing: a corpus based study' in Herring, S. (ed.) (1996). *Computer-Mediated Communication: Linguistic, Social and Cross-Cultural Perspectives.* Amsterdam: John Benjamins, 29–46.

Notes

1. Channel logs from the autumn of 1997 were made on the following: #France, #français, #Paris, #40_ans+, #Lorraine, #Montréal, #causerie, #troisrivieres, #strasbourg, #grenoble, #sexe, #montpellier, #francefun, #toulouse.

2. Recent examples of this medium can be found at:
   http://chat.voila.fr
   http://fr.maxichat.com
   http://www.net-promo.com/forum
   http://www.multimania.fr/chat/
   http://www.rencontrez.com

Technology, language and language learning

Marie-Madeleine Kenning
University of East Anglia

Technology and education interact in a variety of ways. As far as development is concerned, the relationship is essentially unequal, the influence of technology on teaching and learning being greater than that of education on technological progress. The dependence of education on the state of technology is a permanent and expectable state of affairs, first, because schooling is bound to be influenced by what happens in society at large, and second, because the quest for better ways of promoting learning, which is part and parcel of a responsible profession, calls for looking at the tools on offer in search of devices capable of helping the learning process. Given this impetus to enhance the learning environment, any machine developed for commercial use deserves to be given consideration as a possible teaching aid, thereby becoming at once a promise and a threat, since the investigation of its potential contribution to teaching and learning may well result in extensive questioning and revision of existing views and practices. By contrast, education tends to have little impact on technological innovations. In general, the educational world feeds off the wider market. Its needs and requirements occasionally lead to the introduction of modifications to products designed for general use, to their adaptation and elaboration (as with the language laboratory) and to the development of small scale purpose-built aids, but it has yet to spur a major invention.

With the earliest experiments in computer assisted language learning going back to over thirty years, the development of CALL provides a good illustration of the evolutionary dimension of the relationship between technology and pedagogy. In an article published nearly ten years ago,

Garrett (1991) presents CALL as progressing through three eras corresponding to three different types of agenda-setting. In the first period, the agenda was set by technology; constraints on hardware and software dictated the pedagogical uses to which the machinery was put. In the second period, which Garrett describes as the (then) current era, language teaching leads the way. The second era itself has three stages, of which CALL is said to have been in the second. In this second stage technology is no longer used exclusively for grammar drill and vocabulary practice, but participates in many more of the communicative activities mandated by pedagogy. However, 'as long as we stay within the guidelines of current pedagogy, we will never get to the golden era of CALL, because current pedagogy is not based on a comprehensive and coherent theory of how adult language learning in a pedagogical environment takes place' (Garrett, 1991: 4). In the third stage CALL will be used to carry out research on language acquisition to reach a far deeper understanding of the nature of language learning, thus paving the way for the third era, when CALL will be motivated by language learning.

In the course of the past ten years, we have slowly moved towards and into the third stage of pedagogically motivated technology use, though much remains to be done before we reach Garrett's 'golden age of CALL'. But it is, I think, a sign of the pace of technological advances that Garrett's vision, unlike Atwell's (1999), does not extend to one potential extreme of this evolutionary process, namely that technology may challenge the whole idea of the necessity for foreign language learning: 'what if the language machine brought about the large-scale abandonment of language learning? […] What if, in the future [people] find that it is possible to communicate via machine translation devices?' (Atwell, 1999: 36). One is relieved to find that Atwell considers this radical scenario unlikely. But it remains a possibility.

Looking back in time, from a broader perspective, shows that the effect of technology on education may be more or less profound. It is often confined to changes in techniques and approaches, even sometimes to a mere repackaging process. On the other hand it can involve significant modifications to the role and status of the teacher and the relationship between teachers and learners. In a cogently argued review of the history of education, Collis (1996: 577–83) sees the advent of the World Wide Web as likely to usher in such a paradigm shift. She distinguishes 4 paradigms of educational organisation:

1. one-to-one modelling
2. going away to an expert
3. the expert at a distance via print
4. the assembly line.

One-to-one modelling was the usual pattern prior to the invention of the printing press and involved learning by watching and doing, by apprenticeship with one's own parents and tribes. Going away to an expert developed in parallel to one-to-one modelling but was reserved for a lucky few. It also involved learning by imitation but at the same time entailed a great deal of listening and remembering as the voice became the main technology of instruction. Knowledge was also spread beyond physical and temporal proximity through writing but dissemination was restricted by the scarcity of reading skills. The invention of the printing press brought about a major shift in moving teaching and knowledge out of the hands of priests and the wealthy. It helped with the emancipation of learning, changing the role of the teacher who became an intermediary, an interpreter of printed knowledge, rather than a scholar. It eventually led to widespread literacy and the increased availability and affordability of books and learning materials from which grew the assembly line model associated with prescriptions about curricula and examinations. Collis believes that education is on the verge of entering a 5th stage, which she calls interconnectiveness, characterised by customisation and learner control and the ability to contact experts directly. In this model the teacher becomes a guide and a mentor who helps learners to take decisions.

Narrowing the focus to language education, we find a number of other moments in history when technology acted as a catalyst for major revisions of ideology and practice. The first of these is Edison's invention of the phonograph in 1878, described by Kelly (1969: 240) as the beginning of the teaching profession's industrial revolution. Introduced into teaching soon after its first commercial exploitation with the aim of giving pupils pronunciation models to imitate, the phonograph failed at first to fulfil the hopes that had been placed in it, as technical defects reduced its efficiency. But, in common with the Direct Method, though not initially associated with its proponents, it helped bring the use of the spoken language to the fore. Films, radio, television, all took much longer to enter the classroom and it was not until half way through the twentieth century that oral-aural skills truly came into the limelight with the emergence of the audiolingual and audiovisual methods. While both methods had a declared basis in linguistics, their implementation and popularity owed much to the growing accessibility of new media, and it is difficult to see how they could have flourished without them. In the same way, the emphasis put on communicative competence in current approaches to language learning builds on insights derived from speech act theory, discourse analysis and the ethnography of communication, but is at the same time both congruent with, and well served by, the rich array of technological devices on the market. Furthermore, in putting a premium on authenticity and on learner preparation for interactions in the outside world, the stress laid on language as communication lends support to the argument made by Hardt-Mautner (1994: 108) in relation to radio, that the presence of a medium in everyday life entitles it to a place in language study.

As elsewhere, technology serves to enhance and diversify the way in which the subject is taught. But language learning differs from most other disciplines in that the influence of a new medium is liable to extend beyond *how* language is taught to *the kind* of language taught. One way in which this can happen is through the resetting of priorities. The relative importance of speech and writing referred to in the preceding paragraph is a case in point but is far from being the only example. Jung (1994) draws a distinction between process media (e.g. radio, television) and product media (video, CD-ROMs, etc) which is relevant here. Process and product media have essentially different functions: the former are designed to transmit, the latter to record. In one case the output is ephemeral, in the other it has a lasting form. As a result, process and product media lend themselves to different types of language learning activities. Process media, which put a premium on the ability to process language under normal operating conditions, are useful for developing fluency and promoting acquisition, whereas the opportunities to go over messages offered by product media make them well suited to tasks conducive to learning and to the improvement of accuracy.

Evidence that the availability of texts which open language to close scrutiny and analysis has had far-reaching consequences for language pedagogy is not difficult to come by. In the nineteenth century, the much-improved accessibility of books was instrumental in a notable rise in popularity of translation methods. Translation has been resorted to almost throughout the history of language teaching, but until it became possible for each pupil to refer to their own text, its use was hampered by practical constraints. The flood of books coming off the powered presses of the nineteenth century removed what had been a major obstacle, and translation methods became firmly entrenched (Kelly, 1969: 260–1). In a similar way, concern with formal correctness in spoken production reached a peak in the late 1960s during the heyday of language laboratories which made it possible for learners to engage in individual intensive practice in listening to both others and themselves. The new facilities encouraged a move to teaching techniques relying heavily on the imitation of model answers and involving repetition, memorisation and pattern drills. The aim was to achieve faultless, or near faultless, responses and learners were often required to redo exercises until deficiencies had been eliminated.

Interestingly, with the exception of a few cases of qualitative improvements without significant repercussions on functionality, technological innovations have tended to accumulate, rather than replace one another, so that 'what distinguishes the modern era from earlier stages of educational history is not the influence of technology as such, but the scope and media available for educational use' (Stern, 1983: 443). Since this statement was made, however, the pace of change has accelerated. This speeding-up seems to be a constant phenomenon. Thus Kelly, writing in 1969, notes: 'The great Renaissance grammars were still being published in 1780; but [...] the life of a modern text is not much more than twenty years' (Kelly, 1969: 269). This pace of change is not, of course, confined to the educational world and it has become so pronounced as to make it difficult for pedagogy to make the most of technology.

Another difference between the current situation and what has happened in the past is the active promotion of computer technology, especially the Internet, at governmental level. For language teachers, the present impetus to introduce computers in all areas of education cannot but be reminiscent of the wave of enthusiasm for language laboratories that seized the language teaching world in the 1960s. It is therefore understandable that, mindful of the failure of language laboratories to fulfil the hopes placed in them, they should have begun by giving a cool reception to the drive towards computerisation, especially given the lack of fit between early CALL and communicative approaches. But the development of the Internet and its rising status as a social entity have helped overcome this initial reluctance. Although cyberspace has a darker side which should not be ignored (see Young, 1998), there can be little doubt that new prospects are opening up for language learning.

Technology also makes its presence felt in language learning through the support given to linguistic research in the form of recording devices and tools for analysis. As an example of this kind of indirect influence one might cite the integration of concordance results into language syllabuses (see Kenning, forthcoming). Technology also affects language learning by helping to bring about linguistic change. Perhaps the most striking illustration of the ability of technology to act as an agent of linguistic change is the effect that the development of printing had on European languages such as French. By making texts available on a much wider scale than before, printing gave the written word enormous power. Its impact was twofold. First, in order to reach an ever widening readership, many of whom did not have much knowledge of Latin, books increasingly came to be published in the vernacular, which was the normal language for writing. For instance, whereas in 1501 only 8 of the 88 books produced in Paris were in French, by 1549 the proportion had risen to 21 per cent (70 books out of 332), and by 1575 the majority (245 out of 445) were in French (Febvre and Martin, 1976: 321). This rise in the number of publications in the vernacular was to lead eventually to the fragmentation of the world of letters and the loss of Latin as an international language, but fostered the development of national languages and helped raise their status. The other aspect of the impact of printing was its stabilising effect:

> Until the beginning of the 16th century the national languages of Western Europe, which had developed as written languages at different dates in different countries, had continued to evolve, following closely the development of the spoken language. For this reason, the French of the Chansons de Geste, for example, differs greatly from that written by Villon in the 15th. In the 16th century such developments began to cease to take place, and by the 17th century languages in Europe had generally assumed their modern forms (Febvre and Martin, 1976: 319).

In addition to working towards lack of variation over time, printing strengthened the movement towards standardisation by both inviting and assisting the establishment of linguistic norms. Printers, who had an obvious commercial interest in maximising circulation, were keenly aware of the need for a common code and, when they took over from the scribes 'began to eliminate the whims of spelling and the phrases of dialect which would have made their books less readily understood by a wide public' (Febvre and Martin, 1976: 320).

Their efforts were in keeping with a growing concern for uniformity and codification among the ruling elites which was to find expression in France in the creation of the *Académie française* in 1635. As books were the primary means of disseminating linguistic legislation, either in the form of reference works or of works which conformed to agreed conventions in respect of vocabulary, spelling and grammar, printing can be said to have exercised 'a far profounder influence on the development of the national languages than any other factor' (Febvre and Martin, 1976: 319–20).

The extent to which a particular medium works in favour, or against, language uniformity depends on a complex mix of technical features and social factors. One relevant dimension is whether the medium supports public or private interactions. The wider the audience, the greater the pressure to use 'standard' language to ensure efficient communication. In addition, and as shown by the recent legislation concerning language use over the radio in France, public media tend to be open to governmental control and often find themselves under pressure from those in a position of authority to use certain varieties. This generally benefits the status quo and promotes the ideology of the standard, i.e. a public belief in a 'right', 'correct' way of using the language. For this reason, 'although radio, film, and television may not have had much influence on everyday speech, they are amongst the many influences that promote a consciousness of the standard and maintain its position' (Milroy and Milroy, 1985: 25). By contrast, the freedom from interference enjoyed by private media like the telephone helps tolerance of variability and encourages diversity. The distinction drawn earlier between process and product media is also relevant, since the former carry transient instances of language whose influence soon evaporates, whereas the linguistic products of the latter remain as potential models, especially when associated with high production costs. Another important factor is the extent to which society displays and encourages prescriptive and authoritarian attitudes to language behaviour. Hence the gradual introduction into print and other media of language previously found only in certain private exchanges following the liberalisation of society and the relaxation of censorship.

Irrespective of whether a medium allows or inhibits variation, its arrival inevitably changes the linguistic landscape. Like any other invention or discovery, it stimulates terminological activity and leads to the elaboration of new fields of discourse and new registers (see Noreiko, 1993, or, for an example, m_surf3.html, 1 Sept. 1999). But new media are special in imposing unique sets of pragmatic constraints on communication that force us to adapt the way in which we interact through language. What comes out very clearly from the papers in this volume is the capacity of language to adjust to the properties of a medium and attempt to compensate for its shortcomings. Thus, typically, the written conversations taking place on Internet Relay Chat make use of abbreviations, acronyms and stored linguistic formulae so as to avoid the unacceptable delays that would arise if everything was typed in full, while at the same time evidencing a tendency towards short turns, which do not keep potential respondents waiting for too long (Werry, 1996). Since they cannot hear or see one another, participants cannot rely on the paralinguistic cues (intonation, body language, facial expressions) available in face-to-face communication, and this has prompted the development of graphical representations of facial expressions (emoticons) to indicate the speaker's tone and emotional state (see Inkster, this volume).

However, as demonstrated by the answerphone, situational constraints sometimes leave little scope for the use of compensatory mechanisms. Hence, I would contend, the negative feelings that many people have, as callers, towards answerphones. There are undoubtedly several reasons why people do not like answerphones. Among these is the fact that anwerphones fail to give access to the person you are ringing up, so that they become associated in your mind with feelings of frustration and disappointment. In some cases, aversion for answerphones may be part of a general dislike of telephones caused by the absence of visual cues. But to my mind, people's negative feelings towards answerphones mainly stem from, and indeed demonstrate, their awareness that leaving a message on an answerphone constitutes a different kind of communication bound by special contextual constraints. Chief among these constraints are lack of time, lack of preparedness, and, usually, lack of editing facilities: for although you can start again, you cannot usually erase your first attempt. Such constraints also apply, albeit to a lesser extent, to ordinary spontaneous conversation, as well as to telephone conversations; yet we are much more willing to accept them in such contexts and they do not provoke the same negative reactions. The most likely explanation for this difference is that such exchanges leave no trace. Not that those who dislike answerphones suppose for a moment that the owners of the machines on which they leave messages go over these time and time again marvelling and laughing at their accent or their dysfluencies. Nevertheless, the existence of a potentially permanent record showing imperfections is perceived as undesirable. Why, otherwise, would writers take such care in redrafting their texts?

The case of answerphones is interesting in that it brings to light the way in which technological progress challenges our conceptualisation of language behaviour. We find ourselves facing a constant need for greater precision and discrimination as familiar correlations or amalgams break down. It is common, for example, to link, even sometimes equate, prepared and edited language, since the composition and editing processes involved in the production of non-spontaneous speech tend to be intertwined: dissatisfaction with what has been prepared motivates deletions and alterations followed by further evaluations of the written or spoken text. But as answerphones make clear, the two processes are actually independent. Thus, although it is not usually possible to edit an answerphone message, it is perfectly possible to pre-compose one's message before calling. Indeed, the absence of editing facilities provides a strong incentive to do so, as suggested by the fact that some people hang up without saying anything, before calling again to leave a message.

It is evident from experience that, as might have been expected, answerphone messages carry a restricted range of language with specific lexical and grammatical characteristics. Answerphones also provide good illustrations of the process of conventionalisation: many answerphone owners try to guide the generation of messages and to prevent the omission of crucial information with requests to leave name and telephone number. More sophisticated systems include a more obvious template including spaced prompts to which the caller is asked to respond. This poses the question of how to label the output, which resembles, yet does not qualify as, interaction or conversation, since it lacks the fundamental characteristic of a two-way process.

The greatest challenge to traditional patterns of communication and existing views and classifications comes, however, from the Internet. The Internet defies categorisation, supporting as it does an ever-growing range of increasingly multifunctional, often overlapping, applications. Witness the ability, as information and communication technologies merge with one another, to access email via Web pages rather than through a dedicated system. While interest in the Internet focused initially on the greater accessibility of information, in recent years attention has shifted to the novel communicative opportunities that it offers. As studies have multiplied, there has been growing recognition that such opportunities, despite being often subsumed under the umbrella term computer-mediated communication (CMC), present major differences both with regard to situational constraints and to the linguistic characteristics of the resulting output.

At the time of writing, typed language remains the dominant mode of communication, and facilities include email, bulletin boards, news groups, mailing lists, computer conferencing, instant messaging and chat. These facilities differ along a number of dimensions. The variable with the most wide-ranging effects is the time frame, that is to say whether communication takes place in real time or whether it is asynchronous. There are several reasons why the time frame stands out as particularly important. The most evident is the highly interactive nature of synchronous communication, with its immediate responses, give and take, and swift swapping of roles between sender and recipient. Inevitably the pace is less rapid than in oral conversations but the overall feel is similar and quite different from that given by asynchronous communication. In addition, the visual impact is different: the text of synchronous communication is evanescent and scrolls in real time across and up the screen whereas asynchronous text reaches the recipient in a complete, static form which, because of its permanence, is available for inspection. The importance of the temporal aspect is also due to its impact on the composing process: asynchronous communication puts little pressure on participants, whereas those involved in synchronous communication have to compose 'on the fly', which gives them little time to prepare their message (though more than in face-to-face or telephone interactions) and less opportunities to revise their texts. Finally, the co-presence of an audience highlights the interpersonal nature of the interchanges and encourages *listener*-oriented utterances rather than *message*-oriented statements. Other major variables are the number of participants and their configuration (dyads, small groups, large groups), and specialisation. For instance, lists which serve special interest discussion groups can be contrasted with subtypes with no preset subject matter, like email. As in face-to-face interaction, dyads make for more individualised and coherent discourse. One-to-one exchanges also occur with groups, since it is possible to single out a particular addressee and have a public dialogue. But the latter will be interrupted by other interventions forming a complex sequence of disparate interwoven strands.

Until now interest has concentrated on the description of the registers associated with the various types of CMC rather than on the linguistic correlates of specific features or on comparisons across genres (but see Serpentelli, 28 May 1999). As might be expected, research has been carried out against the background of other types of communication, as exemplified by the three-part schema for electronic messages (link to an earlier message, expression of views, and appeal to other participants) proposed by Herring and its description as closer to the schema of interactional text types like personal letters than to that of expository text (Herring, 1996). Time and again CMC has been found to be a hybrid exhibiting properties of the oral as well as the written language. According to Ferrara et al. (1991), electronic synchronous dialogues make heavy use of first and second person pronouns and WH and yes/no questions, which is how interactivity manifests itself linguistically in face-to-face interactions. The authors also report the use of informal emphatics and discourse particles (e.g. just, sure) of the kind associated with oral conversations, but note that characteristics of formal written language also occur, including relative clauses, adverbial clauses, subordination and cataphora. Similarly, Yates's (1996) analysis of computer conferencing shows this genre to be more like written discourse in its textual aspects (type/token ratio and lexical density), but closer to spoken language with regard to personal pronouns use. In addition, computer conferencing makes greater use of modal auxiliaries than both writing or speech.

Researchers have observed and commented on the emergence of shared social and linguistic norms. In his study of Internet Relay Chat, Werry argues that 'the conventions that are emerging are a direct reflection of the physical constraints on the medium combined with a desire to create language that is as 'speech-like' as possible' (Werry, 1996: 48). He lists four characteristic discursive features of IRC: addressivity (the explicit naming of the addressee at the start of an utterance to avoid ambiguity and discontinuity in complex configurations), abbreviations (clipping of words, etc), paralinguistic and prosodic cues (e.g. use of capitalisation) and the incorporation of expressions denoting virtual actions (hugs, kisses) and describes how they converge with those typically associated with face-to-face interactions. Addressivity, for example, plays a part similar to gesture and gaze in ordinary conversations, while orthographic reduction parallels phonological reduction and ellipsis in rapid informal speech. However, there are significant differences: for example, while the use of emoticons goes some way towards reintroducing facial expressions, their insertion represents a conscious decision quite unlike the spontaneous reactions of normal conversation. This gives them a status not unlike stage directions. The relative lack of attention paid in emails to spelling or punctuation and the use of informal greeting and closing formulae (or their absence) are other examples of conventionalisation, probably due to the fact that generally, emails, like memos, do not have the same status, and are not meant to be kept in the same way, as official letters.

What implications does the development of these registers have for language pedagogy? The answer to this question depends to a large extent on one's view of the purpose of language study. Those who regard language study in higher education as an essentially academic discipline concerned with learning how to structure and present arguments in the target language are likely to be inclined to make little room for the new varieties and to give precedence to information technology over communication technology. All the more so as there is a case for arguing that students will come across the new registers by themselves when exploring computer facilities. While this is almost certain to be true, it is also a fact that many students lack linguistic discrimination and sophistication, so that there is a real danger that they may import some of the less standard features of the new varieties into their formal assignments, just as they occasionally sprinkle their presentations with slang picked up during residence abroad. For this reason it would seem prudent not to ignore the new registers but to use them to introduce and illustrate concepts such as appropriateness, irrespective of whether one accepts the new varieties as part of the evolution of language and the expansion of our linguistic repertoire, or adopts a purist stance and rejects them as non-standard and potential sources of contamination. Those who favour a more vocational approach to language study will probably want to cover the new varieties in their courses, whilst pointing out that their use is tied to specific circumstances although some features may in time cross over to other genres (as is happening with emoticons). This capacity for influencing other modes of communication is particularly likely to be the case with media which acquire a high status as computers and the Internet seem set to do: 'When one mode of communication becomes well publicized or is valued as a source of prestige, that modality can actually influence the linguistic shape of *another* modality' (Baron, 1984: 123).

In addition to presenting us with new registers, the new technologies call into question what is meant by literacy. As the word 'text' becomes increasingly used to cover forms of communication incorporating elements other than the written word, we find ourselves moving away from the traditional view of literacy as the ability to read or, nowadays, read and write, towards a definition such as 'the ability to produce, understand and use texts in culturally appropriate ways' (Graddol, 1994: 50). Already we expect students to produce dissertations incorporating pictures, photographs, pie-charts which achieve levels of presentation far beyond what was the norm only a few years ago. It is clear that as media texts integrating speech, writing, computer graphics, sound effects and video clips come to occupy a growing place in our lives, their design and production will become common, appropriate forms of assignment.

It follows from what has been said that many different rationales can be proposed to support the exploitation of technology. The most commonly heard, namely that it allows staff savings to be made, has, unfortunately, little to do with the central concerns of language pedagogy, even when presented, as it sometimes is, in the guise of cost effectiveness. Cost effectiveness is notoriously hard to establish, involving as it does two problematic types of measurement: cost assessment, which should take account of capital, running and hidden costs, and evaluations of the impact on learning of alternative modes of delivery. The pervasiveness of technology in modern society and the duty to prepare learners for the kind of activities they will have to perform, in so far as these can be predicted, is another frequently quoted argument. In this case recourse to technology is motivated by expectations about its place and role in the outside world rather than by linguistic considerations. This is quite different from justifying the use of technology by reference to its ability to bring in aspects of the use of the target language in the outside world or to its benefits for the acquisition process, as language specialists are more prone to do.

Reasons for harnessing technology vary with the medium. As far as approximation to real life is concerned, they commonly comprise the provision of resources giving exposure to a variety of accents and styles and/or supplying input from experts other than the teacher (in the case of distance learning and other sorts of teaching materials) and the availability of opportunities for experiential learning, including interactions with native speakers (email, tandem learning). Easier monitoring (by self or others), thanks to recording or data keeping facilities, and the fostering of autonomy, are other frequently quoted advantages. Stress is laid in particular on the much greater scope for project work requiring information gathering and on the possibility of taking initiatives (for example through participation in list discussions) to an extent that not long ago would have been unthinkable (see Broady and Kenning, 1996).

The use of technology is also advocated on the grounds of its beneficial impact on acquisition. Those who follow this line of argument invoke the positive effects of individualisation and greater privacy on affective factors (improved motivation, reduced anxiety, especially among weak or shy students) and/or the possibility of manipulating task complexity to enhance cognitive processes. Here the main advantage of technology lies in the almost endless variations that it permits with respect to features such as speed of delivery and access to additional information, making it possible to organise learning activities in a manner that facilitates automisation by progressively reducing the amount of attention that learners can give to language forms (see Kenning, 1999). For instance, according to Beauvois (1998: 213), the slowing-down of the communicative process in computer-mediated written discussions seems to *bridge the gap between oral and written communication* for a number of students, allowing them to benefit more fully from the language learning process. It seems especially effective in providing a lower anxiety communicative environment for students who find oral production in a second language classroom stressful.

In practice, however, the use made of the media seldom has a considered theoretical underpinning. Instead, it is often the result of fairly *ad hoc* decisions taken under a mostly external and sustained pressure to use technology. The main reason for this state of affairs is that while much effort has gone into exploring what can be done with the new media and into developing applications, little attention has been paid to the clarification of the specific contribution each has the capacity to make to the language-learning process. A further problem is that studies often take place within the context of funded projects and are seldom replicable without the benefit of additional resources. What is required is information not just on what can be done with a particular medium irrespective of costs, but on the applications it lends itself to in an average institution, what it is best suited to, and what makes it superior to other media in respect of the successful achievement of that aspect of learning. In fact, we need to turn things around and start from the skills we want to develop, prior to considering which medium, if any, is likely to be most useful for that purpose. And since, as Atwell (1999: 36) points out, 'as technology improves, the boundary between tasks that can be delegated to the computer and those that should be done only with a human teacher will shift', we need to keep our approach under review.

With so many possibilities, so many demands on our time, so many parameters to take into account when making up our courses, it is no mean task to get hold of relevant findings and align our selection and use of technology with our course objectives within an all-encompassing, well-informed decision-making process. There is no doubt that technology has much to offer to language learning. But the choice may at times seem somewhat bewildering, and we should not be surprised to find ourselves occasionally turning wistfully towards less advanced periods, when the landscape was less varied and teachers did not have what is, literally, *'l'embarras du choix'*.

References

Atwell, E. (1999). *The Language Machine,* London: The British Council.

Baron, N. S. (1984). 'Computer Mediated Communication as a Force in Language Change', *Visible Language*, XVIII(2): 118–41.

Beauvois, M.H. (1998). 'Conversations in Slow Motion: Computer-Mediated Communication in the Foreign Language Classroom', *The Canadian Modern Language Review*, 54(2): 198–217.

Broady, E. and Kenning, M.-M. (eds.) (1996). *Promoting Learner Autonomy in University Language Teaching*, London: AFLS/CILT.

Collis, B. (1996). *Tele-Learning in a Digital World: The Future of Distance Learning*, London: International Thomson Computer Press.

Febvre, L. and Martin, H.J. (1976). *The Coming of the Book: The Impact of Printing 1450–1800*, London: NLB.

Ferrara, K., Brunner, H. and Whittemore, G. (1991). 'Interactive Written Discourse as an Emergent Register', *Written Communication*, 8(1): 8–34.

Garrett, N. (1991). 'Where do we Go from Here – and Who is Leading the Way?', *ReCALL*, 5: 3–5.

Graddol, D. (1994). 'What is a Text?' in Graddol, D. and Boyd-Barrett, O. (eds.) *Media Texts: Authors and Readers*, Cleveland: Multilingual Matters: 40–50.

Hardt-Mautner, G. (1994). 'Radio News Revisited: Investigations into the Structure and Comprehension of BBC Radio News' in Jung, H. and Vanderplank, R. (eds.) *Barriers and Bridges: Media Technology in Language Learning*, Frankfurt: Peter Lang, 103–10.

Herring, S. (1996). 'Two Variants of an Electronic Message Schema' in Herring, S. (ed.) *Computer-Mediated Communication: Linguistic, Social and Cross-Cultural Perspectives*, Amsterdam: John Benjamins: 81–106.

Jung, U.O.H. (1994). 'Experiential Learning: What Educational Technology can Contribute' in Jung, H. and Vanderplank, R. (eds.) *Barriers and Bridges: Media Technology in Language Learning*, Frankfurt: Peter Lang, 1–14.

Kelly, L.G. (1969). *25 Centuries of Language Teaching*, Rowley, Mass.: Newbury House.

Kenning, M-M. (1999). 'Effective Language Learning and the Media: A Study of Current Theories for the Exploration of Media Technology' in Hogan-Brun, G. and Jung, U.O.H. (eds.) *Media – Multimedia – Omnimedia*, Frankfurt: Peter Lang, 1–8.

Kenning, M-M. (forthcoming). 'Corpus-Informed Syllabus Development: Parallel Concordances and Pedagogical Grammars' in Lewis, T. and Rouxeville, A. (eds.) *Technology and the Advanced Language Learner*, London: AFLS/CILT.

Milroy, J. and Milroy, L. (1985). *Authority in Language: Investigating Standard English*, London: Routledge.

Noreiko, S. (1993). 'New Words for New Technologies' in Sanders, C. (ed.) *French Today: Language in its Social Context*, Cambridge: Cambridge University Press, 171–84.

Serpentelli, J. *Conversational Structure and Personality Correlates of Electronic Communication*, http://www.eff.org/pub/Net_culture/MOO_MUSD_IRC/Serpentelli. Conversation

Stern, H.H. (1983). *Fundamental Concepts of Language Teaching*, Oxford: Oxford University Press.

Werry, C.C. (1996). 'Linguistic and Interactional Features of Internet Relay Chat' in Herring, S. (ed.) *Computer-Mediated Communication: Linguistic, Social and Cross-Cultural Perspectives*, Amsterdam: John Benjamins, 47–63.

Yates, S.J. (1996). 'Oral and Written Linguistic Aspects of Computer Conferencing' in Herring, S. (ed.) *Computer-Mediated Communication: Linguistic, Social and Cross-Cultural Perspectives*, Amsterdam: John Benjamins, 29–46.

Young, K.S. (1998). *Caught in the Net: How to Recognize the Signs of Internet Addiction – and a Winning Strategy for Recovery*, New York Chichester: John Wiley.

Le Dictionnaire du Nouveau Vocabulaire, http://www.lycos.fr/webguides/jeux/ m_surf3.html

Les cédéroms multimédias comme objets médiatiques: Caractéristiques du support et de son écriture

Anthippi Potolia
ENS de Fontenay/Saint-Cloud

L'objectif de cet article est de présenter quelques unes des caractéristiques des supports multimédias et de leur écriture. Opérons une première distinction entre les *caractéristiques* propres au multimédia qui consistent plutôt en l'utilisation de différents canaux de communication (texte écrit, texte oral, sons, image fixe, vidéo), en une organisation des informations de manière hypertextuelle, en un support de diffusion dont on ne peut pas évaluer le volume, et l'*écriture* multimédia (type d'hypertexte, place réservée à chaque canal, voix énonciatrices, rapport au savoir, type d'actions sollicitées chez l'utilisateur, type de scénographie, etc) dont l'analyse formelle nous permet de percevoir la représentation que le concepteur se fait de son 'lecteur modèle' (Eco, 1985: 64).

Nos remarques seront formulées à partir d'un corpus de cédéroms français de type grand public. L'analyse de ces supports constitue l'un des pôles de recherche du volet 'Analyse et usages des supports multimédias' de l'Equipe d'Accueil 'Plurilinguisme et apprentissages' (EA 2534) à laquelle nous sommes attachée.

Alors que les outils multimédias[1] de français langue étrangère 'abusent' souvent des spécificités du multimédia en lui attribuant des 'qualités' qu'il ne possède pas encore (comme par exemple la reconnaissance vocale) et en adoptant une méthodologie éclectique, les multimédias grand public, qui ne visent pas un apprentissage linguistique, peuvent être considérés comme des supports 'authentiques' puisqu'ils circulent dans la société française et qu'ils sont *a priori* consommés au même titre que l'article d'un journal, qu'une émission télévisuelle ou radiophonique.

Par ailleurs, l'édition française du multimédia a largement tablé sur la conception de ce genre de supports contrairement à d'autres pays qui ont plutôt privilégié les jeux. Nous pouvons donc à l'heure actuelle parler d'une véritable école française de production multimédia, qui, en termes de politiques éditoriales vise, en même temps que la démonstration d'un certain savoir-faire technologique, à l'affirmation de l'image que la France veut donner à l'étranger, celle d'un pays culturel, artistique mais aussi scientifique.

Enfin, d'un point de vue pédagogique et si nous définissons, à la suite de F. Cicurel (1991: 31), la compétence de lecture comme l' 'interaction' entre trois composants,

- le composant connaissance de la langue,

- le composant connaissance du domaine de référence,

- le composant connaissance du genre du texte et de ses règles d'organisation

nous pensons que ce type de support a de fortes chances d'activer chez un lectorat d'étudiants étrangers un certain nombre de 'schémas de contenu' (Carrell, 1990: 16–26) liés à la compétence référentielle générale du domaine de spécialité du public-cible.

D'autre part, bien que notre but ne soit pas de proposer une méthodologie d'exploitation pédagogique des supports en question, les remarques que nous formulerons s'inscrivent dans une double perspective de leur utilisation en langue étrangère: a) lors de l'apprentissage dans un milieu institutionnel, l'intégration de ces supports respectera les parcours personnalisés des étudiants en centre d'auto-apprentissage. Le groupe-classe fonctionnera dans ce cas comme un lieu privilégié pour la mise en commun des choix effectués, des types de savoirs véhiculés par ces supports, des difficultés rencontrées lors de leur consultation et pour la comparaison de leur forme et de leur contenu à des supports textuels plus 'classiques', etc, b) si nous nous projetons dans l'avenir, de par la généralisation de l'utilisation des technologies de l'information et de la communication, nous pouvons émettre l'hypothèse que de tels supports en langue étrangère feront l'objet de lecture d'un public qui souhaitera rapprocher sa volonté de maintenir, voire d'optimiser, sa compétence de lecture à ses intérêts thématiques personnels.

De telles hypothèses sur les utilisations potentielles du multimédia nécessitent au préalable une étude du support dans ses spécificités, de manière à mettre en évidence ce qui le différencie (ou ce qui le rapproche) des caractéristiques textuelles telles qu'elles ont été relevées à partir de l'analyse linguistique d'autres textes, notamment sur support papier. Notre propos ne sera bien sûr pas exhaustif. Nous optons pour une mise en évidence de quelques éléments issus de l'univers du 'verbe' et de celui de l' 'image'. L'ensemble de nos illustrations proviendra d'un corpus de cédéroms multimédias de vulgarisation scientifique. Il s'agit plus particulièrement des cédéroms: *Aux origines de l'homme* (Microfolie's première édition 1994 et édition Gold revue et corrigée 1996), *L'océan des origines* (Microfolie's 1996), *Matière molle* (Microfolie's 1997). Cependant, nous n'insisterons pas dans le cadre du présent article sur la vulgarisation scientifique en tant qu'objet linguistique. Les titres retenus nous serviront principalement de corpus-témoin pour l'étude des éléments rendant compte de quelques caractéristiques textuelles et médiatiques des supports multimédias.

1   Les supports multimédias comme objets textuels

Lors de notre introduction, afin de caractériser les supports multimédias et de qualifier l'activité entreprise par l'utilisateur lorsqu'il les consulte, nous avons employé des termes empruntés aux théories textuelles tels que 'lecture', 'lectorat', 'textualisation'. Nous avons ainsi sous-entendu que les supports en question seront abordés en tant qu'objets textuels. Cette approche n'est pourtant pas un postulat ni une évidence et la justification de notre choix s'impose.

J.-M. Adam (1990: 49) postule qu'un texte

> *est une suite configurationnellement orientée d'unités (propositions) séquentiellement liées et progressant vers une fin.*

Nous isolerons les lexèmes 'suite', 'orientée', 'liées', 'fin' qui nous permettent de percevoir le texte comme un espace physiquement clos, ayant un début et une fin et étant géré par des mécanismes de cohésion et de cohérence.

A cette définition du texte nous opposerons celle des supports multimédias qui remettent en question la 'stabilité matérielle' du texte (Maingueneau,

1998: 68). Ce sont des vecteurs d'informations écrites, orales, imagées 'potentiellement interminables', organisées de manière ramifiée et dont la cohésion et la cohérence (ou la cohérence locale et globale selon la terminologie de la psycholinguistique textuelle) dépend des choix de leur 'lecteur'.[2]

Peut-on considérer ces supports comme des textes ou du moins comme des 'documents' textuels – pour respecter la distinction entre 'texte' et 'document' proposée par J. Peytard et S. Moirand (1992: 61–2) – dans la mesure où le cognitif l'emporte sur l'émotif?

D. Maingueneau (*op. cit.* 43) remarque que

> ... *la diversification des techniques d'enregistrement et de restitution de l'image et du son est en train de modifier considérablement la représentation traditionnelle du texte: ce n'est plus seulement un ensemble de signes sur une page, ce peut être un film, un enregistrement sur bande magnétique, un logiciel sur une disquette, un mélange de signes verbaux, musicaux et d'images sur un cédérom ...*

Nous nous plaçons ainsi dans une perspective médiologique qui veut que chaque culture se réconcilie avec sa 'propre matérialité' (Debray, 1991: quatrième de couverture). La 'vidéosphère' a succédé à la 'graphosphère' qui a succédé, à son tour, à la 'logosphère' (Debray, *op. cit.* 387–91). Ce n'est pas pour autant que les manifestations formelles de la pensée de chaque sphère ne peuvent pas être caractérisées comme des textes. La mutation de l'objet-texte tel qu'il a été défini (voir *supra*), la 'déviance' de sa rhétorique 'traditionnelle' ne sont pas seulement liées au développement technique. Une interaction s'instaure entre les évolutions technologiques et les modes de représentation du savoir qui

> *renvoie(nt) à des conceptions différentes en matière d'accès au sens et implique(nt) un comportement de lecture fondé sur des activités cognitives différemment sollicitées.* (Vigner, 1997: 47).

2 Le médium comme élément déterminant de la mise en scène du savoir

Après avoir justifié notre choix d'aborder les supports multimédias en tant que textes, et avant de les analyser dans leurs constituants textuels, nous nous arrêterons sur deux constatations qui nous permettront de mieux saisir leur organisation textuelle et de justifier les hétérogénéités que l'on peut relever à la surface de leurs pages-écrans.

Les supports dont il est ici question sont diffusés – comme nous l'avons déjà mentionné – sur *cédérom* et ils s'adressent au *grand public*. Cependant, qui dit cédérom dit médium relativement récent dont l'écriture est loin d'être stabilisée et dont les usages ne sont point généralisés. Si les caractéristiques proprement dites d'un médium nécessitent une mise en scène de l'information qui lui est propre, qu'en est-il lorsque ce médium n'a pas encore trouvé sa place dans l'espace médiatique et que le coût de production de chaque titre s'élève entre 1,5 et 2 millions de francs? Le public doit être dans ce cas le plus large possible. Doit-on alors parler de 'lecteur modèle' ou plutôt des 'lecteurs modèles'? De lecteurs qui consulteront ces supports avec un objectif précis mais aussi de lecteurs occasionnels sans objectif de lecture qu'il faudra fidéliser en leur proposant des pistes de lecture et en les 'faisant agir'. Un support multimédia n'est pas 'complexe' en ce sens qu'il ne peut pas traiter de thématiques différentes comme un journal, une chaîne de télévision, une station radio. Il aborde à partir d'une thématique globale (par exemple la *Matière molle*) ou d'un univers complexe (par exemple *Musée d'Orsay*) leurs différents référents ou constituants. L'effet de captation du public résulte ainsi de l'articulation entre les 'effets' technologiques qu'il met en place et la variété des formats scénographiques qu'il propose d'une entrée sur l'autre. Formats qui induisent une pluralité de situations discursives, d'énonciateurs, de pratiques de lecture sollicitées auprès de l'utilisateur.

Nous essaierons de trouver des traces 'sémio-linguistiques' formelles pour appuyer ces hypothèses qui relèvent d'une approche plutôt sociologique d'un médium qui évolue dans les sociétés dites 'développées'.

3 Repères sémio-linguistiques pour l'analyse des supports multimédias

3.1 Du paratexte au texte

Face aux supports multimédias le lecteur semble démuni de tout son 'outillage' de localisation spatiale hérité du livre. Toutes les données se trouvent stockées dans un disque compact sans volume apparent. Il s'agit d'un ensemble numérique de 650 MO, chiffre qui ne correspond pas directement à un nombre de pages, ni à une durée de consultation.

3.1.1 Le paratexte

Que devient dans ce cas le 'paratexte' qui 'habillait' en quelque sorte le texte et dont la fonction était de 'présenter' le texte et de le 'rendre présent' (Genette, 1987: 7)? Avec les supports multimédias nous remarquons deux grandes catégories de paratexte, matériellement, spatialement et fonctionnellement distinctes l'une de l'autre. Nous ne les étudierons pas en détail ici. Nous rendrons simplement compte de leurs caractéristiques dans leurs grandes lignes.

Opérons d'abord une première distinction entre le paratexte propre au cédérom, le *paratexte numérique,* et le *paratexte papier* externe au support proprement dit. Ce paratexte extérieur n'est pourtant pas un 'épitexte' (Genette, *op. cit.* 316) dans la mesure où il ne fonctionne pas indépendamment du cédérom. Ce type de paratexte est généralement divisé en trois sous-ensembles que nous qualifierons ici d'après leur fonction: de paratexte 'accroche', de paratexte 'évaluatif' ou 'interactif' et de paratexte 'guide'.

Le *paratexte accroche* fonctionne comme la 'vitrine' du support numérique. Il informe de son contenu et il incite à son achat. Matériellement, il est constitué de la boîte en carton qui inclut le cédérom et les deux autres types de paratexte extérieur. Une partie de son contenu informationnel, celle qui appartient notamment au code de l'image, est le plus souvent en redondance avec quelques uns des contenus du cédérom proprement dit et du *paratexte guide* (voir *infra*). Sont ici sélectionnés et mis en exergue les traits les plus caractéristiques du cédérom, ceux qui vont le mieux toucher la cible et qui vont la 'faire consommer'.

Les adjectifs, participes et substantifs à valeur appréciative sont abondamment utilisés. Ils appartiennent à des champs sémantiques différents: celui de la technologie ('3D', 'reconstitutions virtuelles', 'animations plein écran en image de synthèse', 'modélisation'), du savoir scientifique ('rigoureux', 'scientifique', 'précis') de l'univers de l'affectif et de l'intertexte ('Une mystérieuse cité engloutie, qui semble surgir d'un roman de Jules Verne').

Des marques d'interaction qui se manifestent par l'utilisation des modalités énonciatives de type injonctif y sont également présentes. Ainsi, dans le cas du cédérom *Aux origines de l'homme* nous allons relever:

> *Tracez votre chemin de l'évolution, Découvrez ... , Utilisez les techniques du* morphing, *Apprenez à connaître vos ancêtres ... , Choisissez votre équipe de spécialistes ... , Testez vos connaissances ...*

L'image du lecteur qui se dégage est celle d'un être de raison, actif, conscient de ses choix, désirant apprendre, sachant s'auto-évaluer, maîtrisant la technique et la mettant au profit du savoir.

Eléments lexicaux appréciatifs, marques d'adresse directe à l'utilisateur, verbes d'action sont les traces linguistiques d'un discours promotionnel dont la fonction est d'inciter à la consommation d'un discours qui relève du savoir. Le premier type de discours recouvrant littéralement le deuxième use et abuse de tous les moyens qui peuvent interpeller le futur acheteur.

Le *paratexte évaluatif* ou *interactif*: il s'agit d'une fiche à l'intérieur du *paratexte accroche* qui s'adresse au consommateur et qui consiste en un questionnaire d'évaluation. La fiche est divisée en deux parties: une première partie signalétique vise à identifier l'acheteur dans la perspective de lui adresser une documentation ultérieure sur les autres titres de l'éditeur. La deuxième partie relève de la fonction d'évaluation proprement dite. Une évaluation fermée (une note sur 20) et une autre ouverte sous forme de commentaires. Nous avons également qualifié ce paratexte d'*interactif* dans la mesure où il engage une interaction entre l'éditeur et l'acheteur. Le consommateur est ainsi valorisé. Une 'interaction' verbale s'organise autour de l'interactivité du support numérique.

Le *paratexte guide*: ce paratexte, sous forme de petit livret glissé dans le boîtier du cédérom, a principalement une fonction de mode d'emploi. Nous y trouvons des indications sur la procédure d'installation du cédérom, puis des informations sur les fonctionnalités des boutons de l'interface. Par ailleurs, ce paratexte fonctionne de plus en plus comme une véritable mise à plat du cédérom dans la mesure où nous y rencontrons ses principales pages-écrans avec des explications sur leur contenu. Le livret est un point d'appui pour les lecteurs novices du multimédia qui préfèrent dans un premier temps être rassurés par la lecture d'un support dont ils maîtrisent mieux les codes. Mais ces livrets, bien que textuels, empruntent un certain nombre de procédés à l'écriture multimédia et préparent de cette façon à la lecture du support multimédia proprement dit. Le lecteur peut naviguer à l'intérieur des pages. Les représentations iconiques des pages-écrans se trouvant sur la partie droite d'une double page, favorisent une perception globale avant que le regard se reporte sur la page de gauche à la recherche d'explications.

Dans le *paratexte numérique*, interne au cédérom, nous trouvons généralement: les noms des participants au projet d'élaboration du cédérom et leur fonction (rangés sous la rubrique 'crédits' dans le jargon du multimédia) et certains des constituants du paratexte des textes d'information et de recherche (que l'on ne trouve pas parmi le paratexte des oeuvres de création littéraire – romans, pièces de théâtre, recueils poétiques, etc – tel qu'il a été analysé et décrit par G. Genette, *op. cit.*). Il s'agit par exemple de l'introduction, de l'index, de la bibliographie. Dans cette deuxième catégorie appartiennent également des types de paratexte comme le 'navigateur', qui s'apparente à la table des matières et qui permet d'accéder directement aux différents 'chapitres' du cédérom à partir du plan général de son arborescence. Cet ensemble paratextuel est accessible à partir d'un paratexte englobant qui fait office de sommaire: le menu principal.

L'écriture des menus principaux n'est pas encore stabilisée. Les entrées paratextuelles peuvent se différencier des entrées donnant accès au corps 'textuel' du cédérom proprement dit par l'utilisation de différents codes scripto-iconiques. Mais dans la dernière génération des cédéroms multimédias, que nous étudions ici, les menus principaux fonctionnent comme des 'espaces' qui accordent aux entrées paratextuelles une place équivalente aux entrées principales (voir *infra* en 3.1.2 l'exemple du menu principal du cédérom *Aux origines de l'homme*).

3.1.2 *Le texte comme ensemble sémio-linguistique hétérogène*

Les menus principaux permettent, comme nous l'avons dit, l'accès au fonds informationnel du cédérom. Les savoirs écrits, iconiques, oraux s'activent au fur et à mesure d'une lecture circulaire dont la fin n'est pas la fin du cédérom mais l'achèvement du parcours du lecteur. La page du support papier se transforme en page-écran dont l'aire est porteuse de significations multisensorielles. Alors que dans la page d'un livre, d'un journal, d'un magazine le texte écrit est considéré comme la principale source d'apport d'informations, dans le cas du multimédia l'image (stable, animée, active, photographies, dessins, graphismes, etc) perd son statut paratextuel: elle remplit des fonctions aussi importantes que le texte.

Chaque entrée d'un support multimédia possède sa propre organisation spatiale. Elle fonctionne indépendamment et fait en même temps partie d'un ensemble. Les hétérogénéités qui existent entre les différentes entrées trouvent le plus souvent leur justification au niveau du menu principal. Prenons l'exemple du cédérom *Aux origines de l'homme*. Le menu principal (voir la reproduction page suivante) se présente comme un ensemble de documents et d'outils dispersés sur un bureau. A la partie supérieure de l'écran il y a l'échelle du temps; à côté de celle-ci un bouton avec un sablier dessus. Quand la flèche de la souris se pose sur une zone active de l'écran (la zone qui renvoie à un lien hypermédia) elle prend la forme d'une petite main et dans la partie inférieure de la page-écran s'affiche sous forme de texte écrit le nom de l'entrée. Autant d'entailles appartenant aux codes iconique et textuel et qui font sens. L'image peut certes être 'lue' dans ses différents constituants à un premier niveau dénotatif. Cependant les couleurs utilisées, la nature matérielle des documents, leur disposition sur l'écran, incitent à une lecture connotative (Barthes, 1964: 40–51) qui émerge de l'ensemble de l'image et qui active les connaissances culturelles et intertextuelles du lecteur. Ainsi le message dégagé est celui du bureau poussiéreux d'un paléontologue qui ne se limite pas à étudier l'évolution de l'espèce humaine dans les livres, mais qui participe également à des missions de découvertes paléontologiques (nous référer au personnage d'Indiana Jones ne serait pas une exagération). Nous nous arrêterons ici pour l'analyse de l'image qui mériterait une étude plus approfondie.

Les informations véhiculées par le message linguistique allant de pair avec l'hétérogénéité des documents de l'image fournissent une première

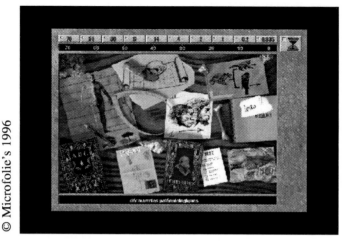

© Microfolie's 1996

Aux origines de l'homme, Menu principal

indication de la diversité des dispositifs scénographiques du cédérom. Si nous écartons les entrées paratextuelles ('index', 'intro', 'biblio' et éventuellement le 'quizz') les entrées qui restent sont les suivantes: 'ancêtres et cousins', 'découvertes paléontologiques', 'chemins de l'évolution', 'transformations morphologiques', 'théories de l'évolution', 'une expédition archéologique'. Ces entrées se présentent comme les différents référents du thème global traité par le cédérom. De par leurs intitulés ces entrées sous-entendent des 'façons de lire' différentes. Les 'transformations morphologiques' impliquent une comparaison entre les différents primates contrairement aux 'théories de l'évolution', entrée qui relève davantage d'un exposé historique et théorique. Face à un ensemble de désignations au pluriel, nous isolerons l'entrée 'une expédition archéologique'. L'emploi du singulier, ne semble pas renvoyer à la présentation d'un ensemble d'expéditions réalisées dans le passé. D'autre part, l'emploi de l'indéfini 'une' se réfère plutôt à une expédition quelconque et non pas à une expédition qui aurait connu un certain succès et qui pourrait être reconnue sous le nom de son chef paléontologue ou sous le nom du primate découvert.

Plusieurs autres hypothèses peuvent être émises notamment en opérant une lecture parallèle entre le code iconique et le code textuel. La lecture du cédérom les confirmera ou les infirmera.

196

3.1.3   La référence à l'espace comme élément de cohésion et de cohérence

Une des principales caractéristiques du multimédia consiste en l'organisation de ses données de manière hypermédiatique. Les différentes 'séquences' d'informations ne s'enchaînent pas les unes après les autres comme dans un texte tel que nous l'avons défini au préalable. Elles sont 'dissimulées' derrière des hyperliens qui, à leur tour, permettent l'activation d'autres hyperliens et ainsi de suite. Les données stockées derrière chaque hyperlien peuvent être de nature textuelle, iconique ou sonore. C'est pour cette raison d'ailleurs que nous préférons parler de liens hypermédias et non de liens hypertextuels. Ainsi, pour reformuler la terminologie que G. Genette (1982: 11–12) a élaborée dans un contexte totalement différent du nôtre, l'hypermédia 'se greffe' sur son hypomédia et permet à l'utilisateur de progresser dans son parcours.

La structure du multimédia fait donc que le savoir qu'il véhicule est organisé en séquences qui fonctionnent généralement indépendamment les unes des autres. Cela veut dire que l'on ne retrouve pas de traces formelles du passage d'un ensemble d'informations à tel autre aux 'endroits de soudure' de l'hypomédia à l'hypermédia: articulateurs rhétoriques et logiques, pronominalisations, référentialisations déictiques contextuelles, etc (Charolles, 1978: 7–41). Cela semble à première vue normal étant donné que la même information peut être accessible à partir d'endroits différents. Cependant, le lecteur se trouve démuni de tous les éléments textuels qui assuraient au texte sa cohésion et sa cohérence. C'est à lui d'identifier la fonction de toute nouvelle information et de l'intégrer dans son parcours. Tâche qui n'est pas toujours facile notamment pour les lecteurs issus d'une culture livresque d'organisation de l'information. La première génération des multimédias grand public a beaucoup compté sur la capacité de l'utilisateur à construire des 'parcours de lecture' cohérents à partir des réalisations à arborescence trop abstraite. Cela étant, ces supports ne favorisaient pas chez le lecteur le développement des schémas mentaux qui pourraient fonctionner comme des points d'ancrage à un niveau superstructural. Une grande quantité de la mémoire de travail était donc dépensée dans l'effort de l'utilisateur pour établir des relations de congruence parmi les différents liens activés tant au niveau de la cohésion qu'à celui de la cohérence (Rouet, 1997: 170–3).

Les supports de notre corpus et beaucoup d'autres qui ont suivi la première génération de réalisations multimédias témoignent de l'effort fait pour contextualiser les parcours de lecture en faisant appel à des modèles de situation proches de la réalité extra-numérique. La localisation dans l'espace semble être la stratégie de contextualisation la plus appropriée. Ainsi un rapport s'établit entre le déplacement dans les différents espaces scénographiques et les parcours de lecture personnalisés dans les supports multimédias. Certes le parcours de chaque lecteur est singulier sur un plan macrostructural (voir les travaux de E. Véron et de M. Levasseur (1989)) sur le déplacement dans l'espace lors des expositions au centre G. Pompidou), mais tout parcours s'intègre dans un cadrage commun qui sert de point de référence. Ainsi dans le cédérom *Aux origines de l'homme* l'espace évoqué est l'espace métaphorique de 'navigation' dans et à travers les différents documents du bureau du menu principal (voir la reproduction p.196). Dans la *Matière molle* les différents parcours de lecture sont ancrés dans une maison virtuelle où l'on recueille les objets sur lesquels on réalisera ses expériences. Dans *L'océan des origines* c'est l'espace mythique d'une cité sous-marine qui 'contient' tous les savoirs sur l'évolution de la vie animale marine. Le menu principal du cédérom met en scène le hall de la cité. Les différentes entrées sont assimilées à des salles thématiques: 'Bibliothèque', 'Fossilis', 'Familia', 'Proteïon', 'Salle de projection', 'Etude des époques', etc (voir la reproduction page ci-contre). Chacune de ces entrées représente un univers iconique complexe qui renferme des savoirs qui se réfèrent à un thème commun. Ainsi dans l'entrée 'Fossilis' nous retrouvons les sous-entrées 'fossilisation' (les grandes principes de fossilisation), 'cimetières marins' (présentation des sites de découverte de fossiles), 'paillasse' (jeu sur la découverte de l'animal qui se cache derrière un fossile), etc. Chaque lien hypermédia depuis et à partir de ces sous-entrées se rattache mentalement à l'espace global de l'entrée 'Fossilis' et à celui plus global encore de la cité des Océans. L'image joue dans ce cas un rôle premier dans la mesure où elle correspond à l'ancrage spatial de l'énonciation qui relèverait *a priori* d'une séquentialité descriptive.

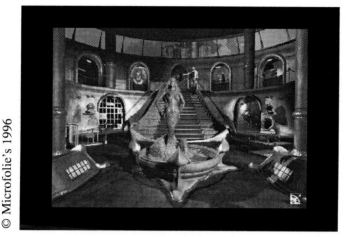

© Microfolie's 1996

L'océan des origines, Menu principal

3.2 Une médiation polyphonique

A une multitude de dispositifs scéniques correspond une pluralité d'énonciateurs. Ils relèvent assez fréquemment de l'anonymat. Ce 'brouillage énonciatif' est une des caractéristiques des multimédias. Les titres en question se présentent plutôt comme l'oeuvre d'un éditeur que d'un auteur identifié. L'anonymat est le plus souvent utilisé dans des séquences explicatives données à l'oral en voix off et dans des textes écrits se rapprochant du 'récit', au sens de Benveniste, dans la mesure où les marques explicites de subjectivité énonciative sont effacées. Lorsque les voix énonciatrices sont identifiées nous remarquons que le lecteur est en position de co-énonciateur dans un face à face simulé (voir également *infra* en 3.3).

Ainsi, dans *Aux origines de l'homme* les différents primates se présentent en s'adressant directement à l'utilisateur et ils donnent des informations sur leurs modes de vie et sur ce qui les différencie des primates qui les ont précédés ou de ceux qui leur succéderont. Dans *L'océan des origines* la médiatrice s'appelle Théthys. Elle est la sirène de la cité mythique. Sa fonction est de guider l'utilisateur dans les différents espaces de la cité mais aussi de lui fournir des informations très pointues sur le plan scientifique (explications sur des fossiles, sur les instruments utilisés pour leur étude, etc). Dans la *Matière molle* le médiateur est une personne réelle, il a un nom et un parcours professionnel qui justifient la pertinence de son choix. Pierre-Gilles de Gennes cautionne par sa présence la qualité scientifique du contenu du cédérom. Il est là, pour rendre concrets des concepts complexes, pour expliquer en reformulant, pour donner des exemples simples où la proxémique mimogestuelle se double d'un outillage médiatique illustratif. Il se pose comme vecteur de connaissances essayant d'établir des passerelles entre les équations abstraites et l'implication personnelle du lecteur dans la manipulation des objets.

Du premier au dernier cédérom nous observons une évolution vers une médiation 'cautionnée' par le statut professionnel du médiateur. Ainsi aux primates qui prennent la parole au nom d'un soit disant 'vécu' succède le savoir scientifique de P.-G. de Gennes, reconnu par un prix Nobel. Cette remarque est également justifiée par la deuxième édition du cédérom *Aux origines de l'homme*. En 1996 Microfolie's lance une édition revue de cette production. Elle comporte deux cédéroms. Si le premier reste le même que dans la première édition, le deuxième – entièrement nouveau comme concept – comprend une série d'entretiens avec Y. Coppens dans lesquels celui-ci présente les chapitres du premier cédérom. La boucle est bouclée. Deux ans séparent seulement les deux éditions; et pourtant cette stratégie éditoriale de type 'méta-réflexif' s'inscrit dans la lignée de mutation des représentations faites du sujet destinataire (Charaudeau, 1983). Y. Coppens qui figurait sur la couverture de la première édition comme directeur scientifique se met ici au premier plan pour assurer des fonctions similaires à celles de P.-G. de Gennes. D. Jacobi (1986: 41–3) avait déjà remarqué cette transformation des chercheurs en acteurs de la 'sociodiffusion de la science' à partir des analyses d'un corpus d'articles de vulgarisation rédigés par les chercheurs eux-mêmes.

Une autre opposition qui distingue les énonciateurs des cédéroms *Aux origines de l'homme* et *L'océan des origines* de P.-G. de Gennes, est que le 'je' des deux premiers énonciateurs est différent de celui de son 'producteur effectif' (pour reprendre la terminologie d'O. Ducrot, 1989: 198–9). Il s'agit dans ce cas de personnages et de voix qui ne sont pas responsables du contenu de leurs énoncés comme ne le sont pas, d'ailleurs, les énonciateurs anonymes. Les séquences avec P.-G. de Gennes sont les seules où l'on peut supposer que l'énonciateur et le producteur réel de l'énoncé se rejoignent. Mais même dans ce cas nous ne saurions pas ignorer une écriture à plusieurs niveaux: celle qui consiste en un passage de l'énoncé scientifique à l'énoncé vulgarisé, celle du passage de la vulgarisation orale puis écrite au numérique (la *Matière molle* reprend les chapitres principaux du livre de P.-G. de Gennes *Les objets fragiles* élaboré à partir des enregistrements de ses visites dans divers établissements scolaires), celle enfin qui adapte l'énoncé vulgarisé aux caractéristiques du multimédia.

L'écriture multimédia est donc une écriture complexe, polyphonique. Les trois cédéroms de notre corpus ont été réalisés sous la direction scientifique de personnalités éminentes du domaine traité. Mais en dehors de cela, leurs jaquettes font référence à une multitude d'autres fonctions: auteurs, scénaristes, designers graphiques, détenteurs de l'idée originale de scénographie, etc. Ces différentes voix se trouvent imbriquées dans un produit final métissé, dans un 'patchwork' numérique.

3.3   Univers du verbe vs univers de l'image

Si le verbe 'regarder' ne suffit pas comme le souligne Ph. Viallon (1996: 5) pour exprimer entièrement l'acte télévisuel, qu'en est-il du multimédia? Nous avons vu se modifier – au fil des différentes approches de l'acte de la lecture – le statut du lecteur. Celui-ci n'est plus considéré comme un destinataire passif mais comme un 'reconstructeur' (Moirand, 1979: 21) du sens du texte qui s'accroche à ses entailles, comme un coopérateur (Eco, *op. cit.:* 87) qui remplira les blancs du texte. Dans les supports multimédias le 'lecteur' interagit avec le système. Il a une fonction de chef d'orchestre et il organise son parcours selon ses choix. Son statut lors de sa 'lecture' se modifie selon qu'il 'navigue' dans des univers qui relèvent plutôt du verbe ou de l'image.

Dans l'univers du verbe, le texte écrit ou oral prend le pas sur l'image. Celle-ci remplit des fonctions déjà relevées dans les supports textuels et audiovisuels. Elle peut être complémentaire au texte, lorsqu'elle véhicule des informations que nous ne retrouvons pas dans celui-ci; elle peut également fonctionner comme un transcodage en redondance avec le texte, comme dans l'exemple suivant, extrait du cédérom *Aux origines de l'homme*:

Les deux Amériques continuent à s'éloigner de l'Europe et de l'Afrique/ mais restent séparées// La Théthys s'étend de Gibraltar à la Chine/ et sépare l'Eurasie de l'Afrique et de l'Inde// C'est la période la plus chaude de l'ère tertiaire// Les forêts tropicales s'étendent jusqu'au cercle Arctique// Les Plesiadapiformes du paléocène/ proches des primates/ ont laissé la place aux groupes plus modernes des Adapidés et des Homomiidés// Ce sont des vrais primates// Ils sont alors répandus dans toute l'Amérique du Nord/ et l'Europe. (entrée Echelle du temps, *commentaire en voix off.)*

L'image suit le texte pas à pas. 'Les deux Amériques', 'la Théthys' et 'les forêts tropicales' sont indiquées par un changement de couleur sur la carte du monde. Puis, s'affichent les images des 'Plesiadapiformes', des 'Adapidés' et des 'Homomiidés', chacune suivie par des flèches qui pointent le lieu d'apparition de chaque espèce. Dans ce cas, l'absence d'embrayeurs de personne et d'espace instaure une distance entre le contenu du cédérom et le lecteur.

Mais les deux espaces, celui du cédérom et du lecteur, peuvent aussi se rejoindre sur le plan discursif. Il s'agit, le plus souvent, d'un ancrage interpersonnel qui permet la mise en place d'un face à face feint qui relève du virtuel. L'énonciateur (l'homo sapiens) est présent sur l'écran. Face au lecteur, il s'adresse à lui comme à un co-énonciateur faisant partie de son espace numérique. L'image dans ce cas est assez faible au niveau informationnel et s'apparente à celle d'un présentateur d'un journal télévisé:

> *Homo sapiens sapiens/ l'homme qui pense qui pense// Heureusement que je ne fais pas que ça/ penser/ Avec tout le travail qui me reste à faire// conquérir le monde/ inventer l'art/ l'agriculture/ l'élevage/ l'industrie … bref/ arrêter la préhistoire commencer l'histoire. Vous croyez que ça ne se fait qu'en pensant// Déjà que je vais rester la seule et unique espèce humaine sur la terre (*Aux origines de l'homme, *entrée* Chemins de l'évolution).

Dans l'univers de l'image, l'action sollicitée chez l'utilisateur l'emporte sur l'exposition au savoir. Le lecteur compare, expérimente et en tire des conclusions. Toute autre source de médiation disparaît et c'est le lecteur lui-même qui crée l'information. Il devient acteur. L'espace numérique devient le prolongement de son propre espace dans la mesure où le 'clic' de la souris se traduit par un 'faire' sur l'écran. C'est, par exemple, le cas de l'entrée *Transformations morphologiques*, du cédérom *Aux origines de l'homme*. L'utilisateur peut, dans ce cas, visualiser la transformation morphologique des espèces depuis le premier primate connu jusqu'à l'Homo sapiens sapiens. Pour cela, il n'a qu'à sélectionner l'espèce animale de départ et d'arrivée de son étude, la partie du corps à observer et l'angle de vue. La technique du morphing lui donnera à voir de manière quasi-instantanée les principales différences entre les deux sujets choisis.

Ainsi, mis à part le savoir livresque qui s'appuie sur des représentations et des descriptions du monde, les multimédias permettent la simulation d'un savoir de 'premier ordre' qui, quant à lui, fait appel à une expérience de manipulation du monde (Laurillard, 1993).

3.4 Oral vs écrit?

Les supports multimédias semblent aller à l'encontre du stéréotype qui veut que la transmission d'un savoir soit sujette à une présentation rhétorique rigoureuse et normée. A côté des passages qui se rapportent de façon directe au savoir véhiculé (emploi d'un présent atemporel, absence d'embrayeurs de personnes, séquences expositives) on rencontre des dispositifs de communication qui mettent en place une langue quotidienne, un parler 'relâché', et qui fonctionnent ainsi comme des interférences diastratiques.

Soit l'exemple suivant extrait du cédérom *Aux origines de l'homme* (entrée *Découvertes paléontologiques*) :

- *Dis donc/ ils ont l'air d'apprécier les carrières les paléontologues!*
- *Ben tiens! Evidemment/ si quelqu'un d'autre creuse pour eux! (rires) [Fillol]/ lui/ il aimait les exploitations de phosphate.*
- *Et alors? La pêche était bonne ?*
- *A oui! Il était pas peu fier du petit crâne qu'il avait trouvé/ TOUT DE SUITE/ il l'a identifié comme primate et il l'a rapproché des Lémuriens// Mais comme il pouvait le rattacher à aucune espèce vivante// alors il a crée un nouveau genre/ Necrolemur antiquus.*
- *Et qu'est-ce qu'il a d'exceptionnel ce Necrolemur ?*
- *Rien// Seulement c'est la première fois/ qu'on décrivait un Homomiidé// Après on en a trouvé pleins d'autres/ en Amérique/ en Europe/ en Asie/ Il se pourrait MEME qu'il y en ait en Afrique.*

Un homme et une femme commentent ici (en voix off) un album contenant des photos de diverses expéditions paléontologiques. Ce n'est pas tant la situation de communication mise en place qui s'écarte de la norme. Des explications apportées par un homme 'cultivé' ou 'averti' à une femme 'intelligente' mais 'ignorante' est un procédé habituel du discours de vulgarisation scientifique (voir en particulier les travaux de M.-F. Mortureux). La séquence ci-dessus se présente comme une véritable simulation d'une séquence dialogale orale. Cet extrait relève d'un registre familier qui étonnerait dans un ouvrage sur le même thème. Dans ce type de supports multimédias 'distraire' et 'surprendre' le lecteur semble ainsi aussi important que de l''éduquer'. De telles séquences réaffirment l'idée d'un savoir accessible par tout le monde au travers de 'situations quotidiennes'. La présentation du contenu informatif proprement dit ne répond pas aux critères lexico-sémantiques ou à la structure formelle du discours scientifique.

Au vu de cet exemple nous aurions tendance à croire que le canal oral, de par ses traits prosodiques, est plus à même de favoriser des mises en scène discursives 'atypiques' que le canal écrit. Cela est certainement le cas si l'on compare l'exemple ci-dessus à l'énoncé écrit suivant, extrait de l'entrée *Les cours de science* du cédérom *Matière molle*:

> *La nature est grande productrice de polymères: protéines, sève des arbres, fibres végétales et animales ... L'homme de ce siècle a largement contribué à l'invasion des polymères. Tissus synthétiques, plastiques, tous ces polymères artificiels dits 'de synthèse' sont créés à l'aide de dispositifs industriels plus ou moins lourds, mais avec toujours les mêmes principes. Il existe essentiellement deux méthodes: la polycondensation et la polyaddition.*

Cependant, dans la perspective médiologique qui est la nôtre nous devons aller au-delà de la distinction habituelle écrit/oral et positionner plutôt notre réflexion à un niveau discursif.

D'un point de vue synchronique les supports multimédias empruntent aux différents genres discursifs. Ainsi, le premier exemple du chapitre 3.3 (voir *supra*) présentant toutes les caractéristiques d'un écrit oralisé pourrait être extrait d'un documentaire télévisuel. De même, nous pouvons trouver le deuxième exemple du chapitre 3.3 (voir *supra*) de manière similaire dans une émission de vulgarisation à l'attention de la jeunesse. L'exemple de l'entrée *Les cours de science* se rapproche, quant à lui, des contenus d'un manuel scolaire. Nous préférons parler plutôt dans ce cas de 'régimes' et non de genres discursifs. Les différentes entrées d'un cédérom multimédia sont souvent dotées d'un intitulé mais 'n'ayant pas reçu de dénomination dans le métalangage naturel' (Beacco, 1992: 38) 's'apparentent à' et ne sont pas de véritables genres discursifs.

D'autre part, si nous percevons les différents genres et types de discours d'un point de vue diachronique, nous remarquerons que les supports multimédias font évoluer des types de discours relativement stabilisés, comme le témoigne l'exemple écrit suivant, extrait de l'entrée *Biographies des scientifiques* de la *Matière molle*:

> *Benjamin Franklin: ... / ... Cet homme à la carrière multiple et invraisemblable échappe à toute classification.*
> *Adolescent, le petit Benjamin entre dans l'imprimerie que dirige son frère James. ... / ... (Il) démontra que l'éclair est un phénomène électrique. Il énonça aussi certains concepts de base, comme le 'positif' et le 'négatif' en électricité, découvrit le pouvoir des 'pointes', le principe de conservation de l'électricité, et invente le paratonnerre en 1752.... / ... Il s'amusa aussi sur une petite expérience, pour nous fondamentale ... / ... : Un jour particulièrement calme, sans vent, Franklin verse une goutte d'huile dans une marre. ... / ... Malheureusement, Franklin n'eut pas l'intuition de tirer jusqu'au bout son expérience ... / ...*

Nous reconnaissons dans cet extrait l'homme de science qui 'démontre', 'énonce des concepts', 'découvre' et 'invente'. Mais nous retrouvons également l'être humain qui avant d'être reconnu comme scientifique, fut un 'adolescent' (par opposition au substantif 'homme' de la première ligne), que l'on appelait 'Benjamin' (marque d'affectivité), et qui 's'amusait' à réaliser de 'petites expériences' des 'jour(s) particulièrement calme(s), sans vent' (ancrage de l'énonciation faisant appel à l'univers du conte), sans avoir 'malheureusement' (modalité appréciative) toujours 'l'intuition' d'aller jusqu'au bout.

Le discours encyclopédique relevant plutôt du domaine de *rem docere* (informer, convaincre par une présentation objective des faits) (Barthes, 1970: 213) de l'ancienne rhétorique s'ouvre également ici à l'*animos impellere* (émouvoir).

Quelques éléments de conclusion

Nous avons proposé un aperçu des caractéristiques textuelles des supports multimédias et de leur écriture. Nos remarques ont été formulées à partir d'un corpus de cédéroms de vulgarisation scientifique. Cependant, travaillant depuis déjà quelque temps sur l'analyse de ces supports et ayant un aperçu global du marché du multimédia, nous pensons que nos observations sont valables pour une grande partie des réalisations multimédias destinées au grand public: pluralité d'énonciateurs (identifiés ou non), pluralité de dispositifs scéniques, public-cible hétérogène, entrées relevant tantôt de l'exposition au savoir et tantôt de sa manipulation, diversité des niveaux de langue que ce soit dans les textes écrits ou oraux, appel au cognitif mais aussi à l'émotif, etc. Cependant, décrire cette 'pluralité' des caractéristiques textuelles du support proprement dit n'est pas suffisant. L'analyse des multimédias doit être abordée également sous l'angle des représentations que l'éditeur se fait de son public, de la fonction médiatique du support, de la discipline traitée et des représentations culturelles françaises du savoir et de son acquisition.

Les observations formulées dans le cadre de cet article sont encore partielles. D'un point de vue textuel, les notions de cohésion et de cohérence sont d'autant plus d'actualité dans le cas de ces supports qu'ils présentent leurs contenus d'une manière parcellaire. Des études sont à entreprendre au niveau des usages afin d'analyser les stratégies développées chez le sujet-lecteur pour la construction de son parcours de lecture. D'autre part, le nombre croissant de cédéroms grand public de transmission de connaissances nous amène à nous interroger sur les caractéristiques de ce type de support et à en dégager les constantes: genre discursif et objet matériel qui ne se réfère à aucun 'prototype architextuel' et dont la rhétorique se forge au fil de ses différentes réalisations empiriques. Le cédérom grand public emprunte pour cela des procédés et des manières de faire au monde qui nous entoure, aux genres médiatiques, au discours encyclopédique et les adapte à sa nature hétérogène et à son public pluriel.

Références

Adam, J.-M. (1990). *Eléments de linguistique textuelle: théorie et pratique de l'analyse textuelle*, Liège: Mardaga.

Barthes, R. (1964). 'Rhétorique de l'image', *Communications*, 4: 40–51.

Barthes, R. (1970). 'L'ancienne rhétorique', *Communications*, 16: 172–226.

Beacco, J.-C. (1992). 'L'explication d'orientation encyclopédique, remarques sur un régime discursif', *Les carnets du Cediscor*, 1: 33–54.

Carrell, P. (1990). 'Rôle des schémas de contenu et des schémas formels', *Le français dans le monde/Recherches et Applications*: 16–29.

Cicurel, F. (1991). *Lectures interactives*, Paris: Hachette.

Charaudeau, P. (1983). *Langage et discours: éléments de sémiolinguistique,* Paris: Hachette.

Charolles, M. (1978). 'Introduction aux problèmes de la cohérence des textes', *Langue française,* 38: 7–41.

Debray, R. (1991). *Cours de médiologie générale*, Paris: Gallimard.

Ducrot, O. (1989). *Le dire et le dit*, Paris: Editions de Minuit.

Eco, U. (1985). *Lector in fabula*, Paris: Grasset.

Genette, G. (1982). *Palimpsestes,* Paris: Seuil.

Genette, G. (1987). *Seuils*, Paris: Seuil.

Jacobi, D. (1986). *Diffusion et vulgarisation: itinéraires du texte scientifique*, Paris: Les belles lettres.

Laurillard, D. (1993). *Rethinking university teaching. A framework for the effective use of educational technology*, London: Routledge.

Maingueneau, D. (1998). *Analyser les textes de communication*, Paris: Dunod.

Moirand, S. (1979). *Situations d'écrit (compréhension, production en français langue étrangère)*, Paris: Clé international.

Peytard, J., et Moirand, S. (1992). *Discours et enseignement du français: les lieux d'une rencontre*, Paris: Hachette.

Rouet, J.-F. (1997). 'Le lecteur face à l'hypertexte', in Crinon, R. and Gautellier, C. (eds.) *Apprendre avec le multimédia: où en est-on?*, Paris: Retz: 165–180.

Véron, E. et Levasseur, M. (1989). *Ethnographie de l'exposition, l'espace, le corps et le sens,* Paris: Centre Georges Pompidou.

Viallon, Ph. (1996). *L'analyse du discours de la télévision*, Paris: P.U.F., Que sais-je?.

Vigner, G. (1997). 'La représentation du savoir: mise en page et mise en texte dans les manuels scolaires', *Cahiers du français contemporain*, 4: 47–81.

Notes

1   Nous utilisons le terme 'outils multimédias' pour caractériser les supports qui ont un objectif d'apprentissage linguistique contrairement aux supports grand public dont la visée est ludo-éducative. Dans le cadre de cet article nous emploierons de manière indifférente les termes 'multimédias', 'supports multimédias', 'cédéroms', 'supports hors ligne' pour nous référer aux *cédéroms multimédias grand public de transmission de connaissances,* dont nous analyserons quelques aspects.

2   Dans cet article nous utiliserons les termes de 'lecteur' et d' 'utilisateur' pour nous référer au *sujet* 'lisant' et 'utilisant' les supports multimédias.

Le dédoublement discursif dans le discours pédagogique

Patrick Royis
Ecole Nationale des Travaux Publics de l'Etat
Chantal Parpette
Université Lyon 2 – Lumière

Introduction

Le discours oral est un discours en construction, construction dont il porte les traces, de façon plus ou moins importante selon les types de discours, les situations et les locuteurs. Pour C. Blanche-Benvéniste (1990: 17) 'les locuteurs utilisent une grande partie du temps de la production à commenter ce qu'ils sont en train de dire: remarques sur la façon de dire, recherche de meilleures façons de dire … '. Ces émergences du processus d'élaboration discursive, fréquemment assimilées aux ratures ou aux premiers jets dans les discours écrits (et ce de façon sans doute trop restrictive, nous y reviendrons), mettent en suspens la linéarité syntagmatique du discours pour y introduire une dimension paradigmatique. L'axe des successivités du discours – l'axe syntagmatique – présente alors des discontinuités qu'occupent des éléments situés sur l'axe des choix – l'axe paradigmatique. Comme nous le verrons, la fréquence et la complexité de ces ruptures peuvent varier fortement selon le contexte.

Cette caractéristique joue un rôle important dans la compréhension orale et notamment dans celle du discours pédagogique. L'analyse présentée ici se fonde sur un corpus constitué de cours professés dans diverses disciplines (sciences de l'ingénieur, sciences économiques et sciences sociales). Elle illustre notamment le fait que cet effet de paradigme s'accentue fortement dans les situations où le discours oral de l'enseignant s'appuie sur ce qu'il écrit parallèlement au tableau, et ceci de façon d'autant plus marquée que cet écrit recourt à des symboles. Cette dimension paradigmatique de l'oral peut alors instaurer un véritable dédoublement du discours de l'enseignant.

Sur le plan de l'enseignement des langues, on peut faire l'hypothèse que ce phénomène discursif complexe, s'il fonctionne parfaitement en langue maternelle, est en revanche une source de difficulté pour des non-natifs, ce qui mérite que l'on s'interroge sur la manière de l'intégrer dans la formation linguistique d'étudiants non francophones appelés à faire des études en France.

1 Le fonctionnement paradigmatique de l'oral

Examinons tout d'abord quelques exemples tirés d'une conférence sur la construction européenne:

[1]   alors première partie c'est une *c'est un* bref rappel historique de la constitution européenne alors on est en 1957 une dizaine de pays *une quinzaine de pays* en Europe ont décidé de constituer un groupe de travail …

Le locuteur effectue une correction morphologique, remplaçant 'c'est une' par 'c'est un'. Un peu plus loin, c'est une rectification sémantique qu'il opère en substituant 'une quinzaine' au terme 'dizaine' initialement prononcé.

[2]   donc nous allons maintenant Alain va vous donner quelques exemples de coopération au niveau européen …

La reprise par 'Alain va' vise à indiquer précisément qui va prendre la parole et à prévenir par là l'éventuel problème de préséance que peut constituer pour le second conférencier le terme 'nous allons'.

[3]   des études ont été faites qui ont montré que la non Europe *ce que les spécialistes appellent donc la non Europe* coûte très cher …

Le locuteur interrompt ici son énoncé sur les problèmes de coût pour justifier le choix du terme 'non Europe' qu'il vient d'utiliser, précision métalinguistique insérée dans le fil du discours.

[4]   les pays récemment rentrés dans la communauté *Alain l'a signalé tout à l'heure* l'Espagne l'Italie la Grèce connaissent actuellement des taux de croissance beaucoup plus élevés que les autres …

[5]   si la construction européenne pose de graves problèmes *nous allons le voir tout au cours de cet exposé nous l'avons déjà vu avec la directive architectes tout ne se fait pas sans mal* les gains qui en sont attendus sont considérables ...

Nous avons ici affaire à des incidentes qui permettent au locuteur d'effectuer des aller-retours sur l'ensemble de son discours. Il donne une information et signale en même temps qu'elle a déjà été donnée ou qu'elle sera reprise plus loin. L'effet de ces interruptions ne se limite plus, comme dans les exemples précédents, à modifier un terme, mais introduit une sorte de second énoncé qui vient opérer en parallèle à l'information centrale. Si dans la plupart de ces extraits, il est facile de délimiter les éléments en superposition paradigmatique ou en incidente, 'c'est un/c'est une', 'la non Europe/ce que les spécialistes appellent donc la non Europe', 'Alain l'a signalé tout à l'heure', l'exemple [5] montre en revanche que cela peut être plus complexe. Il est difficile en effet de décider avec certitude à quel énoncé appartient le segment 'tout ne se fait pas sans mal' qui peut tout aussi bien être rattaché à l'incidente

nous l'avons déjà vu avec la directive architectes, *tout ne se fait pas sans mal,*

qu'à la seconde partie de l'énoncé de base

si la construction européenne pose de graves problèmes, *tout ne se fait pas sans mal,* les gains qui en sont attendus sont considérables

la courbe intonative ne permettant pas en l'occurrence un choix tranché. Ces différents niveaux de discours ne fonctionnent pas de façon étanche, mais se combinent les uns avec les autres, et c'est probablement dans ce fonctionnement multiple que réside la principale spécificité de l'oral par rapport à l'écrit.

Les éléments prononcés successivement dans ces énoncés ne se situent pas tous dans une relation de dépendance syntagmatique. Aucune règle syntaxique du français ne conduit en effet à produire la succession 'c'est une c'est un' ou 'nous allons Alain va'. Ces différents éléments occupent dans l'énoncé la même place syntaxique: en [3] 'coûte cher' a pour sujet à la fois 'la non Europe' et 'ce que les spécialistes appellent la non Europe', tout comme 'vous donner' en [2] constitue la seconde partie de la tournure verbale périphrastique 'nous allons' et 'Alain va'. En [4] 'l'Espagne l'Italie la Grèce sont en rapport syntaxique – d'apposition en l'occurrence – avec 'les pays récemment rentrés dans la communauté' et non bien sûr avec 'Alain l'a signalé tout à l'heure'.

La même analyse peut être faite sur un plan sémantico-discursif dans les exemples suivants tirés d'un interview radiophonique de Michel Grisolia, écrivain et scénariste:

[6]   alors ce qu'y a de à San Francisco c'est très beau mais au bout d'un moment quand on est européen tout de même le ciel est très bleu tout ça c'est très beau mais y a un moment quand même où on a presque envie après de rentrer …

[7]   et alors j'ai un souvenir après ça ça nous amène d'ailleurs c'est amusant d'en parler car un jour je j'allais quand même me promener tout autour de San Francisco j'ai beaucoup arpenté c'est pas une très grande ville mais ça monte donc et ça descend et un jour je suis tombé sur un disquaire pas très loin de de la maison de Francis et je suis rentré c'était un disquaire qui parlait français et y avait des disques de Marie-Paule Belle et je je lui ai dit d'ailleurs ça avant-hier et elle était assez saisie effectivement y avait des des albums de Marie-Paule …

En [6], dans

quand on est européen tout de même le ciel est très bleu tout ça c'est très beau

on voit mal le lien qu'il pourrait y avoir entre le fait d'être européen et le ciel bleu … . Contrairement en effet à ce que laissent prévoir les règles syntaxiques de l'écrit, la première partie n'est pas la subordonnée du segment suivant 'le ciel est très bleu … ' qui constituerait la proposition principale de l'ensemble. Il est aisé de comprendre que le locuteur suspend son premier énoncé 'quand on est européen tout de même' pour le poursuivre plus loin avec 'y a un moment quand même où on a presque envie après de rentrer'. Entre les deux, est insérée une considération sur la beauté du paysage de San Francisco, élément certes discursivement lié au premier énoncé mais qui n'entretient avec celui-ci aucune relation sémanticosyntaxique. En [7], la situation est à cet égard particulièrement complexe. On peut considérer qu'il y a un énoncé de base:

et alors j'ai un souvenir ... un jour ... je suis tombé sur un disquaire pas très loin de la maison de Francis et je suis rentré et y avait des disques de Marie-Paule Belle

énoncé suspendu à plusieurs reprises par des considérations rattachées à la situation d'interview 'c'est amusant d'en parler', par une sorte de mise en contexte de l'anecdote centrale 'j'allais me promener tout autour de San Francisco ... ', par une digression sur la ville 'c'est pas une très grande ville mais ça monte donc et ça descend', par une information sur le disquaire 'c'était un disquaire qui parlait français', et enfin par l'évocation d'une conversation avec Marie-Paule Belle 'et je je lui ai dit d'ailleurs ça avant-hier et elle était assez saisie'.

L'oral comporte ainsi des alternances d'énoncés qui trouvent leur cohérence dans l'hypothèse qu'il existe – parallèlement à son fonctionnement syntagmatique – un fonctionnement paradigmatique du discours. Ce dernier peut se réaliser, comme on vient de le voir, sous des formes très diverses, allant de la simple répétition d'un mot jusqu'à de complexes incidentes qui permettent au locuteur de mener plusieurs discours en même temps. On voit alors qu'il ne s'agit plus simplement de 'ratures' mais de véritables *décrochements discursifs* qui démultiplient le discours et, par un jeu de suspensions successives, permettent au locuteur de raconter différentes choses en même temps, de jouer aussi sur différents niveaux de la situation de communication, intégrant l'avant et l'après de l'énoncé, le vécu partagé avec son interlocuteur, etc.

Remarque: On comprend pourquoi la lecture linéaire des transcriptions peut poser des problèmes, surtout en l'absence d'indications prosodiques (cf. extrait [7]). Habitué à un exercice rattaché au discours écrit, le lecteur intègre mal cette dimension paradigmatique et tend à interpréter ce qu'il voit sur le seul plan syntagmatique. Afin de mieux rendre compte matériellement des jeux sur le paradigme, il peut être utile dans certains cas d'adopter pour les transcriptions la présentation verticale mise au point par l'équipe du GARS[1]. Par exemple:

alors première partie c'est une
c'est un bref rappel historique de la constitution européenne alors
on est en 1957 une dizaine de pays
une quinzaine de pays en Europe ont décidé de constituer un groupe de travail

ou encore pour les incidentes:

les pays récemment rentrés dans la communauté   l'Espagne,
Alain l'a signalé tout à l'heure
l'Italie, la Grèce connaissent actuellement des taux de croissance beaucoup plus élevés que les
autres

Ce type de présentation permet une lecture plus aisée du discours oral transcrit. Mais il est coûteux en espace pour les extraits longs. Aussi opterons-nous ci-après pour une transcription avec des italiques pour les reprises brèves, des mises entre crochets pour signaler les décrochements discursifs et, quand la lisibilité l'exige, le recours à la ponctuation.

2   Effets de paradigme dans le discours pédagogique

Nous allons ici nous intéresser à cette dimension paradigmatique de l'oral dans le cadre du discours pédagogique et en particulier au phénomène de décrochement discursif lié aux incidentes. Nous analyserons des extraits de cours magistraux dans lesquels l'enseignant utilise le double canal de la parole et de l'écriture au tableau. Cette situation accentue considérablement l'effet de paradigme dans son discours oral. Le processus d'écriture au tableau en effet ne fonctionne pas au même rythme que la parole. Devant l'écart créé entre le rythme de la parole et celui, plus lent, de l'écriture, le locuteur a le choix entre deux solutions. Il peut suspendre sa parole à intervalles réguliers, le temps que l'écrit rejoigne l'oral, mais la tradition pédagogique française semble proscrire ce type de silences. La solution adoptée consiste en fait à accentuer spontanément le processus habituel de 'piétinement' (Blanche-Benvéniste, 1990: 18) du discours oral sur l'axe paradigmatique afin de maintenir en phase parole et écriture.

Les discours analysés dans le cadre de cette étude sont des cours d'enseignement supérieur, scientifiques pour la plupart. En effet, le discours des sciences exactes a, entre autres caractéristiques, celle d'avoir impérativement besoin du support de l'écriture. Si l'on imagine aisément la philosophie, l'histoire ou la littérature exister et se diffuser par la seule voie orale, il n'en est pas question pour des disciplines comme les mathématiques ou la chimie. Cette caractéristique influence fortement les discours de transmission orale de ces savoirs dans la mesure où la parole de l'enseignant doit s'articuler au support écrit qu'il constitue au tableau au fur et à mesure de son cours.

C'est ainsi que le discours oral d'un enseignant de mathématiques, de mécanique, ou autre science exacte, porte des traces de sa complémentarité avec l'écrit développé simultanément au tableau, en particulier à travers le renforcement de sa dimension paradigmatique.

2.1 Les répétitions simples

La répétition est l'un des outils récurrents du discours pédagogique. Elle permet de signaler les choses importantes, de ménager un temps d'assimilation par les étudiants, de leur donner le temps de prendre des notes, etc. Ainsi:

[8]   Vous comprenez bien que, l'exemple de 82 nous le montre, que je ne peux plus imaginer une relance économique simplement en France *je ne peux plus imaginer une relance économique simplement en France*
(cours de politique économique)

[9]   Le premier thème c'est un exécutif mieux défini *un exécutif mieux défini*
(cours de droit constitutionnel)

Il n'est donc pas surprenant de retrouver cette procédure lorsque l'enseignant doit allonger son discours oral pour être en phase avec ce qu'il est en train d'écrire, d'autant que le fait d'écrire au tableau est également une manière de signaler l'importance d'un élément. Inscription au tableau et répétition orale se confortent donc mutuellement. Par exemple:

[10] Bien j'espère que vous avez tous pris soin de prendre le document que vous avez dû récupérer la semaine dernière donc qui est le chapitre sept chapitre sept consacré à une introduction à la méthode des éléments finis *introduction à la méthode des éléments finis* que je noterai en général MEF en abrégé de manière à gagner du temps …

introduction à la méthode des éléments finis

(cours de mécanique des milieux continus)

Remarque: Dans cet extrait et dans ceux qui suivent, les parties du corpus encadrées indiquent les éléments notés au tableau par l'enseignant parallèlement à son discours oral.

[11] Dans le monde il se produit 3000 séismes par an de magnitude supérieure à 5 *3000 de magnitude supérieure à 5* dont 20 de magnitude supérieure à 7 *dont 20 par an donc de magnitude supérieure à 7*

3000	*M>5*
20	*M>7*

(cours de géologie)

La notation des informations au tableau entraîne la répétition par l'enseignant de l'énoncé qu'il vient de prononcer. Dans le premier cas, la répétition 'introduction à la méthode des éléments finis' reprend exactement les termes du premier énoncé; dans le second, la répétition est marquée par 'donc' qui a une fonction de rappel et montre qu'une connaissance est partagée.

[12] C'est ça en fait la convention de sommation. On conviendra que dès lors qu'un même indice, ici i, dans une expression arithmétique, est répété, il vaut convention de sommation sur cet indice. Ça, je vais l'écrire: *la répétition d'un même indice dans une expression arithmétique vaut convention de sommation, de sommation sur cet indice.*

la répétiθ d'un m̂ indice ds une expr arithmétique vaut convenθ de Σ sur cet indice

(cours de mécanique des milieux continus)

On voit de nouveau dans ce passage l'influence exercée par le processus d'écriture au tableau: il entraîne la reprise du précédent énoncé, reprise comportant à son tour une répétition – 'de sommation' – du fait de la différence de rythme.

2.2 Les reformulations

[13] Alors que dans l'échelle précédente vous aviez vu que dès les le degré 2–3 on ressentait quelque chose – sinon c'est pas la peine de de regarder et d'interviewer les gens – ici les séismes de magnitude inférieure à 3 ne sont pas ressentis. C'est de la micro-sismique. Donc *magnitude inférieure à 3 non ressentie par l'homme.*

> $M{<}3$

[14] Les grands séismes destructeurs ont des magnitudes supérieures à 7 *supérieur à 7 destructeurs.*

> $M{<}7$ destructeurs

(cours de géologie)

L'écriture au tableau utilisant des éléments symboliques, le dédoublement paradigmatique ne s'opère plus par une répétition simple comme dans les exemples précédents mais par une reformulation intégrant une modification syntaxique, en l'occurrence la suppression du verbe 'être' et de l'article. Il est intéressant de voir que 'non ressentie par l'homme', dans le premier énoncé, est prononcé mais pas écrit, comme si le discours oral avait anticipé sur une notation au tableau finalement interrompue. La reformulation orale s'aligne syntaxiquement sur la forme écrite telle qu'on la pratique sur un tableau: on y retrouve en effet la structure nominale typique de la prise de notes.

Ces reformulations peuvent comporter des variations sur le signifiant, par exemple:

[15] Si j'imagine une croissance des importations, *une croissance de petit m …*

(cours de politique économique)

[16] La croissance de *M* la magnitude …

(cours de géologie)

On voit apparaître ici un phénomène de contamination de la dénomination orale par la dénomination symbolique habituellement réservée au discours écrit. Les étapes précédentes de chacun de ces cours ont amené l'enseignant à noter des formules au tableau, formules dans lesquelles figurent les symboles *m* (désignant les importations dans le cours de politique économique) et *M* (désignant la magnitude en géologie). La présence de ces symboles au tableau va transparaître dans les explications orales des enseignants: 'importations' est ainsi reformulé 'petit m' tandis que 'la magnitude' est énoncée d'emblée 'M' avant d'être reformulée sous sa forme orale standard. Le paradigme se construit donc à partir de deux formes qui se distinguent par le fait que l'une est *la formulation orale* proprement dite – 'croissance des importations' – et l'autre *l'oralisation de l'écrit* – 'croissance de petit m'.

Dans le même ordre d'idées, l'extrait suivant montre comment la présence de la forme écrite du cours provoque une série de reformulations qui représentent en fait le passage de la *forme orale* des donnés scientifiques à leur *forme écrite oralisée*:

[17] Donc ce problème, *le problème initial,* est clairement décrit par cette figure qui se trouve à la page 4 et qui représente (…) une corde reposant sur une fondation élastique (…) C'est un support continu qui réagit de façon élastique, ce qui veut dire que si u de x est le déplacement vertical de la corde, eh bien cette corde subit de la part de la fondation une réaction moins k u, *réaction moins k u de x du support.* Alors par ailleurs la corde est soumise, comme on le voit sur cette figure, à un chargement f, *chargement f de x.* A son extrémité droite, on a une tension t, *tension t en x égal 1.* La longueur de la corde est choisie égale à l'unité, hein, dans un souci de simplicité hein, et cette tension t à l'extrémité droite, eh bien elle est inclinée d'un angle thêta égal à arc tangente g. Alors les données du problème, ce sont le chargement f, donc donné, le réel g, et puis pour avoir des choses les plus simples possible, on va convenir de prendre une raideur unité pour le support, *avec k égal 1 donc* et on va également choisir de prendre une composante horizontale de la tension t égale à l'unité toujours pour avoir des choses simples, et *t cos thêta égal 1.*

> Le Pb initial
> $u(x)$ dept vertical de la corde réaction $-ku(x)$ du support
> charg^t $f(x)$. Tension T en $x = 1$ inclinée de $\theta = $ arctg g
> avec $k = 1$ et $T \cos \theta = 1$

(cours de mécanique des milieux continus)

Les données sont presque systématiquement reformulées pour accompagner la construction du discours écrit au tableau. On observe un couplage entre une première formulation correspondant à une explication orale qu'on pourrait qualifier de spontanée, plus libre, tolérant des omissions et une seconde formulation alignée sur l'écriture telle que l'a officialisée la discipline et donc plus précise, plus normée, plus symbolique, comme on peut le voir dans le tableau suivant:

Formulation 1	Formulation 2
ce problème	le problème initial
une réaction moins k u de la part de la fondation	réaction moins k u de x du support
chargement f	chargement f de x
tension t à son extrémité droite	tension t en x égal 1
une raideur unité pour le support	k égal 1
une composante horizontale de la tension t égale à l'unité	t cos thêta égal 1

Ce phénomène peut dépasser les frontières phrastiques et intervenir sur des phrases successives, par exemple:

[18] Premier outil, c'est ce qu'on appelle un élément fini. Qu'est-ce que c'est? Définition d'un élément fini. Eh bien, c'est la donnée de trois choses.

> Définition d'un élément fini.
> C'est la donnée de:

(cours de mécanique des milieux continus)

La phrase 'définition d'un élément fini' vient s'insérer entre la question 'qu'est-ce que c'est ?' et la réponse 'eh bien, c'est la donnée de trois choses'. Ce n'est pas la réponse à la question mais sa reformulation, son équivalent écrit que l'enseignant va oraliser en même temps qu'il l'inscrit au tableau. Cet énoncé ne se situe donc pas dans un rapport syntagmatique avec ce qui précède – ce qui constituerait un enchaînement incohérent – mais vient s'y superposer, dans une relation paradigmatique. Cette superposition a pour fonction, comme précédemment, d'introduire l'écrit du tableau, ce second discours que l'enseignant va mener parallèlement à ses explications orales.

2.3 Les incidentes

Si, dans les exemples ci-dessus, l'imbrication oral/écrit se traduit par une incursion dans le discours oral d'un bref énoncé nominal, témoin du discours écrit du tableau, cette combinaison est souvent plus complexe. Les suspensions de l'axe syntagmatique se réalisent sous formes d'incidentes répétées qui donnent à la parole de l'enseignant l'allure de deux discours menés en parallèle.

[19] Cas p égal 1 des tenseurs de d'ordre 1. Le tenseur t, de composantes t i [y a plus qu'un indice, c'est l'ordre 1] égal t de e i [voyez c'est le cas particulier de cette définition avec p égal 1, puisqu'y a plus qu'un indice, elle va s'identifier à un vecteur, puisqu'y a plus qu'un indice hein] s'identifie au vecteur t, [et j'ai mis la double barre là hein, un peu comme c'est en gras dans le truc, et là je la mets pas parce que c'est un vecteur] au vecteur t égal t i e i [toujours pareil hein, somme sur i] c'est-à-dire s'identifie au vecteur ayant les mêmes composantes que le tenseur sur la base b.

Cas $p = 1$

le tenseur **t**, de composantes $t_i = \mathbf{t}(e_i)$, s'identifie au vecteur $t = t_i e_i$

(**Rappel:** les crochets indiquent les incidentes)

Dans cet extrait, l'énoncé de base est interrompu quatre fois par des incidentes destinées à apporter aux étudiants divers types d'explications complémentaires. Ces interruptions sont longues, plus longues que l'énoncé central lequel, malgré cela, garde une très forte cohérence syntaxique. Cette double construction syntagmatique et paradigmatique, complexe et très organisée à la fois, est rendue possible grâce à la présence du discours écrit qui s'élabore parallèlement. C'est l'écrit qui permet à l'enseignant, après chaque interruption, de reprendre le fil de son énoncé, qui lui sert en quelque sorte de mémoire (la vidéo du cours montre clairement l'enseignant se retournant chaque fois vers le tableau pour lire ce qui y est écrit au moment de reprendre l'énoncé suspendu).

Comme on peut le prévoir aisément, seul l'énoncé de base est noté au tableau (de même d'ailleurs que dans le polycopié du cours rédigé par l'enseignant et distribué aux étudiants). Les flèches indiquent, pour cet extrait et le suivant, les moments où le raisonnement a été suspendu pour des explications complémentaires:

Cas $p = 1$

le tenseur $\mathbf{t}$, de composantes $t_i \overset{\Downarrow}{=} \mathbf{t}(e_i), \overset{\Downarrow}{}$ s'identifie au vecteur $t \overset{\Downarrow}{=} t_i e_i \overset{\Downarrow}{}$

On voit que les suspensions peuvent intervenir n'importe où, y compris entre des éléments très fortement liés sur le plan logique, en l'occurrence entre les deux termes d'une égalité.

Observons l'extrait [20]:

[20] Je vais tout de même donner la définition générale. Plus généralement qu'appelle-t-on problème aux limites? Donc c'est une définition. [Bon je vais pas les numéroter au tableau, les définitions, elles le sont dans le document que vous avez]. Donc soit omega [ben omega c'est par exemple mon milieu continu], soit omega un ouvert borné et connexe de r n qui a une frontière gamma, une frontière gamma régulière, [on va pas entrer dans les détails, ben par exemple pour un milieu continu ça signifie simplement que il faut que on puisse au moins presque partout exhiber la normale sortante, donc il faut que la frontière ait une certaine régularité, il peut y avoir des coins mais il faut pas qu'il y en ait de trop hein], de frontière gamma régulière, eh ben on appelle problème aux limites posé sur omega barre [c'est-à-dire la réunion hein bien sûr de omega et de sa frontière] le problème consistant en la recherche d'une fonction que je vais noter u, comme celle-ci, de omega barre à valeurs non pas dans r mais de façon générale dans r p.

Plus général[t]

Def $\overset{\Downarrow}{}$ Soit $\Omega^{\Downarrow}$ un ouvert borné connexe de IR^n de frontière Γ 'régulière'$^{\Downarrow}$

On appelle Pb aux limites posé sur $\overline{\Omega}^{\Downarrow} = \Omega \cup \Gamma$, le Pb de la recherche

d'une fθ $\mathbf{u}: \overline{\Omega} \rightarrow \mathrm{IR}^p$

(cours de mécanique des milieux continus)

Cet énoncé fait apparaître le même type de décrochement discursif fortement favorisé par la présence de l'écrit. On y remarque deux répétitions dans l'énoncé de base: 'soit omega' en début de définition est repris après l'interruption destinée à expliciter omega, et 'de frontière gamma régulière' est également répété après la troisième incidente. Ces répétitions permettent de signaler la fin de l'incidente, surtout lorsque celle-ci est longue, et de récupérer la linéarité syntagmatique de l'énoncé de base. Nous avons ici, comme souvent, une démultiplication de la dimension paradigmatique, avec un premier niveau, celui des incidentes, et un second, celui des répétitions dans l'énoncé principal.

3 Les décrochements discursifs: entrées dans un discours plurifonctionnel

Cette dimension paradigmatique, et en particulier les phénomènes de décrochement discursif, jouent un rôle dépassant largement celui de 'premier jet de la parole'. Ils ont pour effet de multiplier les fonctions du discours oral. C'est par là que s'instaure 'un autre espace du dire' (Boucheron, 1996: 10): l'enseignant enrichit, complexifie son discours en y ajoutant des éléments qui, sur le plan énonciatif, lui permettent d'aller bien au-delà de la seule transmission de l'information. C'est par là qu'il peut à la fois asserter et prendre position par rapport à ses assertions, en une sorte de double voix:

[21] Ces propositions, (...) elles s'organisent, ces propositions autour de trois grands thèmes. Le premier thème, dans lequel il y a beaucoup de choses, et éventuellement des choses contradictoires d'ailleurs, c'est là qu'y a un manque de netteté absolument évident, le premier thème, c'est un exécutif mieux défini, un exécutif mieux défini.

(cours de droit constitutionnel)

L'enseignant articule son intervention autour de l'énumération des trois thèmes d'un rapport rédigé par un comité consultatif. Au sein de cet énoncé central, qui est en quelque sorte la voix du comité, il insère sa propre voix portant un jugement sur les propositions dudit comité. Le décrochement permet ainsi l'introduction d'une dimension polyphonique dans le discours.

Ces discours parallèles sont également le lieu de la prise en compte de la situation de communication, de l'ici et du maintenant, de la présence des interlocuteurs. L'enseignant peut y mettre en place toute une procédure de dialoguisme, d'adresse aux étudiants qui l'écoutent, et ce indépendamment de toute prise de parole de leur part (cf. Parpette & Royis, 1998). L'information prend alors place dans une dimension interactive aux multiples fonctions à travers laquelle l'enseignant peut

• référer au savoir de ses interlocuteurs:

[22] ce mot 'isotrope', *vous le connaissez hein,* ça signifie …

[23] un résultat théorique d'intégration, *que vous avez certainement vu* …

• rappeler ou anticiper:

[24] c'est les tenseurs d'ordre 1 *dont je viens de parler là* …

[25] c'est quelque chose qui va permettre de simplifier beaucoup d'expressions arithmétiques, *vous allez vous en rendre compte très très vite* …

(cours de mécanique des milieux continus)

• s'assurer de la compréhension:

[26] donc une troposphère agitée de mouvements verticaux et horizontaux, *je pense que pour l'instant c'est bon pour tout le monde* …

[27] à certains endroits du globe, de l'air va s'élever, c'est un air ascendant. Le résultat, *vous vous en doutez,* au niveau du sol, c'est que la pression atmosphérique …

(cours de géographie – classe de 2nde)

• rassurer:

[28] on va prendre un exemple, *un exemple simple* …

(cours de mécanique des milieux continus)

etc.

et être ainsi à la fois expert, animateur, régulateur, etc, multiplicité de fonctions qui constitue probablement la différence essentielle entre le discours pédagogique oral et le discours pédagogique écrit.

4   Conclusion et perspectives

Nous avons vu comment la dimension paradigmatique, caractéristique générale du discours oral, peut s'avérer fortement marquée dans le cadre du discours oral pédagogique, notamment lorsque l'enseignant écrit parallèlement au tableau, au point d'instaurer une dimension discursive plurifonctionnelle.

En didactique des langues étrangères, nous faisons l'hypothèse que ce phénomène de décrochement discursif dont la fonction essentielle en langue maternelle est de faciliter la compréhension du discours peut en revanche poser des problèmes à des non-natifs. Or, il est quasi totalement absent des documents oraux utilisés dans les formations linguistiques, sans doute parce que le modèle encore largement répandu dans l'esprit des concepteurs est celui du discours écrit avec sa linéarité syntagmatique. Les décrochements discursifs apparaissent encore trop souvent comme des scories, des éléments perturbateurs de la transmission de l'information et de ce fait peu intéressants.

Tout cela justifie que dans les programmes de préparation linguistique des étudiants étrangers aux cursus français on s'intéresse d'un peu plus près au discours pédagogique, d'une part en introduisant des enregistrements de cours, d'autre part en y traitant explicitement cette complexité discursive. Ce développement d'une compétence en compréhension orale des cours doit bien entendu être mené de façon progressive. On peut, par exemple, envisager la succession suivante d'activités de compréhension.

Une première étape, à notre avis incontournable, consiste à sensibiliser les étudiants à l'existence des différents niveaux de discours de l'enseignant. Elle peut s'effectuer sur la base d'exemples simples de cours magistraux préalablement transcrits où l'on a matérialisé les décrochements discursifs. Après cette phase d'observation, il appartient alors aux étudiants de repérer eux-mêmes, sur les extraits de transcription qui leur sont fournis, les différents niveaux de discours. Dans une troisième et ultime étape avant la suppression de toute transcription, les élèves complètent, en écoutant la bande son du cours, une transcription lacunaire où ont été éliminés les décrochements. Ces étapes franchies, on peut placer les étudiants dans la situation du cours. Ces derniers ne disposent alors plus, pour effectuer les exercices proposés, que de la bande vidéo du cours ou encore de sa bande son jointe au texte écrit au tableau par l'enseignant. On trouvera cette démarche détaillée dans Parpette & Royis (2000).

Une fois traité cet aspect, tous les autres exercices de compréhension orale habituellement utilisés en cours de langues ont naturellement leur place, comme par exemple ceux consistant à écrire des formules à partir d'une bande son et que l'on trouve dans tout travail de préparation à la compréhension de discours s'appuyant sur une écriture symbolique.

La dimension paradigmatique occupe une place importante dans la constitution du discours oral, en contexte pédagogique notamment. Sa perception par les auditeurs est donc essentielle pour pouvoir accéder aux contenus de discours tels que ceux que nous venons de voir ici, ce qui mérite qu'on la prenne en compte dans le cadre des formations en langues.

Références

Blanche-Bénvéniste, C. (1990). *Le français parlé, études grammaticales,* Paris: Editions du CNRS.

Blanche-Bénvéniste, C. (1997). *Approches de la langue parlée en français,* Paris: Ophrys (collection L'essentiel Français).

Boucheron, S. (1996). *Parenthèse et tiret double: étude linguistique de l'opération de décrochement typographique,* thèse de doctorat, Université de la Sorbonne Nouvelle Paris III – UFR de Linguistique – Centre de Linguistique Française.

Parpette, C. et Royis, P. (forthcoming) 'Analyse contrastive des formes écrite et orale d'un discours pédagogique', *actes du 1er symposium international sur l'analyse du discours* (CD-ROM), Université Complutense, Madrid, 20 avril 1998.

Parpette, C. et Royis, P. (2000) 'Le discours pédagogique: caractéristiques discursives et stratégies d'enseignement', *Les Mélanges n° 24 du Centre de Recherches et d'Applications Pédagogiques en Langues (CRAPEL),* Université Nancy-2, 2000.

Corpus

Conférence sur la construction européenne – Ecole Nationale des Travaux Publics de l'Etat – Alain Roudaut, Eric Vassor – 1989.

Cours de mécanique des milieux continus – Ecole Nationale des Travaux Publics de l'Etat – 1ère année – Patrick Royis – 1998.

Cours de politique économique – Université de Franche-Comté – 3ème année – André Larceneux – 1993.

Cours de géologie – Université de Franche-Comté – 1ère année – Jean-Paul Karche – 1992.

Cours de droit constitutionnel – Université de Franche-Comté – 1ère année – Bernard Lime – 1993.

Cours de géographie – Lycée Jean-Paul Sartre – classe de seconde – C. Guillermin – 1996.

Interview de Michel Grisolia – France-Inter – 1999.

Note

1   *Groupe Aixois de Recherche en Syntaxe,* fondé en 1976 au département de Linguistique Française de l'Université de Provence.

What language should we aim to teach, how, and why?

David Nott
Lancaster University

This brief survey examines some of the implications for the teaching and learning of French as a foreign language (FL) in higher education (HE) of thirty years of change:

- Changes in the social and technological context, challenging traditional assumptions about aims and methods (1).

- Advances in second language acquisition (SLA) research, challenging traditional notions of 'grammar' and 'vocabulary', stimulating more realistic descriptions of the FL, and offering the means to focus teaching methods and learning strategies on how the FL is used and understood (2).

Some implications of these changes and advances for certain aspects of the teaching and learning of French are then discussed:

- The need to take account of the mismatch between sound and spelling (3), and of differences between spoken and written syntax (4).

- The difficulty of linking knowledge and performance: under what conditions can teaching lead to learning? (5).

- The importance of acknowledging and providing for the diversity of individual students' language-learning goals within the constraints of an externally validated HE FL course (6).

Finally, three areas are suggested where further research might assist FL teachers and course providers in determining priorities (7).

1   Then and now

Thirty years ago

Asking the question 'Quelle grammaire enseigner?', Chevalier (1968: 21–22) stressed the importance of teaching real language, concentrating on used and usable constructions. Chevalier ended his piece with an anecdote which graphically illustrates this point. When he was in a Canadian travel agency, a friendly female employee attempted, unsuccessfully, to speak French with him, then wrote down a sentence she remembered from her seven years of French lessons: 'Je me suis baigné les pieds. Baigné or baignée?' (p.25). Of course, this happened on a different continent, in a different century …

Chevalier also urged that the learner be enabled to see the target language (TL) as a system in its own right, rather than as an adjunct to the first language (L1). This point is as valid now as then, but SLA research has shown that second language (L2) learning cannot be a matter of writing on a blank slate: the L1 is present in every aspect of L2 learning and acquisition. How to take account of this, and of the fact that each learner's interlanguage is unique, is a major challenge for today's FL teacher.

Asking 'Quel français enseigner?', Coste (1969: 14–15) called for the development of a *linguistique de la parole*, and for the selective application of its findings in the teaching of French. As if in answer to Coste's plea, the Orléans project (see Blanc and Biggs, 1971), provided a corpus of authentic and accessible recordings and transcriptions, which served as the basis for linguistic and sociolinguistic research, and also as a source of FL teaching materials developed during the 1970s by the Language Materials Development Unit at the University of York. The Orléans corpus brought to a head the issue of how to deal with:

- The reality of spontaneous, informal, *everyday* French (EF): 'le français ordinaire', 'la langue de tous les jours' (Gadet, 1989: 3).

- The notion of careful, formal, *standard* French (SF): 'la langue du dimanche' (Blanche-Benveniste, 1997: 9).

But the pioneering approach of the Orléans project encountered stiff resistance: 'Certains professeurs anglais qui ont écouté pour la première fois quelques extraits [of the Orléans corpus] en ont été scandalisés' (Blanc and Biggs, 1971: 24). Since 1977, the *Recherches sur le français parlé* published by the GARS (Groupe aixois de recherches en syntaxe) based at the Université de Provence, have enabled great strides to be made in discourse linguistics, but without as yet making a commensurate impact on FL pedagogy in the UK; some native-speaker (NS) and non-native speaker (NNS) teachers of French are still resistant to the idea of presenting examples of EF alongside SF to advanced learners. Yet the two varieties, EF and SF, are together central to the language: it is not helpful to pretend that EF is nothing more than a deviant version of SF. Because SF is associated with *written* language and EF with *spoken* language, each has a distinct syntactic and stylistic/pragmatic framework for the expression of meaning (see below, 4). This means that spoken forms should be taught as models for spoken imitation, just as written forms are taught as models for writing.

The changing context for foreign language learning

In some respects, FL teachers in HE today find themselves in a situation analogous to that of their counterparts in the new comprehensive schools of the 1960s and 1970s. At both levels, methods, materials and assumptions inherited from an elitist, selective system were/are no longer appropriate for, and not easily adaptable to, the needs and expectations of an enlarged and more diverse cohort of learners. The diversity of today's FL learners in HE, in terms of FL qualifications, experience, skills and expectations, constitutes an unprecedented challenge to course providers. Social and technological changes mean that, compared to those in previous generations, today's students have fundamentally different assumptions about learning and the individual: knowledge, instead of being stored in the brain, is felt to be instantly available to anyone, and therefore not in need of assimilation by individuals. As yet, we do not know whether this sea-change will work against the complex mental processes by which SLA takes place, but there are grounds for suggesting that individual differences in attitudes and assumptions should receive particular attention in future research projects on language learning (see below, 7).

The very notion of SF is the linguistic reflection of middle-class sociocultural norms which have undergone a remarkable transformation in the past thirty years. In urban areas, and particularly where heterogeneous groups of young people are gathered for work or leisure, characteristics of everyday speech can evolve rapidly, away from the models presented or represented in FL classes: one has only to think of the recent wildfire spread, in various parts of the UK, of a rising intonation at the end of declarative sentences. These changes represent a greater challenge for FL syllabus content and delivery than, for example, the existence of regional differences – which are in decline, as speakers' usage, especially that of young people, converges towards new regional or national norms (see, for example, Walter (1982: 203) and Offord (1990: 49).

Changing attitudes to language and learning

The language we present to our students today cannot be the same as that of 50 or even 30 years ago. While many lexical changes in EF are ephemeral, norms for linguistic behaviour have shifted, alongside a shift in social habits, away from formal styles of dress and address. For example, in spontaneous speech, *ne* deletion or /l/ deletion in *il/ils* generally passes unnoticed by NS speakers and listeners. The model for students' written work can no longer be the scholar, whom students were set to imitate in the form of essays in L1 and/or L2. The model for oral presentations and written reports is more likely to be the TV/radio presenter or the features journalist working to a short deadline. Through the Internet, ideas and information circulate more rapidly, but in a soup, in which authentic archive material is stirred around with the unverified assertions of a lone individual. Traditional academic methods, such as the patient development of cognitive and conceptual skills, and the practice of cool, critical analysis, are tested almost to destruction. The internet and its associated resources are, on the other hand, more of a novelty to teaching staff than to their students. Indeed, face-to-face FL instruction could gain a new appeal for students accustomed to spending several hours per week interacting (or not) with a machine.

One unwelcome consequence for FL teaching of universal access to the internet lies in the area of dissertations, projects and coursework assignments. While it is possible to combine written and oral modes of assessment in such a way that performance in the oral mode serves as a check on competence and originality in the written mode, this is not always feasible in practice. However, as a formative exercise done in pairs or groups, the editing of texts, involving creative plagiarism and/or pastiche, has much to recommend it. The effect of the introduction of new media tends to be additive, displacing rather than replacing existing media, which are obliged to reinvent themselves:

- Dictionaries are far more realistic and user-friendly than thirty years ago: the use of computerised corpora has led to the inclusion of lexical and grammatical collocations for head-words.

- Teaching and reference manuals provide more information in the form of diagrams or tables, and less as continuous text.

- Video and audio teaching materials consist more often of edited authentic off-air items, rather than material recorded specifically for FL learners.

The internet and associated forms of electronic communication encourage creativity and the development of new styles of expression, often involving a mix of styles, to the point where the distinction between informal and formal styles becomes irrelevant. Recourse to the spell-checker and the grammar checker, on the other hand, reinforces the notion, inherited from the 17th–19th centuries, that there is only one correct form of a word, phrase or sentence. The potential confusion, when students are required to produce academic work, is therefore great. Today, many students associate standard English with academic or professional exercises in which they are not personally involved. If as a result they see themselves as learning a single variety of French, SF, the language as a whole stands at a double remove from them, not only as a foreign language but as a formal variety of the FL. The task that confronts these students, in improving their proficiency in French, is complex, and daunting: it involves nothing less than accepting to see the standard language (English as well as French) as a valid vehicle for self-expression, alongside the everyday language.

2   Syllabuses: What language?

Error and performance

Several research findings relevant to the establishment of priorities in the teaching of advanced French have been available for some time. In a survey of language-acquisition research and its implications for the classroom, Littlewood (1984) suggests that 'errors have less effect on the intelligibility of speech than many second language learners assume' (p.87): in other words, accuracy is less crucial in EF. According to some studies cited by Littlewood, 'vocabulary errors affect communication more than grammatical errors' (p.88): this highlights the importance of teaching and learning vocabulary, especially in the form of collocations (see below). Littlewood concludes (p.88) that 'local' errors of grammar (endings, (mis)use of articles, etc) are of less importance in successful communication than 'global' errors, involving the organisation of sentences (word order or use of conjunctions, for example): these may be the hardest for students to get right, under the pressure of time and the need to convey specific information (see below, 4). More recent research, however, highlighting the importance of the factor of *saliency* in NSs' judgments of learners' spoken performance, suggests that the issue is more complex: the subjectivity of the interlocutor has to be taken into account. Derwing and Munro (1997: 13), for example, suggest 'two possible explanations for the degree of correlation between grammar errors and perception of comprehensibility':

- Grammatical errors may be perceived as more problematic when they occur in conjunction with other types of errors.

- There may be a 'scapegoat effect resulting from the high saliency of the grammatical errors as opposed to their gravity'.

The whole area of saliency has implications for learners seeking to prioritise between different areas of possible improvement in their L2 performance, and as such deserves further research (see below, 7). While fluency in EF may facilitate communication with NSs who are fellow-students or junior employees, the expectation among older NSs may well be that NNSs' spoken style should approximate more closely to SF than to EF.

Defining a grammar syllabus

In 1997, the subject core of French at AS and A level was defined (SCAA, 1997) in terms of a one-page list of the grammatical points of which 'students will be expected to have active use'; 25% of the list is devoted to the subjunctive and to agreement of the past participle. In a set of AS and A level specifications (AQA, 1999: 30), a similar 'Defined grammatical content' list includes, without further qualification, the sub-headings 'Prepositions' and 'Conjunctions'; under 'Number, quantity and time', the only examples given are 'use of *depuis, venir de*'. Certainly, it is stated that candidates 'will be expected to have studied closely the grammatical *system* [my italics] and structures of French' and, in the examination, 'will be required to use actively and accurately grammar and structures *appropriate to the tasks set*' [my italics]. In practice, however, the overriding message given to teachers by such lists is that they must 'teach French grammar', even if this is done as a series of isolated points, especially if no further guidance is offered as to the range and level of complexity that students are expected to demonstrate. The weary comments found in A level examiners' reports, in the 1970s and 1980s, lamenting the inability of all but a small minority of candidates to produce acceptably accurate and meaningful written French, whether in free or guided composition, or in translation from English, are a salutary reminder that, in considering *what* we should aim to teach, we must not ignore *how* students learn.

It is true that unless advanced learners of French have a reasonably sound grasp of the basic morphology of the language, they are unlikely to perform spoken and written tasks convincingly, or to engage fruitfully with NSs in a professional or social context. But this does not mean that teachers should be mere demonstrators of French morphology and basic syntax. Successful language learning involves a regular amount of drudgery, but this should take place during interaction with a computer screen, using new devices such as electronic concordancers and textual databases, backed up by audio/video tapes and above all private study. In this way, computer-assisted language learning can be our slave, leaving teacher and learner free to tackle essentials which have to be explained and understood: how morphological and syntactic elements are used to convey meaning, for example. The syntactic flexibility of French, in many areas as great, and potentially as confusing for the NNS, as that of English, calls for particular attention to be paid to, for instance:

- Detached complements: *voyant; en voyant; à voir; de voir.*
- Expression of condition: *s'il disait; il dirait ... que; il disait ..., et; qu'il dise.*
- Reference: *c'est; cela/ça; il/elle est; le/y/en.*
- Dislocation and extraction: *lui, il...; c'est lui qui...; celui qui ..., c'est....*

Vocabulary

Frequent and systematic attention to advanced learners' vocabulary development is easily neglected by teachers and students alike, yet it can play a significant part in developing students' intercultural competence. In a study of 48 adult ESL learners in Wellington, New Zealand, Joe (1998), examining the effects of text-based generative tasks requiring learners to process information at semantic levels and to integrate new information with acquired knowledge, found that 'generative processing appears to enhance vocabulary learning', and that greater use and retrieval of the target form in recall 'may create favourable conditions for generation' (p.375). Her findings highlight the difficulties facing students in acquiring new vocabulary – for example, if they are not curious about acquiring new concepts and new vocabulary in L1, or arrive in FL classes, however well structured, without the desire and the expectation of being personally involved both in the subject-matter and the mechanics of language acquisition.

Collocations

Increasing one's knowledge of discrete lexical items is always useful to the FL learner, but proficiency in the spoken and written language also involves the ability to use words in combination, as collocations:

- Lexical collocations (verb + noun): *faire attention; mettre du temps (à); mourir d'envie (de);* including idioms: *avoir roulé sa bosse.*

- Grammatical collocations (preposition + noun): *sous pression; sans gêne; pour l'honneur.*

It is also important to teach and learn new words with their morphosyntactic properties, for example:

- *Douter de* + noun; *décider de, se décider à, décidé à* + infinitive.

- *Assez/trop* + adjective/adverb/*de* + noun + *de* or + *pour,* depending on meaning.

- *Il faut* + infinitive, but *il faut* + noun + *pour* + infinitive.

The use of electronic concordancers can provide a graphic, even a dramatic means of enhancing learners' awareness of collocations and constructions.

For Ellis (1996: 97), lexical phrases, such as collocations and learnt formulas are as basic to SLA as they are to L1: 'Speaking natively is speaking idiomatically using frequent and familiar collocations. [...] much of language is in fact closed-class': NSs do not use the full potential of the grammar of their language. Addressing issues in the description of collocations in English, Howarth (1998: 29) refers to the general acceptance that 'NS linguistic competence has a large and significant phraseological component'. He sees this as an area where teachers 'need a great deal of guidance' (p.42), and where students' awareness of potential problems needs to be developed. The fact that collocations are present in the NS's mental lexicon, to the point of interfering in a non-collocational chain, is seen in this example of repair by a Soil Association spokesman doubting the meaningfulness of the label 'organic vitamins': 'We don't know what that claim makes ... means' (BBC Radio 4, 15 February 2000). When two collocations come to mind almost simultaneously, this can produce slips such as the following: 'We've all got to get our act around this' (BBC Radio 4, 18 February 2000). Collocation is one of five areas, discussed by Miller (2000; the other areas are: Constraints on the constructions into which individual lexical items can enter; Lexical links as part of text cohesion; Noun-phrases with co-reference; Procedural vocabulary), where vocabulary intersects with grammar and with discourse patterning. As well as pointing to cases where words do not habitually co-occur, Miller also stresses the need for collocations to figure both in students' vocabulary notes and in exercises involving for example retrieval of the whole collocation from just one of its terms, and production of a text using whole collocations, working from a list of one term of each collocation.

The interdependence of lexis and syntax

Collocations lie at the interface of lexis and grammar. Pointing out that 'most studies of syntax, while making some indication of lexical restrictions on acceptability, do not explore in any comprehensive way the interdependence of lexis and syntax', Hunston and Francis (1998: 62–3) 'would prefer ultimately not to use the terms syntax and lexis at all, and to reserve the term grammar for a single descriptive system comprising words and patterns'. They argue that patterns 'bridge the gap between lexicalisations and rules. Some of the word sequences which can be explained in terms of patterns may also be regarded as lexical chunks'. Ellis (1996: 111) goes further: the importance of collocations is that 'word sequences have characteristic structures of their own, and *the abstraction of these regularities is the acquisition of grammar*' [my italics]; 'a knowledge of grammar arises from analysis of a large stock of learned exemplar sequences of languages' (p.115). Ellis refers to studies which suggest (for both L1 and L2) that learners' representation of lexical items is first as ordered phonological strings, followed by 'a focus on their collocations and their sequential probabilities in word strings'. Syntactic and semantic classification, through analysis of patterns of occurrence, comes at a later stage of learning (p.94); 'explicit, conscious knowledge is the end product of acquisition, not the cause' (p.113). This learning sequence can be followed with advanced learners of French: several items of everyday L2 discourse will already be familiar to them as unanalysed phrases and structures; these can be used as the starting-point for practical analyses of grammatical functions, including contrastive comparisons with English. Examples include:

Formula	Analysis
• *Est-ce que; Qu'est-ce que c'est*	Interrogative inversion (*est-ce*) in formal style
• *Ce qui est bien, c'est que*	Completives (*est-ce que* > *c'est que*, etc)
• *Je m'appelle*	English passive ('I am called') > French pronominal
• *Où se trouve*	Pronominal verb or construction + *on* (*on trouve*)
• *Il y a*	Function of impersonal *il* as a 'case vide'; *il reste, il se passe*, etc
• *Il y en a*	Grammatical analysis of *y* (*à* + noun: *à cet endroit*) and *en* (*de* + noun/adverb: *de là*)

3 Sounds and spelling

Linking sounds and spelling

Making students aware of 'the sounds of French', and encouraging them to improve their capacity to produce these sounds is more than a matter of making their spoken productions more comprehensible and acceptable to French ears. Without a reasonably accurate 'sound picture' in their minds of certain words and phrases, they may be unable to reproduce these in writing, even though they have heard and spoken them, while working or studying in France. They may also fail to recognise many English-French cognates which are spelt identically or similarly, when they hear these spoken in French. Dealing with listening comprehension, Matter (1989: 118) concludes that 'the written form of words seems to play a far more important role in listening comprehension than is evident from the literature', and suggests that FL teaching 'should pay more attention to comparing the canonical form of words, spoken in isolation and written in spelling with the forms those words can adopt in connected speech'. Explicit focus on sound-spelling links in the early years of FL learning can provide reassurance, and perhaps motivation, as well as making sound pedagogic sense: asked in March 2000 to identify a school classroom-based activity which they felt had improved their confidence and/or confidence in French, several final-year students cited activities which simultaneously involved both the sounds and the written forms of French:

* Listening to French songs while reading the printed text.
* Reading French poetry aloud.
* Reading aloud scenes from a French play.

We need to rehabilitate both dictation/transcription, and reading aloud, as appropriate activities for the language class with tutor or *lecteur*. Ellis (1996: 103–4) points out that Seibert (1927) 'showed that, for productive learning of French vocabulary, saying words aloud led to faster learning with better retention than silent rote repetition of vocabulary lists. She emphasized that learning the novel pronunciation of foreign language words is as much a matter of motor skill as of auditory perceptual memory'. These findings suggest that, in today's FL class, feedback and repair need to be instantaneous and that the activity be seen as more akin to voice or instrumental practice and training in music, than to a purely cognitive exercise. There may, however, be tensions between the text-based training and assumptions of many academics and the need to develop students' spoken proficiency in both formal and informal styles.

Priorities for teaching French phonology

A study of first, second and final year students' errors of pronunciation, vocabulary and grammar, based on selective notes taken for feedback purposes during oral exposés (Nott, 1994 and 1996) suggests certain priorities for the teaching of pronunciation. For example, many first year students appear not to have acquired the capacity to produce the 3–4 nasal vowels of French. In the case of the phoneme /y/, the incidence of error remains high in year 4, suggesting that, for many anglophone learners of French, this sound constitutes the same kind of challenge as English 'th' for francophones. In the case of mute final consonants, there are year 1 and even year 2 students who systematically pronounce final –*s*, including in *ils* + consonant. Using the language of computing, students could be advised to adopt as a 'default position' that 'final *–d, -t, -s, -x, -z, -p* and *–er* are silent, unless…'.

The phenomenon of silent/sounded final consonants in French is a complex one: discussion of examples where previously silent final consonants are now sounded could help students to see spoken French from the standpoint of the communicative needs of NSs, particularly in the spoken media, where the important thing is to convey one's message unambiguously to millions of strangers:

- In numerals: *cinq, six, huit, neuf, dix* and, latterly, *vingt.*

- In certain nouns: *but, fait* and, by some speakers, *coût.*

- The case of *quand*, which students should perhaps pronounce with a final /t/ in all contexts, even before a consonant.

Other related features of media-speak could also be examined, including:

- The use of group/word-initial stress for emphasis.

- The tendency to mark boundaries between words, even within a group of words.

Certain features of EF are worth imitating by students as aids to more fluent, as well as more authentic, speech. By concentrating on a small number of phonological and morphosyntactic features, they can give their spoken productions an immediate face-lift:

- Many students find /ɥ/ hard, hence the pronunciation one hears of *situation, ruines, persuader*, and also have difficulties with /j/ (as in *s'inquiéter, violence*).

- The deletion of unstable *e* in unstressed syllables reduces articulative effort; in many cases this facilitates the NNS's task: *pâtiss(e)rie, dév(e)lopp(e)ment, il oubli(e)ra*, etc.

As a means of bringing home to students the importance of these matters, and in motivating them to raise their game, it could be that frequent, short bursts of pronunciation practice in the FL class are more effective than traditional audio-lab practice drills.

4   Spoken and written syntax

Understanding spoken French

In written communication, the possibility for both reader and writer to revisit the text allows greater density and complexity of content than in spoken communication, where the necessity for both speaker and writer to perform in real time sets limits on content. Investigating students' problems in understanding spoken French, Matter (1989: 118) concludes that 'processing a foreign language has a much higher processing load than processing the native language'. For Matter, this 'may explain that the non-native listener often has too much to process in too limited a time and therefore stops trying to understand what is said and just picks up a word here and there and tries to make sense of it'. Matter also suggests that the structure of the French syllable means that 'more input is needed before the meant word can be recognized unambiguously'. In the case of French, this is reflected in syntactic differences between spontaneous spoken French (EF) and careful written French (SF): the former is produced in separate segments, which are not felt, by either speaker or listener, to need 'joining up', in the sense of making all links and references within and between segments grammatically explicit. For example, in: *il est facile de faire cela* (SF), *il* stands for *faire cela*, which has been displaced; the sentence forms one syntactic unit, whereas in: *c'est facile de faire ça* (EF), *c'est facile* constitutes an independent unit, to which *(de) faire ça* is then added.

Grammatical analysis and discourse production

Guillot (this volume) stresses the need for FL teaching to take account of the form and characteristics of the spoken language. Many traditional descriptions of French grammar for anglophone learners have contributed to maintaining the gulf between grammatical analysis on the one hand and discursive function on the other. The learner is led to see the language as a set of rules to be learnt in a vacuum, while being confronted elsewhere with a mass of authentic productions which appear to bear no relation to the rules as learnt. Consequently, when required to produce French in speech or writing, the learner has the invidious choice between producing stilted, technically grammatical sentences, and attempting unsuccessfully to achieve more life-like productions. De Gaulmyn (1994) describes an interesting use of mixed (L1 and L2) groups who are set the task of drafting a joint text, such as a job application letter. She describes in detail (pp.203–5) the three stages, and the five operations to be carried out within each stage of the activity. One advantage of collaborative (spoken) preparation and drafting of a written text is that it brings students face with the widely different constraints of spoken and written communication, and the ways in which these differences have to be taken into account: 'rédiger c'est 'traduire', non d'une langue dans une autre, mais d'une formulation directement transcrite de l'usage parlé dans une formulation conforme à l'attente d'un lecteur de textes' (p.202).

Grammatical structures of everyday French

Many of today's students are faced with a difficult double task when it comes to analysing the grammatical structures of French: as well as lacking some of the metalinguistic tools needed for the job, they also encounter the gap between the tools and concepts produced for the grammatical analysis of SF, and the actual mechanisms of discourse production in both formal and informal styles. For example, traditional grammatical categories are of little help in understanding and mastering the use of *comme*: 'is' it an adverb, a conjunction, or a preposition?

Certain words or groups which, in SF, are analysed as 'subordinating conjunctions' can have quite different functions in EF. In SF, *quoique* is equivalent in meaning and function to *bien que*, and is followed by the subjunctive. In EF, *quoique* can function independently as an interpolated adverb, with a meaning similar to English 'mind you'; it does not govern a following clause, and so the indicative is used in the next clause (if there is one: in EF, *quoique* is often used on its own):

   voilà ce qu'ils devraient faire ... quoique, c'est pas toujours facile

Similarly, the notion that *parce que* is a (subordinating) conjunction is of little help in analysing – or learning to imitate – its use in an interpolated clause:

   et alors (parce que à ce moment-là je savais pas que c'était elle) je lui ai dit que ...

                    (See Blanche-Benveniste, 1997: 123 for a discussion.)

Although cleft constructions are used in SF, they are useful in EF as platforms, providing fillers or ready-made formulas in response to the constraints on spoken production:

Cleft constructions (EF)	Equivalent constructions (SF)
il y a des gens qui pensent qu'il a raison	*certains pensent qu'il a raison*
il n'y a que les imbéciles qui approuveront	*seuls les imbéciles approuveront*
ça fait longtemps que j'y pense plus	*je n'y pense plus depuis longtemps*
si j'ai dit ça, c'est que c'est la vérité	*j'ai dit cela parce que c'est la vérité*

(Adapted from Nott, 1998: 449; see also Blanche-Benveniste, 1997: 92–4 and 105–7)

Other cleft, pseudo-cleft and detached constructions are useful to students not only as aids to fluency in informal styles, but also, in many cases, as a means of increasing their expressive range in formal styles:

- *c'est* + noun + *qui/que*; *c'est* + adverb + *que;*

- *ce qui* + verb/*ce que* + (pro)noun + verb, *c'est (que);*

- *l'essentiel/l'important* (etc), *c'est (que).*

5 Methodology: Towards a 'grammar-communication' approach

From knowledge to performance

In the 1960s and 1970s, great strides were made in the investigation and description of linguistic *competence* (the closeness or otherwise of learners' interlanguage to the TL, the degree to which lexical items, groups, phrases and constructions have been proceduralised), and of language and languages as coherent systems. But L2 learners are above all concerned with *performance* (the capacity to respond adequately and appropriately in the TL to specific situations): 'l'objectif de la classe de langue n'est pas d'acquérir seulement un savoir sur la langue-cible, ou une méthode de raisonnement sur les langues, mais d'abord d'apprendre 'à parler comme on parle'' (Besse and Porquier, 1991: 101). In evaluating the usefulness of different types of language-learning activities, one has to ask whether a particular task merely makes students draw on their existing interlanguage, however distant from the TL, or whether it actually calls for the use of new and/or recently-acquired linguistic material. A growing body of research in the last 15–20 years has led applied linguists to challenge the notion that exposure to the TL in 'meaningful contexts' is of itself sufficient to enable learners to infer grammatical rules: see, for example, Long (1985); also Rosa and O'Neill (1999). Ellis, in particular (1996: 113), stresses the crucial importance in SLA of 'attention to the material to be learned [...]; there is no learning of unattended stimulus features of natural language'. In other words, L2 instruction which consists merely of demonstration, practice and feedback is unlikely to affect learners' L2 grammatical competence. 'Explicit instruction concerning the underlying rule system can facilitate acquisition. [...] it is better to *explain the structure and content of the rules than merely to alert the learner to their existence.* [my italics] It is better still to conjoin abstraction and instances by demonstrating the rules in operation with a number of illustrative exemplars of their application' (p.114). The Holy Grail of FL teaching is to provide students with the means of *linking* knowledge of the system and performative capacity, in terms of both comprehension and production. But what is the value of feedback in the form of correction of students' errors?

Correcting learners' errors

As Lyster and Ranta (1997: 38) point out, 'we are hardly any closer to knowing the answers' to the 'deceptively simple questions' posed by Hendrickson in 1978:

1. Should learners' errors be corrected?
2. When should learners' errors be corrected?
3. Which errors should be corrected?
4. How should errors be corrected?
5. Who should do the correcting?

Students should be left under no illusion that an error is simply a thing to be avoided, like an obstacle on the road; rather, it is a symptom of a fault that has to be diagnosed and adjusted or repaired in the vehicle itself – in the learner's interlanguage. And faults can only be rectified one by one: 'On n'apprend pas tout à la fois, et on n'enseigne pas tout en même temps' (Besse and Porquier, 1991: 213). The role of the teacher is not merely to point out students' errors, but to collaborate with students in their own investigation of the source in their interlanguage of certain errors. Explanation is thus an interactive process in which:

• Students are challenged to produce examples from their own recent or long-standing errors.

- Generalisations and hypotheses about 'rules' are formulated collaboratively.

- These hypotheses are tested in the light of additional examples.

This sequence explicitly simulates and stimulates the process of re-setting parameters in the students' interlanguage. In addition, a clear distinction has to be made between errors which point to inadequate interlanguage, that is to say gaps in *competence*, and which as such call for systematic repair, and errors which constitute *performance* slips, such as any NS is liable to make, but which may adversely affect the acceptability of the text (see above, 2).

It is often said that FL students should not be shown samples of the TL containing errors, and this is perhaps true in the case of textbooks and reference manuals. But in the course of demonstration of a particular grammar point, it may well be productive and stimulating to show students transcriptions of errors made by NSs in the course of spontaneous speech or informal writing. Students can be invited not merely to correct the error, but to identify where in the grammatical system the error lies, and to speculate as to how the error came about. Besse & Porquier (1991:15) give examples of *ratés* from a discussion on French TV:

- *Lui aider; que ça leur marque.*

- *Je vois pas que j'ai(e) perdu rien.*

- *Il ne faut pas que j'eus des ennuis.*

As well as providing concrete evidence that we all make mistakes, the process of enquiry could help students to look at the grammatical system of the TL from the point of view of the NS who has made the error.

6   Outcomes

Course outcomes and the individual learner

Any definition of *learning outcomes* involves the assumption that one can take a group of students from starting points X^1, X^2, X^n to a single arrival point, Y, equipped with a specified set of knowledge and skills. However, not all students aspire to the same levels of proficiency in all areas of the subject: strict year-on-year performance criteria are necessary only to the extent that an advanced FL course is expected to lead to a final, summative grade, whether or not this is broken down into an individual performance profile. Since language learning is intensely personal to the learner, language teaching can only succeed if it is directed towards the improvement of each learner's competence and performance, wherever they are starting from. The mix of language-learning goals and actual proficiency is unique to each learner and, ultimately, is each learner's responsibility. Taking into account such factors constitutes the *servitude* of the FL teacher; our *grandeur* lies in rising to the challenge this represents.

A teaching and learning contract

The wide accessibility of electronic sources of spoken and written material in the FL suggests that the 'contract' between the FL teaching team and students should set out specifically, not only the aims, but the limitations, of the taught part of the syllabus. For example, the teaching team could undertake to provide to students in a particular year of study, through a combination of lectures and classes, coverage (exposition, explanation and practice) of a set linguistic and sociocultural syllabus, together with practice in a specified list of activities, tasks and techniques. Students would also be provided with a detailed list of the resources available (and suggestions for making use of these) for the development of proficiency in specific areas:

- Phonology and spelling (awareness and practice), including supra-segmental features.

- Lexis, including collocations.

- Morphology (for those who have not yet mastered basic verb and adjective forms, etc).

- Syntax, from basic patterns of word order to more complex structures of subordination and complementation.

- Text construction, including tense systems and use.

- Sources for documentation on social, cultural, political and historical topics, including regional features (linguistic, economic, geographical).

In addition, students could be invited to assess their own proficiency levels, and to formulate their short-term and medium-term goals for language study.

The development of students' intercultural competence is now accepted as a cornerstone of the desired learning outcomes of a HE FL course. As FL teachers keen to extend our students' awareness of L2 culture and society, we should not lose sight of the need to foster a parallel development in their linguistic proficiency in English, and their wider cultural curiosity and awareness. We cannot expect advanced learners to think more deeply and express ideas more adventurously in the TL than they habitually do in L1, unless the L2 learning processes themselves are explicitly and specifically directed towards achieving such goals. This means that assessment criteria must demonstrate clearly to students that evidence of thought, understanding, originality and conviction in their spoken and written productions in the TL will earn substantial credit.

Motivation

The diversity (in terms of proficiency and personality) of advanced learners of French in the UK is reflected in their motivation for pursuing the study of language. How closely, for example, do students themselves expect to approximate to NS levels of proficiency in terms of linguistic skills and sociocultural awareness? In their study of migrant workers and the expression of temporality in L2, Dietrich et al. (1995) suggest that communicative needs, once met, can lead to fossilisation (phonological, morphosyntactic, stylistic, etc). It is motivation to achieve *social similarity* which pushes NNSs beyond the basic variety of L2. In this process, intensity of interaction is the key factor; duration of stay is far less significant.

Diversification should also include providing stimulus for already high achievers to go still higher: for example, what enables some NNSs to achieve near-NS levels of pronunciation? Concluding their report on two studies of highly successful Dutch learners of English, Bongaerts et al. (1997: 463) single out, as factors in their success, a very high motivation, continued access to TL input, and input enhancement through instruction 'in the shape of perceptual training aimed at contrasts between their L1 and the target language'. In a study of highly motivated graduate students of German at the University of Texas at Austin, Moyer (1999: 99–100) finds that the key factor in attainment is professional motivation, which accounts for 32% of the variance in outcome (in performance of the experimental tasks). Moyer's conclusion is clear: 'Although motivation is elusive in its definition and measurability, it certainly deserves more focused investigation as a significant factor in ultimate attainment'.

7   Suggestions for further research

It is notoriously difficult to devise research studies evaluating the relative effectiveness of different modes and styles of FL instruction and learning in such a way that they produce findings which are valid outside the parameters of the experimental situation, and applicable in the everyday FL classroom. Despite these difficulties, one can identify certain areas directly affecting the planning, provision and delivery of FL courses, where further research findings would be particularly valuable:

- The effects on progress in students' performance of individual differences: in particular, in attitudes to SLA, in motivation to study a FL, and in attitudes to NNSs of students' own L1.

- The relative cost-effectiveness (in terms of overall proficiency gains) of predominantly machine-based FL instruction and learning, and of predominantly face-to-face teacher-led instruction and learning.

- The relative merits (again in terms of overall proficiency gains) of FL acquisition through work and/or residence in the L2 country and of FL learning in the home country.

It is to be hoped that teachers – and learners – of FL in HE will not have to wait another thirty years for research findings in these areas which are both reliable and relevant to classroom practice.

References

AQA (1999). *General Certificate of Education. French Advanced Subsidiary and Advanced: specification for 2001/2*, Leeds: Assessment and Qualifications Alliance.

Besse, H. and Porquier, R. (1991). *Grammaires et didactique des langues*, Paris: Hatier/Didier.

Blanc, M. and Biggs, P. (1971). 'L'enquête socio-linguistique sur le français parlé à Orléans', *Le Français dans le Monde*, 85: 16–25.

Blanche-Benveniste, C. (1997). *Approches de la langue parlée en français*, Gap/Paris: Ophrys.

Bongaerts, T. et al. (1997). 'Age and ultimate attainment in the pronunciation of a foreign language', *Studies in Second Language Acquisition*, 19: 447–65.

Chevalier, J. C. (1968). 'Quelle grammaire enseigner?', *Le Français dans le Monde*, 55: 21–5.

Coste, D. (1969). 'Quel français enseigner?', *Le Français dans le Monde*, 65: 12–8.

Derwing, T. M. and Munro, M. J. (1997). 'Accent, intelligibility and comprehensibility. Evidence from four L1s', *Studies in Second Language Acquisition*, 19: 1–16.

Dietrich, R., Klein, W. and Noyau, C. (1995). *Acquisition of temporality in a second language*, Amsterdam: J. Benjamins.

Ellis, N. C. (1996). 'Sequencing in SLA. Phonological memory, chunking, and points of order', *Studies in Second Language Acquisition*, 18: 91–126.

Gadet, F. (1989). *Le Français ordinaire*, Paris: Armand Colin.

de Gaulmyn, M.-M. (1994). 'Écriture et réécriture de textes. De la correction à la reformulation', in Flament-Boistrancourt, D. (ed.), *Théories, données et pratiques en français langue étrangère*, Lille: Presses Universitaires, 197–218.

Hendrickson, J. (1978). 'Error correction in foreign language teaching: Recent theory, research and practice', *Modern Language Journal*, 62: 387–98.

Howarth, P. (1998). 'Phraseology and SL proficiency', *Applied Linguistics*, 19/1: 24–44.

Hunston, S. and Francis, G. (1998). 'Verbs observed: a corpus-driven pedagogic grammar', *Applied Linguistics*, 19/1: 45–72.

Joe, A. (1998). 'What effects do text-based tasks promoting generation have on incidental vocabulary acquisition?', *Applied Linguistics*, 19/3: 357–77.

Littlewood, W. T. (1984). *Foreign and second language learning: acquisition research and its implications for the classroom*, Cambridge: CUP.

Long, M. (1985). 'Input and second language acquisition theory' in Gass, S.M. and Madden, C.G. (eds.): *Input and Second Language Acquisition*, Rowley, MA., 377–93.

Lyster, R. and Ranta, L. (1997). 'Corrective feedback and learner uptake. Negotiation of form in communicative classrooms', *Studies in Second Language Acquisition*, 19: 37–61.

Matter, J. (1989). 'Some fundamental problems in understanding French as a foreign language' in H. W. Dechert and M. Raupach (eds.), *Interlingual processes*, Tübingen: Gunter Narr: 105–19.

Miller, A. (2000). 'Word and text: when vocabulary is part of the bigger picture', *Francophonie*, 21: 20–4.

Moyer, A. (1999). 'Ultimate attainment in L2 phonology. The critical factors of age, motivation and instruction', *Studies in Second Language Acquisition*, 21: 81–108.

Nott, D. (1994). 'Pronunciation: does it matter?', *Francophonie*, 9: 2–17.

Nott, D. (1996). 'Grammar: what is taught and what is learned', *Francophonie*, 13: 3–18.

Nott, D. (1998). *French grammar explained*, London: Hodder & Stoughton.

Offord, M. (1990). *Varieties of Contemporary French*, Basingstoke: Macmillan.

Rosa, E. and O'Neill, M. (1999). 'Explicitness, intake and the issue of awareness. Another piece to the puzzle', *Studies in Second Language Acquisition*, 21: 511–56.

School Curriculum and Assessment Authority (1997). *GCE Advanced and Advanced Subsidiary Examinations. Subject Cores for Modern Foreign Languages.*

Seibert, L. C. (1927). 'An experiment in learning French vocabulary', *Journal of Educational Psychology*, 18: 294–309.

Walter, H. (1982). *Enquête phonologique et variétés régionales du français*, Paris: PUF.

Current Issues in University Language Teaching

Published by the Association for French Language Studies (AFLS) in Association with the Centre for Information on Language Teaching and Research (CILT)

Series Editors: James A. Coleman   Gabrielle Parker
                  Aidan Coveney   Marie-Madeleine Kenning
                  Marie-Anne Hintze

The Association for French Language Studies, founded in 1981, has always believed in a close link between teaching and research, and in the insights each can bring to the other.

The *Current Issues in Language Teaching* series was conceived as a channel for disseminating research findings, theoretical developments and good practice in foreign language teaching and learning at university level. It also provides a focus for discussion of themes of topical or enduring concern to university language teachers.

The books are principally concerned with French, but since the outset have embraced all modern languages, and despite the focus on British higher education have welcomed contributions from the perspective of many different countries.

The AFLS Publications Committee and Series Editors would like to thank all those who have helped to assess and edit so many submitted manuscripts since the launch of the series in 1991.

Past and present membership of the AFLS Publications Committee is:

James A. Coleman (1991–)   Marie-Anne Hintze (1995–)
Aidan Coveney (1998–)   Marie-Madeleine Kenning (1999–)
Robert Crawshaw (1991–95)   Gabrielle Parker (1991–)
Dulcie Engel (1993–98)   Annie Rouxeville (1991–1999)

Acknowledgements

Other referees to whom we convey our thanks are:

Robin Adamson
Eve-Marie Aldridge
Nigel Armstrong
Gertrud Aub-Büscher
Kate Beeching
Jeremy Bradford
Noëlle Brick
Elspeth Broady
Inès Brulard
Peter Bush
Keith Cameron
Dora Carpenter
Janice Carruthers
Francine Chambers
Jean Compain
Aidan Coveney
Robert Crawshaw
Béatrice Dammame-Gilbert
David Drake
Lise Duquette
Peter Dyson
George Evans
María Fernández-Toro
Bob French
Raymond Gallery
Marie-Marthe Gervais-le Garff
Robin Goodfellow
Ruth Goodison
Terry Goodison
Brian Hill
Stella Hurd
Marie-Monique Huss

Douglas Jamieson
Anne Judge
Michael Kelly
Marie-Madeleine Kenning
John Kidman
Marie-Noëlle Lamy
Anthony Lodge
Ian Mason
Nicole McBride
Rosamond Mitchell
Florence Myles
Susan Myles
David Nott
Malcolm Offord
Martha Pennington
Charles Russ
Kamal Salhi
Rodney Sampson
Carol Sanders
Karen Seago
Penelope Sewell
Samuel Taylor
Ros Temple
Richard Towell
Jeanine Treffers-Daller
Robert Turner
Raynalle Udris
Richard Wakeley
David Walker
David Williams
Hilary Wise
Marie-Paule Woodley